W0085616

Ich kam durch

ARMIN BÖTTGER

Ein Panzersoldat
der deutschen Wehrmacht
berichtet

Weltbild

Genehmigte Lizenzausgabe für Verlagsgruppe Weltbild GmbH,
Steinerne Furt, 86167 Augsburg
Copyright © 2006 by Verlagshaus Würzburg GmbH & Co. KG, Würzburg
Umschlaggestaltung: Uhlig, Augsburg / www.coverdesign.net
Gesamtherstellung: Bagel Roto-Offset GmbH & Co. KG, Schleinitz

Printed in the EU

ISBN 978-3-8289-0886-4

2012 2011 2010 2009
Die letzte Jahreszahl gibt die aktuelle Lizenzausgabe an.

Einkaufen im Internet: *www.weltbild.de*

Wer spricht von Siegen? – Überstehen ist alles

Rainer Maria Rilke

Inhaltsverzeichnis

VORWORT

In der Zeit von 1933 bis zum Ende des Zweiten Weltkrieges machte ich zunächst in der Hitlerjugend und später vor allem in der Wehrmacht eine Vielzahl von Fotografien. Diese Fotografien, die teilweise unter erschwerten Bedingungen entstanden sind, spiegeln mit dem zugehörigen Text nicht nur ein persönliches, sondern auch ein für das damalige Deutschland typisches Schicksal eines jungen Menschen wider, der als Soldat in den Krieg ziehen mußte.

Zu diesem Buch lag ein Archiv von über 500 eigenen Schwarz-weiß-Fotos und ca. 50 Farbbildern vor, die mit einer einfachen Retina I von Kodak ohne Belichtungsmesser unter Verwendung von Agfa-Filmmaterial aufgenommen waren. Sie machen das Geschehen nachvollziehbar.

Darüber hinaus dienten ungezählte Briefe an meine Mutter wie ein Tagebuch der exakten Schilderung der Erlebnisse und zeitlichen Einordnung der Fotografien. Diese bisher unveröffentlichten Fotografien schlummerten jahrelang in der Schublade, wie auch die Briefe an meine Mutter. Dann kam die Idee, die Fotos als einen authentischen Bericht zu einem Essay zusammenzufassen und schließlich hat sich das Buch verselbständigt. Mit der Erweiterung ergab sich notwendigerweise ein schonungsloser Rückblick.

Dieses Buch ist in den ersten Auflagen unter dem Titel »Durchkommen war alles« beziehungsweise »Überstehen war alles« sowie »Ich kam durch« erschienen.

Die nun vorliegende vierte Auflage schildert nach umfangreichen Erweiterungen nüchtern, ohne jegliche Idealisierung, mit einer unerbittlichen Realistik den Weg eines namenlosen Panzersoldaten, der nichts zu sagen hatte und dessen Soldatenzeit durch Befehle und eine allzeit gegenwärtige Angst geprägt war.

Neben den unterschiedlichsten Stationen im Ersatzheer und an der Front, wobei Zurückhaltung ein entscheidendes Element für das Durchkommen war, fällt auch immer wieder ein Blick auf das tägliche Leben wie es mit mehr als bescheidenen Wünschen ablief. Von besonderem Interesse dürften die Kapitel über die Erschießung eines fahnenflüchtigen Panzersoldaten, die Freundschaft mit zwei Unteroffizieren mit jeweils einem jüdischen Großelternteil und deren Schicksal, das Sterben von Kameraden auf dem Schlachtfeld, die Flucht aus dem Kessel Ostpreußen und eine Gehorsamsverweigerung für eine glückliche Heimkehr sein.

Die Anzahl der schwarzweißen und farbigen Abbildungen wurde wieder vermehrt. So ist in weiten Teilen ein neues Buch entstanden.

Armin Böttger

ZU DIESEM BUCH

Vor den vorerst nur mäßig interessierten Augen des Zeitzeugen enthüllt sich, als Einstieg gewissermaßen, das genormte Schicksal eines Weltkrieg II-Abiturienten, mit Gymnasialabgang für Kriegsfreiwillige. Ebenso lapidar wie präzise berichtet Böttger, was folgt: Erst Arbeitsdienst, dann Rekrutenzeit bei der Infanterie, erstaunlicherweise recht milde. Er aber will zu den Panzern. Und da, bei der elitären 24. Panzerdivision, wird es hart mit der Ausbildung.

Nach manchen Schlenkern quer durch Hitlers Europa beginnt der Ernst des Panzer-Lebens. In vielen Schlachten und Gefechten an der bereits zurückweichenden Ostfront fährt und funkt Böttger, anfangs durchaus kein Held wider Willen, jedoch bis zum Kriegsende nur im Mannschafts- und Unteroffiziersstand, seinen Panzer bis an das Tor zur Hölle. Den Fuß bereits in diesem Tor, kann er gerade noch aussteigen und sich retten.

Böttger hat das Panzersoldaten-Leben und den Panzer selbst mit letzter Genauigkeit beschrieben und mit eigenen Fotos bebildert – so genau, daß Modellbauer das Buch schon als Vorlage benutzt haben.

Der Sinn dieses Berichtes liegt tief und enthüllt sich mit fortschreitender Lektüre. Diejenigen, die das, was ihnen auferlegt wurde, weder bejaht noch sich dagegen bis zum letzten, etwa der Selbstverstümmelung oder gar Desertion, aufgelehnt haben, spüren neben ihren eigenen Leiden immer stärker das Grausame, Unsinnige und schließlich das Verbrecherische dieses Krieges. Entsprechend steigert sich der Konflikt zwischen der immer mehr sich entleerenden Pflicht und dem Selbsterhaltungstrieb.

Anfangs erstaunlich unpolitisch waren diese Soldaten, verhängnisvollerweise; keineswegs nationalsozialistisch indoktriniert, wie vielfach angenommen, blieb die Wehrmacht politisch fast ohne Orientierung. Was blieb, war die Angst vor Überwachung und Bespitzelung und das wenig wirksame Institut der »NS Führungsoffiziere«, die die meisten nie zu Gesicht bekamen.

Doch gab es, sozusagen systemimmanent, die Sucht nach Karriere und Auszeichnungen; die Zahl der Offiziere, die diesem Kult nachrannten, vor allem aber der einfachen Soldaten als Opfer dieses Kultes, wird nie zu ermitteln sein. Alle, die nicht zu diesen Todeswütigen gehörten, lebten und litten nur in der einen Sehnsucht: ich will überstehen, will am Leben bleiben und nach Hause kommen. Die Spannung zwischen dem totalen Befehl und dem verzweifelten Willen zum Leben führte zur Suche nach Nischen und Schlupflöchern auch außerhalb der Legalität. Sie wurden oftmals in egoistischer Weise genutzt. Wie weit man hierbei zum eigenen Nutzen und zum möglichen Schaden anderer gehen durfte, bleibt eine immer neu zu beantwortende Gewissensfrage. So, wie Böttger sie beantwortet hat: mit seiner Haltung und seinem Handeln, stimmt man ihm gerne zu. Doch das Nachdenken bleibt – soll es auch!

In dem umfangreichen Schlußkapitel der Neuauflage beschreibt Böttger den Weg des glückhaft heimgekehrten Panzersoldaten über den praxisnahen Zahnarzt zum hochqualifizierten Universitätsprofessor. Darin zeigt der Verfasser, was er noch kann – außer Panzer fahren und aus dem Panzer funken.

Was dem einen auf den ersten Blick als Inkonsequenz in der Darstellung erscheinen mag, erweist sich doch als sinnvoll: nach dem Überstehen folgt logischerweise die Frage: »Was nun«? Die Antwort durfte daher nicht fehlen. Die »alten« Leser wie erst recht viele neue wird es berühren und beeindrucken, wie Böttger die Frage durch seinen Lebens- und Berufsweg beantwortet. Um es zahnmedizinisch auszudrücken – von der Ersatzlegierung zur Teleskop-Prothese, oder anders gesagt: vom Panzermann zum Zahnprofessor.

Das war's dann – das Ziel.

Eugen Stamm

Eugen Stamm, Dr. phil., Veröffentlichungen zur Föderalismus-Forschung und zu zahlreichen Fragen der politischen Bildung sowie zu Problemen der modernen Kunst. Bis zum Eintritt in den Ruhestand stellv. Leiter der Landeszentrale für politische Bildung Nordrhein-Westfalen.

ARBEITSDIENST

Nach Abschluß des Frankreichfeldzuges zogen die bis dahin siegreichen deutschen Truppen durch Freiburg/Brg., und viele der Jugendlichen, die am Straßenrand standen, marschierten voll Sehnsucht bereits im Geiste als Frontsoldaten mit. Auch ich konnte mich als Beobachter der Szene mit den vielen Menschen, die winkten und den Soldaten Blumen zusteckten oder aus den Fenstern der Häuser, die mit Hakenkreuzfahnen »geschmückt« waren, den marschierenden Truppen zujubelten, einer gewissen Begeisterung nicht entziehen. Als ich in jener Zeit im Radio als Sondermeldung vom 40. Abschuß des Fliegers Mölders hörte, ging ich sofort zu meiner Mutter, um ihr enthusiastisch diese »Heldentat« mitzuteilen. Sie aber wollte von solchen Kriegstaten gar nichts wissen und antwortete unwirsch: »Was soll das denn, das verlängert ja nur den Krieg.«

Wieviele Menschen mögen damals so gedacht haben? Mit Sicherheit nur wenige. Mein Vater war zu dieser Zeit bereits gestorben. Er war vor dem I. Weltkrieg Unteroffizier der Reserve bei der sächsischen reitenden Artillerie gewesen und hatte immer ein gewisses Faible für das Militär behalten. Im I. Weltkrieg als Gaswerkdirektor in Lörrach UK gestellt und somit nicht eingezogen, fuhr er einmal mit seinem Auto an die Front und brachte das Foto eines englischen Panzers mit. 1908 in eine Freimaurerloge eingetreten, hielt sich auch in der Hitlerzeit seine Vorliebe für Uniformen und das Militär. Sein Tod Anfang 1938 hat ihm Anfeindungen und den Konflikt zwischen Freimaureridee und NS-Staat erspart.

Gegenüber seinem Sohn hat ihm sein früher Tod auch die Enttäuschung erspart, daß dieser trotz Abitur nach 4½jähriger Soldatenzeit nur als kleiner Unteroffizier und nicht als hochdekorierter Offizier aus dem Krieg zurückkehrte. Vielleicht wären ihm noch rechtzeitig die Augen aufgegangen: doch wohl lieber einen Sohn zu haben, der aus dem Krieg nur als Landser, aber dafür lebend zurückkommt, als einen Sohn, der den »Heldentod« starb.

Mein Entschluß, mich freiwillig zur Wehrmacht zu melden, hatte mit diesen Erlebnissen und Überlegungen kaum etwas zu tun. Zwar war auch ich zunächst begeistert von den Blitzsiegen über Polen und Frankreich, vordergründig aber lag der Grund meiner freiwilligen Meldung vor allem in meinen nicht besonders guten Schulleistungen, die zwar lediglich befriedigend waren, jedoch einige Schwierigkeiten für das Abitur erwarten ließen. Da man im Krieg als Schüler der letzten Klasse bei einem Eintritt in die Wehrmacht das Abitur ohne eine Prüfung erhielt, nutzte ich als 17jähriger diese Möglichkeit eben durch die freiwillige Meldung zur Wehrmacht. So kam ich zwar einige Monate früher als meine Schulkameraden zur Wehrmacht, jedoch – wie man noch sehen wird – durch besonders langes Verweilen bei der Ersatztruppe, nicht früher an die Front.

Am 1. Oktober 1940 mußte ich noch nicht die Wehrmachtsuniform anziehen, sondern die braune Uniform des Arbeitsdienstes. Das erste Arbeitsdienstlager (K 1/296) befand sich am Rande eines Wäldchens nahe des kleinen Ortes Wutzelhofen bei Regensburg, in eine für damalige Verhältnisse große Entfernung von der Heimat. Hier begann der erste Schliff.

Die Arbeitsdienstführer, die mein Leben in den nächsten zwei Monaten bestimmten, waren durchweg gewöhnlich, zum Teil dümmlich, ohne Kultur, sie benahmen sich recht primitiv und kleinlich. Auf die Frage eines Feldmeisters (Leutnant), was ich von Beruf sei, antwortete ich: »Abiturient«. Daraufhin bemerkte er nur: »Also nichts«.

Diese Feststellung, Abiturient sei kein Beruf, war zwar sachlich richtig, aber sie war nicht als eine reine Feststellung gemeint. Sie drückte vielmehr sein Vorurteil gegen eine soziale Schicht aus. Einem, der später einmal etwas »Besseres« werden könnte, dem mußte man nicht nur grundsätzlich, sondern ganz besonders zeigen, wer nun der wirkliche Herr war. Dabei waren die Arbeitsdienstführer Vorgesetzte in einer bedeutungslosen, mehr als zweitrangigen NS-Organisation, die zumindest von der Wehrmacht nicht hoch angesehen wurden. Später bei der Rekrutenausbildung der Wehrmacht mußte ich noch öfter derartige Reaktionen auf den »Abiturienten-Beruf« erleben. Man gab sich dann allerdings nicht mit der erwähnten Feststellung des »nichts« zufrieden, sondern verdeutlichte es dem Abiturienten durch den Befehl: »hinlegen«, daß er ein »Nichts« war. All dies war Teil eines Systems, durch das wir immer wieder moralisch kleingemacht und zu Soldaten ohne Willen erzogen wurden.

Nach der Grundausbildung, mit militärähnlichen Exerzierübungen, bei denen an Stelle eines Gewehrs ein Spaten benutzt wurde, traten wir dann die eigentliche Arbeitsdiensttätigkeit an. Wir mußten in den Wäldern des Fürsten von Thurn und Taxis arbeiten. Die Arbeit reichte vom Fällen von Bäumen über das Durchsägen der Stämme, das Entfernen der Äste und Abschälen der Rinde bis zum Stapeln und Aufladen des Holzes. Wir lernten schnell, daß im Gegensatz zum Bäumefallen die leichteste Arbeit im Schälen der Rinde und Abhacken der kleinen Äste bestand. Jeden Morgen lagen auf einem Haufen die verschiedenen Werkzeuge für unseren Trupp. Auf ein Kommando mußten wir zu diesen Werkzeugen laufen, um ein Gerät auszusuchen. Das Werkzeug, das man ergriff, bestimmte die Tätigkeit und somit den Verlauf des ganzen Tages.

Zu meiner Gruppe gehörte auch ein Freund aus Freiburg. Wir stürmten jeden Morgen gemeinsam auf den Werkzeughaufen, wobei jeder versuchte, nicht nur ein Werkzeug für eine leichtere Tätigkeit für sich allein, sondern auch für den anderen zu erhalten. Es sollten also nicht nur zwei gleiche Werkzeuge sein, sondern solche für leichtere Arbeit. Durch diese stets schnell und energisch vorgenommene Werkzeugwahl am Beginn des Arbeitseinsatzes konnten wir fast immer gemeinsam arbeiten und eine leichtere Arbeit verrichten, die allerdings für einen 17jährigen immer noch schwer genug war. Nach sechs Wochen arbeitsdienstlicher Zwangsarbeit mit täglichem Bäumefällen zog die Truppe in die Gegend von Cham, um Barakken für den weiblichen Arbeitsdienst aufzubauen. Hier bekam ich den Einberufungsbefehl zur Wehrmacht.

DOPPELTE REKRUTENZEIT

Zur Wehrmacht eingezogen, kam ich im Dezember 1940 zunächst nach Donaueschingen, ungefähr 60 km von meiner Heimat Freiburg entfernt. In dem weitläufigen Kasernengelände begann die Rekrutenausbildung bei der 14. Panzerjäger-Infanterie-Kompanie 503, einer leichten Pak-Kompanie. Beim Eintritt in die Wehrmacht erhielt jeder Soldat eine Erkennungsmarke, die beim Übertritt in andere Wehrmachtsteile nicht gewechselt oder geändert wurde; man mußte sie ständig um den Hals tragen. Sie hatte einen dreigeteilten Schlitz, damit man sie im Todesfall leicht durchbrechen konnte; dann blieb eine Hälfte bei dem Gefallenen, die zweite Hälfte diente zu dessen Identifizierung. Auf der Erkennungsmarke war auch die Blutgruppe eingestempelt. Bei meiner Blutgruppenuntersuchung ging es damals wohl nicht genau zu, denn man stellte bei der Einstellungsuntersuchung die Blutgruppe B fest und markierte sie auf der Erkennungsmarke. Heute weiß ich, daß ich die Blutgruppe AB besitze und insofern Glück gehabt, als mir eine Bluttransfusion mit einer hämolytischen Krise erspart geblieben ist.

Neben der Grundausbildung, wozu Strammstehen, Marschieren und Grüßen etc. gehörten, erfolgte eine spezielle Ausbildung an der kleinen 3,7 cm Pak-Kanone[1]. Die Rekruten waren zum Teil ältere Männer, die zu Hause ihren Berufen als Bauer, Kaiserstuhl-Weinbauer oder Handwerker nachgegangen waren. Auch ein paar Abiturienten waren unter den Rekruten.

Hauptresultat unserer Grundausbildung war: wir lernten uns zu drücken. Dazu wurde ein Rekrut an einer günstig gelege-

---

1 Pak – Panzer-Abwehr-Kanone.

Kampfpanzer in zwei Weltkriegen: Panzer des Ersten Weltkriegs.
Deutsche Soldaten vor einem englischen Tank Mark IV in der zweiten
Hälfte des I. Weltkriegs.

Panzer IV der Wehrmacht: Der am meisten benutzte deutsche Panzer
in der Mitte des II. Weltkriegs.

Neugierde und Bewunderung: Freiburger Bürger bestaunen nach dem Frankreichfeldzug zwei 15-cm-Infanteriegeschütze auf Selbstfahrlafette (Bison) in der Talstraße (1940).

Von der Schulbank zum Arbeitsdienst: Anstatt Latein zu lernen, gilt es jetzt in den Wäldern des Fürsten Thurn und Taxis Bäume zu fällen.

Unter der Macht der Arbeitsdienstführer: Uniform- und Stiefelappell. Kontrolle ob an der Schuhsohle ein Nagel fehlt. Die Arbeitsmänner mit Spaten tragen mit dem Tornister und Brotbeutel ihre ganze Habe.

Reinigungsdienst am Pkw Opel Olympia. Das verschobene Rechteck auf dem Kotflügel kennzeichnete ein Panzerregiment. Im Hintergrund die Panzer-Kaserne in Böblingen.

Ausbildung am Panzer: Ein Ausbildungsunteroffizier auf dem Panzer I beim Geländedienst im Böblingen.

Heeresskimeisterschaften des 5. Armeekorps der Heimattruppe auf dem Feldberg (Schwarzwald). Die Skistaffel der Panzermänner aus Böblingen beim Start zum 4 x 5 km Langlauf, im Hintergrund das Hotel »Feldberger Hof«.

Fahrschule für den Pz.-Führerschein über 10 t: Umsteigen auf einen größeren Panzer, bei einem Lehrgang in Putlos. Panzer IV (Ausführung A) mit kurzer Kanone.

Schießausbildung am Panzer I:
Gleich fährt der Panzer auf die
Betonpiste mit welliger Oberfläche.

**Im Urlaubsrock nach preußi-
schem Vorbild:** Unbeliebt enge
und unbequeme Ausgehuniform
»Sarassani«.

Ergebnis eines schlechten Fahrers: Auf der Fahrt zur Kaserne in Sagan
hat er seinen Panzer III durch ein Brückengeländer in den Hammer-
bach, einem Nebenfluß des Bober, gefahren.

Mit dem »Kopf« im Wasser: Nach dem ersten Bergungsversuch liegt der Panzer jetzt auf dem Turm im Wasser. Mit den Abschleppseilen wird er anschließend von einer Reihe anderer Panzer umgekippt und herausgezogen.

Im Wochenendurlaub im Riesengebirge: Mit den damals sehr modernen Keilhosen sowie Lederhandschuhen, die durch die mütterliche Hand aus einer Jungvolklederhose genäht waren. Im Hintergrund die Hampelbaude.

Der Panzermann fährt Ski: Im Dienst in Sagan als Führer eines Skitrupps in feldgrauer Uniform mit (ungeeigneter) Schirmmütze.

Panzer III auf einem Transportzug zur Front: Richtung Moskau Halt auf schneebedeckter Strecke vor Wjasma.

Erster Kontakt mit dem russischen Winter: Panzertransport bei großer Kälte (-42°) in Wjasma.

Verständigung mit Wörterbuch: Das Transportkommando und ein italienischer Eisenbahner vor einem preußischen III.-Klasse-Abteilwagen bei einem Halt vor Brindisi.

Erste Endstation des Transportes. Panzer III mit kurzer 5-cm-Kanone in Brindisi abgeladen.

Erneut auf Schiene: Nach einem Schneefall sind die Panzer von Brindisi wieder auf der Eisenbahn. Transport jetzt auf dem Weg nach Neapel.

Zweite Endstation:
Neapel. Menschenleerer Hafen von Neapel (1942).

Typisch deutsche Gründlichkeit – wie im täglichen Leben während der Hitlerdiktatur. Alle und alles wurde registriert und überwacht – so auch das Werkzeug für einen Panzer: Auf dem Schraubenschlüssel ist die Fahrgestellnummer des betreffenden Panzers eingraviert.

Ausflug in die römische Vergangenheit: Torbogen in Pompeji vor dem Vesuv.

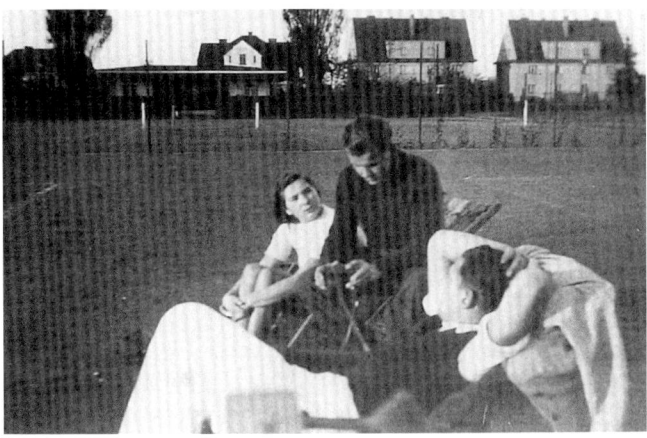

Schilderung der Verpflegungssituation auf dem Tennisplatz zu Sagan: Mit den Händen zeigt der Saganer Soldat die geringe Brotmenge an, die es jetzt nur noch für einen Tag gibt.

NSDAP. Kreis Freiburg i. Br.

Ortsgruppe: Waldsee   Z. 10 Bl. 01

Empfangsbescheinigung

Frau Böttger familie Heh

Name und Adresse des Spenders   Möslestr. 9

Stück	Gegenstand
3	P. Pulswärmer
1	P. Strümpfe
2	P. Pulswärmer
1	" Skifausf. Fußw.
2	Kopfschützer
3	P. Socken
2	" Pulswärmer
2	" Wickelgamaschen
1	Schal

bitte Wartung!

Freiburg im Breisgau,

15. Juni -42

O./8197   Ortsgruppenleiter

Auch ein Einsatz bei der Kartoffelernte: Gemeinsam mit Juden, französischen Kriegsgefangenen und italienischen Landarbeitern täglich zehn Stunden Kartoffeln einsammeln.

Heimat spendet für die Soldaten: Empfangsbescheinigung der NS-Partei. Neben Kleidung wurden auch Ski und Schallplatten mit Grammophon gesammelt.

Schwarz und weiß: Panzersoldaten bei einer Skiausbildung im Glatzer Bergland. Grotesk die schwarze Uniform im weißen Schnee. Der zweite Panzersoldat ist gegen Ende des Krieges als Feldwebel – ausgezeichnet mit dem Ritterkreuz – gefallen.

Nach Frankreich:
Durchfahrt durch Dresden – Aufnahme aus dem Transportzug zeigt die »schönste Stadt Europas« an der Elbe: Schloß, Hof- und Frauenkirche, Brühlsche Terrasse und Semperoper.

Betreuung zwischen den Gleisen: Rotkreuzschwester bei einem Zughalt. Unteroffizier, Soldaten und die »Wache« mit Stahlhelm füllen ihre Feldflaschen mit Kaffee. Rechts: Uffz. Graf Posadowsky mit der Feldflasche in der Hand.

Begegnung mit französischer Freundin: Bei einem offenen Verkauf auf der Straße in Epaignes.

Gulasch-kanone als zentraler Punkt: Der Koch mit seiner transportablen Küche.

Eine Sängerin weckt Sehnsucht. »Michael, bin ich nicht eine Frau für Dich?«. KdF-Truppenbetreuung in Epaignes (3.7.1943).

Mit den Sturmgeschützen in Epaignes: Sturmgeschütz III G mit 7,5-cm-Kanone (L 48). Das vordere Sturmgeschütz hat eine zusätzliche Panzerung am Bug des Fahrgestells und eine Nebelwurfanlage (über der ersten Stützrolle).

Erste Ausbildung am Panzer? Es waren Sturmgeschütze, die später die 9. und 11. Schwadron übernahmen.

Während einer Übung bei Falaise: Sturmgeschütz mit Laub getarnt.

Wachtmeister als Offizier vom Dienst mit einem Unteroffizier vom Dienst. Die Diensthabenden tragen einen Stahlhelm. Beide sind nicht aus dem Krieg heimgekehrt. Der Wachtmeister fiel am 4.8.1944 als mein Kommandant, der Uffz. – mein Freund Graf P. – am Ende des Krieges.

Ein paar Stunden in einem Ort der großen Welt: In Deauville – Trouville. Im Hintergrund das in weiß leuchtende Spielkasino.

nen Stelle der Fahrzeughalle postiert, um den »Feind« zu beobachten, der in diesem Fall ein Offizier war. Bis ein Offizier
kam, saßen oder standen wir um unsere Kanone herum und
taten praktisch nichts. Erst beim Auftauchen des Offiziers setzte ein emsiges Exerzieren mit dem Geschütz ein. Da die Offiziere sich nur selten blicken ließen, ging es recht gemütlich bei
dieser Rekrutenausbildung zu. In Donaueschingen erlebte ich
auch meine erste Kriegsweihnacht. Vier weitere fern von der
Heimat sollten noch folgen. Zu dieser ersten Weihnacht erhielt
ich vom Schwarzwaldverein ein Weihnachtspäckchen. Der
Inhalt bestand aus einem Reclamheftchen mit einer Erzählung
über Grimmelshausens »Zum silbernen Stern« von H.E. Bus-
se, sowie einem Taschenkalender und einem hübschen silber-
farbenen Bleistift aus Alpaka mit der Aufschrift Kriegsweihnacht 1940 – Schwarzwaldverein. Auch der Freiburger
Tennisclub gedachte seines Juniorenmitglieds mit einem Weihnachtspäckchen. In den folgenden Jahren mußte die Heimat
mehr an sich selbst denken; es wurden keine Päckchen mehr
verschickt.

Trotz des gemütlichen Betriebes bei der Infanterie meldete
ich mich eines Tages freiwillig zur Panzertruppe. Zum zweiten
Mal meldete ich mich also freiwillig und wieder aus rationa-
len Gründen. Ich dachte so: »Bei der Infanterie mußt du viel
laufen, bist ungeschützt im Gelände, wirst naß, wenn es reg-
net« – und da über Donaueschingen ein kalter Winter lag, war
es nicht schwer, sich vorzustellen, daß man im kalten Winter
bei der Infanterie besonders frieren würde. »Hingegen bist du
bei der Panzertruppe geschützt, vor allem aber brauchst du
nicht zu marschieren, und nach dem Einsatz fährst du mit dem
Panzer von der Hauptkampflinie zurück in einen geschützten
Bereich.«

Später, als ich längst bei der Panzertruppe war, wurde ich
mehrere Male gefragt, ob ich zur Waffen-SS wolle. Was erwartete den Soldaten bei der Waffen-SS?

Die Nachrichtenübermittlung unter den Soldaten in den verschiedensten Truppenteilen funktionierte während des ganzen Krieges im großen und ganzen recht gut. Man hörte von diesem oder jenem Soldaten beim Ausgang, im Urlaub oder auf der Fahrt mit der Eisenbahn immer wieder nützliche Dinge. So wußte man, daß die SS-Truppe eine bessere Bewaffnung besaß. Die SS-Divisionen waren ab Kriegsmitte zumeist mit Panzern des Typs Panther oder Tiger ausgerüstet. Dies bedeutete im Gegensatz zum Panzer IV, der vorwiegend bei der Wehrmacht im Einsatz war, eine bessere Kanone, die während eines Panzerangriffs darüber entscheiden konnte, ob der Gegner oder man selbst einen entscheidenden Treffer erhielt. Es bedeutete aber auch eine bessere Panzerung und somit mehr Schutz. Auch die Bekleidung war, wie ich mit meinen Kameraden bei einem Besuch einer SS-Einheit in Rußland selbst erlebte, bei der SS besser. Ich hatte beispielsweise im Winter in Rußland bei meiner Wehrmachtstruppe keine Filzstiefel, weil meine Schuhgröße nicht vorrätig war; bei der Waffen-SS wäre so etwas wohl nicht denkbar gewesen. Auch die Verpflegung war wesentlich besser. Meine Entscheidung, nicht zur Waffen-SS zu gehen, bestimmte letzten Endes die Überlegung, daß die Waffen-SS eine Art Nachfolgeorganisation des Jungvolks bzw. der Hitlerjugend für Erwachsene darstellte. Dies gefiel mir nicht. Meine Entscheidung war aber insofern nicht politisch bestimmt, weil wir Soldaten in den Angehörigen der Waffen-SS ebenfalls Soldaten sahen.

Ich hatte mich also für die Panzertruppe entschieden und kam am 1. Januar 1941 zur Panzerabteilung 7 nach Böblingen. Hier begann meine zweite Rekrutzeit, und die war ganz anders als die bisher erlebte: Sie war schrecklich! Nach ein paar Tagen schrieb ich an meine Mutter von der Sehnsucht nach dem ruhigen Donaueschingen, und aus der Sicht des Rekruten auf dem Schleifstein erschien mir im Rückblick sogar die Schule als besonders milde, auch wenn mein Lateinlehrer mich gelegentlich mit näselnder Stimme gerügt hatte: »Böttger, muß es denn grad' Latein sein? Werd' doch Pflästerermeister, dann bisch immer in der frischen Luft und wirsch alt«.

Jetzt lernte ich einen nie für möglich gehaltenen militärischen Drill kennen. Wir lernten sofort ein zackiges »Jawoll«, »Achtung« und »zu Befehl«, dann wurden wir gescheucht, geschunden, herumkommandiert, dressiert und demoralisiert. Wir marschierten drei Stunden mit aufgesetzter Gasmaske und mußten dabei ununterbrochen ein Lied singen: »Es ist so schön, Soldat zu sein«, oder wurden einzeln oder in kleinen Gruppen schikaniert. Ein Rekrut wollte bei der Panzerausbildung eine Magnetlampe am Panzer befestigen. Sie fiel jedoch auf den Boden, worauf er fluchte: »So ein Klump!« Der ausbildende Unteroffizier gab ihm darauf den Befehl, stillzustehen, die Lampe zu streicheln und dabei zu sagen: »Ich will nie mehr Klump zu dir sagen«. Mit der Lampe in der Hand stand er daraufhin in der Panzerhalle, streichelte die Lampe wie einen Hund und sagte ununterbrochen: »Ich will nie mehr Klump zu dir sagen«.

Neben meiner Stube in der Kaserne hatte ein Unteroffizier sein Zimmer. Wenn er sich nach Dienstschluß ein Bier oder Zigaretten aus der Kantine wünschte oder sich die Stiefel putzen lassen wollte, die Jacke bürsten und vieles mehr, dann schlug er einfach mit der Faust gegen die Wand. Sofort mußte ein Angehöriger meiner Stube an seiner Zimmertür anklopfen, eintreten und sich als Panzerschütze mit seinem Namen zur Stelle melden, um den Befehl entgegenzunehmen. Oftmals war man sich in der Stube nicht einig, weil der von uns Eingeteilte vielleicht gerade nicht anwesend war, und so ergaben sich trotz des anwesenden Stubenältesten die gegenseitigen Aufforderungen: »Geh doch du«, »Wieso ich? geh du!« Bloß nichts freiwillig tun! Stand nicht kurze Zeit nach dem Klopfen an der Wand ein Stubenangehöriger vor der Tür des Unteroffiziers, dann zeigte sich der Unteroffizier mit hämisch böser Physiognomie jetzt vor unserer Stubentür und tönte zunächst nur:

»Ach, es will wohl keiner?« Dann ging ein Gebrüll los, verbunden mit einem Befehl wie beispielsweise: »Die ganze Stube raustreten und mit Schemeln in ›Vorhalte‹ auf dem Flur antreten.« Kurze Zeit später standen wir auf dem Flur, und jeder hielt einen Stuhl mit ausgestreckten Armen fest. Anschließend scheuchte er uns durch die Kaserne, immer wieder durch »Hinlegen« und »Achtung« unterbrochen, wobei wir als krönenden Abschluß mit dem Schemel in den Händen die Treppe der Kaserne von unten bis oben hinaufrobben mußten, also kriechend, nur auf den Knien und Ellenbogen abgestützt. Bei einer anderen beliebten Reaktion dieses Unteroffiziers, dessen Autorität nur auf den Kragenlitzen basierte, sah dieser richtig glücklich aus: Jetzt spielte er mit uns »Sarassani« bzw. »Maskenball« und verzog süffisant sein Gesicht zu einem breiten Grinsen. Bei dem Sarassanispielchen mußten die Stubenangehörigen in rascher Folge erst im Kampfanzug, in der grauen Uniform oder im Turnanzug, dann in der Panzeruniform und schließlich in der Ausgehuniform antreten, die wegen der bunten Aufschläge, Litzen und silbernen Knöpfe der Uniform eines Dompteurs glich. Deshalb nannten sie die Soldaten nach dem gleichnamigen Zirkus Sarassani.

Die in unseren Augen unmenschliche Tyrannei hatte natürlich nichts mit einer militärischen Schulung oder Verwirklichung einer ideologischen Idee zu tun; sie war vielmehr allein Ausdruck einer besonders harten und vielfach unwürdigen Soldatenausbildung. Die preußisch militärischen »Tugenden«, wie Präzision, Disziplin und Stetigkeit waren hier mit Hitlers Forderung nach dem »besten Soldaten der Welt« eine unselige Verbindung eingegangen. Man kann sich leicht vorstellen, wie genau derselbe militante Unteroffizier, eingesetzt in einem anderen Bereich, z. B. in der Wachtruppe eines KZ-Lagers, im Rausch der ihm zugefallenen Macht, die dann auch Macht über Leben und Tod gewesen wäre, sehr schnell zu einem Henker hätte werden können.

20

In Angst und Unsicherheit verlief auch jedesmal der Stuben-appell. Alles, was zu einer Kasernenstube gehörte, angefangen vom Fußboden über Tisch und Stühle, Betten und Spinde und die Soldaten selbst, konnte jederzeit auf Sauberkeit und Ord-nung hin überprüft werden. Da wurden die Betten kontrol-liert, die der Soldat nicht einfach nur »machte«, sondern Decken und Kopfkissen mußten exakt kantig »gebaut« sein. Wir hat-ten dazu regelmäßig den karierten Deckenbezug mit Wasser besprengt, damit alles schön glatt und exakt lag. Trotzdem gefiel unser Bettenbau immer wieder einem Unteroffizier oder Feldwebel als Zugführer oder dem Hauptfeldwebel bzw. Spieß – der sog. Mutter der Kompanie – nicht. Da flog dann alles durch die Stube, was zum Betteninhalt gehörte, also Decken, Leinen-tücher und das Stroh des Sackes. Einmal schrie mich ein Feld-webel beim Spindappell an, während ich meine Schuhe mit aus-gestreckten Armen und zitternden Händen präsentierte: »Das nennen Sie geputzt?« Unverzüglich öffnete er das Fenster und warf die Schuhe aus dem dritten Stock auf den Hof. Ein ande-res Mal habe ich einen Spindappell bei ROB-Soldaten (Reser-ve-Offizier-Bewerber), die für die Offiziersschule ausgewählt waren, gesehen. Die jungen Soldaten mußten ihren Kleider-schrank von erheblichem Gewicht auf ihren Schultern von der Stube bis zum Übungsplatz tragen, um ihn dort zum Appell zu öffnen. Der ganze Inhalt war natürlich durcheinandergefallen und diese Tatsache eröffnete dem Befehlenden alle Möglich-keiten, seine Macht zu demonstrieren. Auf diese Weise wurden die jungen Soldaten, die ja in Kürze den betreffenden Unterof-fizieren selbst Befehle erteilen konnten »vorgeführt«.

Den Spind mußten wir beim Verlassen der Stube immer ver-schließen. Blieb er offen, so war der Tatbestand: Verleitung zum »Kameradendiebstahl« erfüllt und man wurde bestraft. Eine Logik, die ich wie so vieles bei dieser Rekrutenausbildung nicht verstehen konnte. Ich selbst mußte mich vor Empfang eines genehmigten, d. h. vom Kompanieführer unterschriebenen

Urlaubsscheins für einen Wochenendurlaub nach Freiburg, den ich nach fünf Monaten zum ersten Mal bekommen sollte – bis dahin gab es nur Urlaub bis 50 km – zuerst einmal mit dem Gewehr hinlegen. Die Infamie dieses Befehls bestand darin, daß bei der Erdberührung unweigerlich Staub in den Lauf gelangte. Der Unteroffizier blickte bei der anschließenden Sauberkeitskontrolle mit einem Auge durch den Lauf des Gewehrs, das ich gegen den Himmel halten mußte und stellte fest: »In ihrem Lauf sitzt ja eine ganze Elefantenherde«. Also erst einmal Gewehrreinigen, und bis dann endlich der gereinigte Gewehrlauf vor dem Unteroffizier bestand, war die Zeit weit fortgeschritten. Die Rechnung des Unteroffiziers ging auf. Als ich im Laufschritt den Bahnsteig erreichte, sah ich gerade noch die Schlußlichter des abfahrenden Zuges. Mir kamen die Tränen vor Wut, und ich war sehr enttäuscht. Ein späteres Urlaubsgesuch wurde von dem Kompaniechef zwar genehmigt, aber wie von einem Lehrer in der Schule mit Rotstift korrigiert. Wir hatten in der Schule – wie das damals üblich war – eine Schreibweise mit deutschen Buchstaben gelernt, daneben auch die lateinischen Buchstaben für das Fach Latein. Ich hatte mir angewöhnt, die deutschen Buchstaben mit den lateinischen zu vermengen. So wurde mein Urlaubsgesuch zwar genehmigt, aber die »fehlerhaften« Buchstaben waren rot angestrichen. Der Kompaniechef zeigte damit dem Abiturienten, dem »Nichts«, daß er trotz acht Jahren Gymnasium noch nicht einmal richtig deutsch schreiben konnte.

Oftmals gestaltete sich auch der Morgenappell zu einem launenhaften Auftritt des Hauptfeldwebels mit teilweise unzumutbaren Schikanen. War man zum Beispiel aufgefallen, weil das Koppel oder Koppelschloß nicht ausreichend glänzte, die Halsbinde an der Uniform nicht richtig saß oder nicht ganz sauber war, der Haarschnitt nicht kurz genug erschien, oder man war – wie bereits erwähnt – einfach nur Abiturient, dann gab es sofortigen Strafvollzug, wie Hinlegen, Kniebeugen, Hüpfen wie ein

Häschen oder – um die Kaserne laufen. Besonders ist mir ein Soldat in Erinnerung geblieben, der, klein von Statur, in voller Marschausrüstung – also mit Gewehr, Tornister und Stahlhelm – auf eine der hohen Sandkisten, die aus Luftschutzgründen vor den Kellerfenstern aufgestellt waren, klettern mußte. Oben angelangt, mußte er strammstehen und rufen: »Ich blamiere die deutsche Wehrmacht«, worauf der Hauptfeldwebel kaltherzig immer wiederholend den Befehl gab: »lauter«. Dies ging dann so lange, bis der arme Junge fast heiser brüllte: »Ich blamiere die deutsche Wehrmacht«. Der Anblick dieses kleingewachsenen Soldaten auf der Sandkiste, der angsterfüllt und dem Weinen nahe, mit letzter Kraft versuchte, laut genug zu brüllen, war dann recht jämmerlich. Tatsächlich war dieses erzwungene Bekenntnis eher eine Blamage für die Wehrmacht.

Als besonders ungerecht empfand ich ein Strafexerzieren wegen schlechter Schießleistung. Unsere Kompanie hatte beim Panzerschießen wirklich schlecht geschossen. Das schlechte Abschneiden bei dieser Schießübung lag aber weniger an der Truppe selbst, als an der Aufgabe und an dem Befehl des beaufsichtigenden Unteroffiziers. Auf einer welligen Betonstraße sollten mit dem MG aus dem fahrenden Panzer I innerhalb einer mit Flaggen abgegrenzten Strecke auf eine Ringscheibe mit einem aufgemalten Soldaten in natürlicher Größe 25 Schüsse abgegeben werden. Während der Panzer fuhr, schaute man durch ein Zielfernrohr. Nun kann man sich leicht vorstellen, daß durch die Bewegung des Panzers auf der welligen Straße auch der Lauf des Maschinengewehrs, das weitgehend starr im Turm befestigt war, im Wechsel direkt auf die Straße und dann wieder in den Himmel zeigte. So ging es auch mir, während ich als übender Richtschütze im Panzer saß. Die erste Markierungsfahne war längst passiert, und jetzt sollte ich auf das Ziel schießen. Da ich die Scheibe nicht sah, schoß ich auch nicht. Nun begann der Unteroffizier zu brüllen: »Schießen Sie doch endlich!« Ich aber sah die Scheibe immer noch nicht, warum sollte ich also ohne Ziel schießen? Das war meine erste kleine Gehorsamsverweigerung. Dann zeigte plötzlich der Zielstachel des Zielfernrohrs genau auf die Scheibe, darauf betätigte ich den Fußauslöser und alle 25 Schüsse gelangten ins Ziel. Hätte ich dem Befehl folgend »endlich« und somit zu früh geschossen, so wären auch bei mir die Schüsse in Richtung Straße oder Himmel abgefeuert worden.

Weil unter diesen Bedingungen fast alle Rekruten das Ziel verfehlt hatten, mußten alle nicht etwa weitere Schießübungen absolvieren, sondern zur Strafe am folgenden Sonntagnachmittag vier Stunden nachexerzieren. Bei dieser Extratour marschierten die 150 Mann der Rekrutenkompanie in »Linie zu einem Glied«, also sämtliche Soldaten in einer langgezogenen Reihe nebeneinander. Jetzt folgte die eigentliche Strafe durch den Befehl zum schnellen Wechsel. Einmal oder zweimal »links schwenkt Marsch-Marsch« und »rechts schwenkt Marsch-Marsch«.

Entsprechend der befohlenen Richtung mußte der am einen Ende marschierende Soldat sich relativ schnell um 180° auf der Stelle drehen; die neben ihm Marschierenden folgten wie die Speichen eines Rades, das sich auf einer Achse mit zunehmendem Abstand von der Mitte entsprechend schneller dreht und mußten dann laufen und rennen. Kaum war wieder eine marschierende Linie erreicht, kam der nächste Befehl: »zweimal links oder rechts schwenkt Marsch-Marsch«. Nach vier Stunden war die Erschöpfung groß und unsere Wut gewaltig.

Die markigen Worte unseres Kompanieführers, mit denen er den jungen Rekruten in ihrer Ausbildungszeit noch Mut gemacht hatte: »Rekrutenzeit ist die schönste Zeit im Leben« wandelten sich sehr schnell in blanken Hohn. Am 30. Mai 1941 verabschiedete die Truppe ihren Abteilungskommandeur mit einer großen Parade und mit militärischem Pomp. Es war eine Veranstaltung wie im Frieden. Auch in einem Garnisonsort wie Böblingen spürte man den Krieg noch nicht.

24

Neben dem strengen Dienst war das bißchen Freizeit zuerst mit Briefeschreiben ausgefüllt, aber auch gelegentlich mit Urlaub in der Garnisonsstadt Böblingen. Meist gingen wir in ein Café. Trotz des Wunsches von Hitler: Jedem seinen Volksempfänger – kannten die Rekruten in der Böblinger Kaserne kein Radio. Etwas Besonderes der Freizeitgestaltung war der Besuch eines Kinos, wo sich die Rekruten an den UFA-Filmen begeisterten.

Beim Verlassen der Kasernen forderte der Posten den ausgehenden Soldaten auf, das Soldbuch, einen Kamm und ein Präservativ (besonders wichtig, da einer Geschlechtskrankheit stets eine Bestrafung folgte) vorzuzeigen. Ohne diese Utensilien konnte man nicht passieren. Am 9. März 1941 gab es Urlaub nach Stuttgart zu einem Fußball-Länderspiel Deutschland gegen die Schweiz. Nach wochenlangem Kasernenleben war es ein besonderer Genuß, vor dem Spiel an den gepflegten Geschäften auf der Stuttgarter Königsstraße vorbeiflanieren zu können. Mir ist allerdings vor allem in Erinnerung geblieben, daß die Fußgänger, von einigen hübschen Frauen abgesehen, fast nur aus Vorgesetzten bestanden. Jedenfalls mußte ich ohne Unterbrechung vor jedem Unteroffizier, Feldwebel oder Offizier, denen ich begegnete, die rechte Hand zum Gruß an die Mütze legen.

Meine Rekrutenzeit wurde in erfreulichster Weise durch die Skimeisterschaften des 5. Armeekorps der Heimattruppen auf dem Feldberg im Schwarzwald unterbrochen. Eines Tages fragte der Hauptfeldwebel, ob jemand Skilaufen könne. Mein Freund aus der Arbeitsdienstzeit, der bis dahin denselben Ausbildungsweg wie ich gegangen war, und ich meldeten uns sofort. Zum Abteilungskommandeur geschickt, witterten wir sogleich die Chance einer Pause in der harten Ausbildung und erklärten aufschneidend, nicht nur »alte« Schwarzwaldskiläufer zu sein, sondern auch Mitglied in einem renommierten Skiverein (Ski-Zunft Feldberg) mit erstklassigen Rennläufern. Wir wurden tatsächlich zu diesen Meisterschaften geschickt, obwohl wir in Wirklichkeit bisher nur bei einem Schulrennen mitgefahren waren. Bei schönstem Märzwetter wohnten wir für acht Tage in einer Pension im Bärental am Fuße des Feldbergs, liefen Ski und lagen häufig in der Sonne. Freundinnen aus Freiburg besuchten uns, und wir genossen diese Zeit in vollen Zügen. Tatsächlich starteten wir auch beim Rennen, einer Art Riesenslalom. Mit Startnummer 42 ging ich in diesen Wettkampf und stürzte kurz vor dem Ziel. So reichte es bei 128 Teilnehmern nur noch zu einem 72. Rang. Auch eine 4 x 5 km Langlaufstaffel mit Angehörigen meiner Einheit nahm an diesen Meisterschaften teil.

Während meiner Rekrutenausbildung erwarb ich den Panzerführerschein bis 10 t. Die Schulung erfolgte auf einem sog. LAS I, wie damals ein landwirtschaftlicher Ackerschlepper abgekürzt genannt wurde. Dies war eine noch aus der Zeit der Schwarzen Reichswehr übernommene Tarnbezeichnung. In Wirklichkeit handelte es sich dabei um das Fahrgestell eines Panzers I.

Als die Rekrutenausbildung Ende März 1941 beendet war, kam die Mehrzahl der jungen Soldaten zu den Kampftruppen der Panzerregimenter 7 oder 8 nach Afrika. Ich schrieb damals an meine Mutter von den Erfolgen der deutschen Panzer in Afrika und verband damit die Hoffnung auf ein baldiges Ende des Krieges. Wir jungen Soldaten wußten damals noch nicht, daß noch vier Kriegsjahre vor uns liegen würden und ahnten nicht, was uns erwartete. Wir hörten im Rekrutenunterricht, Rommel werde mit dem Afrikakorps über Ägypten zum Kaukasus vordringen, und die später über die Balkanhalbinsel einfallenden und kämpfenden Einheiten sollten ihm dann auf halbem Weg entgegenkommen. Ganz Europa wäre dann in der Zange der deutschen Armeen. Man mußte sich aber nur die riesigen Entfernungen auf einer Karte ansehen, um auch als Optimist Zweifel an der Richtigkeit dieser Prognosen zu bekommen. Im übrigen diskutierten wir den Fortgang des Krieges nicht.

Da ich die Fahrprüfung für Gleiskettenfahrzeuge bis 10 t bestanden hatte, wurde ich Anfang 1941 nach Putlos an der Ostsee verlegt und erhielt – gerade 18 Jahre alt geworden – nach einem vierwöchigen Lehrgang auch den Führerschein für Gleiskettenfahrzeuge über 10 t. Jetzt konnte ich einen Panzer III oder IV fahren.

Am 1. Juni 1941 wurde ich nach halbjähriger Soldatenzeit zum Oberschützen, einem jämmerlichen Dienstgrad, »befördert«. Ich trug jetzt einen Stern am linken Oberarm, der mir ein Vorteil verschaffte, daß der Ausgang nicht mehr um 22.00 Uhr endete, sondern bis 24.00 Uhr verlängert war. Nach einem weiteren halben Jahr Dienstzeit bei der Wehrmacht wurde ich zum Gefreiten, nach 2½ Jahren zum Obergefreiten befördert. Der Obergefreite war nach wie vor ein Mannschaftsdienstgrad, aber mit dem Vorteil, ein Gehalt zu beziehen, das auf ein Konto einer heimatlichen Sparkasse überwiesen wurde. Der Sold betrug nur 98,- RM monatlich (auch als Soldat mußte man Steuern bezahlen, wie z. B. Einkommensteuer und im Winter einen Betrag für das Winterhilfswerk, so daß ein Obergefreiter etwa 70,- RM und ein Unteroffizier etwa 100,- RM im Monat ausbezahlt bekamen).

Am 22. Juni 1941 erfuhr ich, zufälligerweise an einem Radio sitzend, daß die deutschen Truppen jetzt in Rußland einmarschierten. Man dachte allgemein auch jetzt noch an einen schnellen Sieg, wenngleich die Besonnenen wegen der ungeheuren Weite dieses Landes ihre Bedenken hatten und die Abiturienten sich an Napoleons Rußland-Feldzug aus dem Geschichtsunterricht erinnerten: »Mit Mann und Roß und Wagen, so hat ihn Gott geschlagen.« Daß alles viel schlimmer kommen könnte, hat sich damals kaum einer vorstellen können.

BEI EINEM TRANSPORTUNTERNEHMEN

Ich war nun Panzerfahrer geworden und wurde am 27. Juni 1941 nach Sagan in Schlesien, einer kleinen Garnisonsstadt am Bober, einem Nebenfluß der Oder, zu einer Panzerersatzeinheit (Pz-Ers-Abt. 15) versetzt. Neben Übungsfahrten mit dem Panzer III auf dem Sandboden der Kiefernwälder um Sagan, bestand die Aufgabe dieser Panzertruppe darin, Panzer, die vom Herstellerwerk mit der Eisenbahn nach Sagan geschickt worden waren, abzuladen und zur Kaserne zu fahren, wo sie gewissermaßen auf »Halde« deponiert wurden. Bei Bedarf mußte eine gewisse Anzahl von Panzern dann wieder verladen und zu einer kämpfenden Panzereinheit nach Rußland oder nach Italien für den Einsatz in Afrika transportiert werden.

Das Begleitkommando konnte am Ankunftsort wählen, ob es bei der kämpfenden Truppe bleiben oder wieder nach Sagan zur Einheit zurückfahren wollte. Ich meldete mich stets nach Sagan zurück. Als ich einmal mit einem derartigen Transport über Wjasma, ca. 80 km vor Moskau, gekommen war, bekam ich den russischen Winter mit Temperaturen unter - 40 °C zu spüren. Die Straßen waren streckenweise von Schnee und Kälte derart glatt, daß bei einer Steigung die Panzerketten durchdrehten. Der Panzer schaffte dann die Steigung nicht, und ohne Hilfsmittel ging es nicht mehr weiter. Erst mit Metallkrallen, in die Kette eingesetzt, griffen die Ketten wieder, und der Panzer erreichte auf der glatten Straße die Anhöhe. Hier sah ich zum ersten Mal die steifgefrorenen Körper toter Russen und Russinnen am Straßenrand liegen.

Nach freier Wahl für eine Rückfahrt nach Sagan hatte ich dann in Brest-Litowsk das zweifelhafte Vergnügen, eine Entlausungsaktion zu erleben. In einer speziellen Baracke mußten sich alle Soldaten ausziehen und Uniform und Wäsche auf einen

Bügel hängen. Die Kleider gelangten dann in eine Gaskammer zum Abtöten der Läuse. Die Soldaten wurden in einen Duschraum geschickt, wo wir uns mit Seife und heißem Wasser von Kopf bis Fuß zu waschen hatten. Endlich einmal wieder eine Ganzwaschung, nachdem man während des Transports zum Waschen und Rasieren mit einem Kochgeschirr voll heißem Wasser hatte auskommen müssen, das man sich beim Lokomotivführer der Dampflokomotive erbettelte. Nachdem wir nackt in einem Raum sitzend gewartet hatten, bekamen wir schließlich die entlausten Uniformteile zurück.

Bei einem anderen Transport fuhr ich mit dem Saganer Kommando nach Brindisi in Süditalien. Die recht erlebnisreiche Fahrt dauerte vier Tage. Bei einem Zughalt in Plauen im Vogtland bekam ich von einer Rotkreuzschwester, die auf dem Bahnhof Dienst tat, ein von der Bevölkerung gespendetes Grammophon mit 50 Schallplatten geschenkt. Von den ganzen Platten gefiel mir aber nur eine einzige mit einem französischen Sänger, der sang: »J'attendrai, le jour et la nuit j'attendrai toujours ...« Diese Platte spielte ununterbrochen bis zum Ankunftsziel Brindisi. Dort fuhren wir die Panzer vom Zug in ein Areal mit Feigenbäumen.

Am nächsten Tag schneite es, darauf streikten die Italiener, unsere Verbündeten, mitten im Krieg und waren nicht bereit, die Panzer auf das Schiff zu verladen. Jetzt mußten wir sie wieder auf den Transportzug zurückbringen und fuhren anschließend quer durch Italien nach Neapel. Uns konnte dies nur recht sein, weil wir auf diese Weise nach Neapel kamen, neugierig wegen des Ausspruches »Neapel sehen und sterben« (aber erst im hohen Alter).

In Neapel wohnten wir in einem Hotel am Bahnhof. Endlich schliefen wir wieder in einem richtigen Bett. So kam sehr schnell das Gefühl auf, es könne uns im Krieg gar nicht besser gehen. Da sich in den nächsten Tagen nichts tat, fuhren wir auf den Vesuv und besuchten auch Pompeji, wo ich nun im Original einen Januskopf sah, den ich aus meinem Lateinbuch »Ludus Latinus« bereits kannte.

Besonders beeindruckte uns ein Wandbild, auf dem ein Mann sein Glied in Form eines großen Fisches auf einer Waage mit Gold aufwog. Neugierig hatten wir uns einem offiziellen Führer anvertraut, der uns erotische Szenen versprach, und so bekamen wir die Nischen zu sehen, »wo die Frau die Kerze auslöscht«. Die Frau und die Erotik waren stets ein bevorzugtes Thema. So besuchten wir in Neapel ein Soldatenbordell, wie es von der Wehrmachtsführung überall in den Etappen eingerichtet war. Zunächst dachten wir in einem Café zu sein, aber schnell merkten wir den Unterschied. Unser Unteroffizier versprach uns eine besondere Schau mit einer Hure. Einem Soldaten wurde die Nummer bezahlt, und wir durften bei dem Akt zusehen, aber es wollte vor dieser Kulisse bei dem jungen Mann überhaupt nicht klappen, worauf der Unteroffizier alle aus dem Zimmer schickte und die Sache selbst erledigte. Mit neugierigen Augen hatten wir gerade das Vorspiel, nicht aber die Hauptsache gesehen. Die meisten Landser in meinem Alter waren im übrigen noch viel zu jung, um über einen solchen »Cafébesuch« hinaus zu kommen. Dieser Cafébesuch verdeutlichte eine Art Hierarchie, allerdings frei von militärischen Rangabzeichen. Vor allem den jungen Rekruten und Soldaten fehlte in der Regel auf sexuellem Gebiet die Erfahrung. Ganz zwangsläufig war der Reifere mit bereits einschlägigen Erfahrungen überlegen. Wir hingen an seinen Lippen, wenn er von Beziehungen zu Frauen und sexuellen Erlebnissen und Praktiken erzählte. Unaufgeklärt hatten wir Schule und Elternhaus verlassen. Jetzt wollten auch wir, und zwar tagtäglich, etwas vom »Thema Nr. 1« hören und Erfahrungen sammeln – nicht nur mitreden, sondern das Versäumte endlich nachholen. Andererseits hatten wir schreckliche Angst vor Ansteckung und die Schande, etwa infiziert mit einem Tripper mit mindestens 21 Tagen Arrest bestraft zu werden, wirkte besonders abschreckend.

Das Saganer Begleitkommando hatte zehn Tage in Neapel mehr oder weniger herumgelungert. Die Stadt begeisterte uns sehr, und so entstanden eine Reihe von Fotografien, und trotz Verbot, auch solche vom Hafen. Natürlich ging die schöne Zeit schnell zu Ende. Wir erhielten Afrika-Uniformen, um die Panzer nach Afrika zu transportieren und – wie es zunächst hieß – bei der kämpfenden Truppe zu bleiben. Aber dann kam doch noch die erlösende Frage, ob wir wirklich nach Afrika wollten oder lieber nach Sagan zurück. Der Offizier mußte! Ein Mann entschied sich für Afrika, der Rest fuhr nach Sagan zurück. Später habe ich diese Soldaten wiedergetroffen. Er erzählte, daß sein Schiff mit den verladenen Panzern bereits im Golf von Neapel durch Torpedotreffer gesunken war. Zwar konnte er sich schwimmend retten, erlitt aber erhebliche Verbrennungen im Gesicht.

Auf der Rückfahrt nach Sagan nahm jeder von uns eine große, sperrige Holzkiste voll gekaufter Waren mit. In meiner Kiste befanden sich auch zwei Seidenhemden, die ich bei einem Herrenausstatter gekauft hatte, der trotz des Krieges eine friedensmäßige Warenkollektion präsentierte. Wir fuhren mit dem Schnellzug für Fronturlauber (SF 568), der täglich um 7.54 Uhr von Neapel abfuhr und am nächsten Tag um 16.58 Uhr in Berlin-Anhalter Bahnhof ankam. Die Fahrt ging über Rom, wo Aussteigen verboten war – es war eine für durchreisende Soldaten gesperrte Stadt – nach München, und nach mehrmaligem Umsteigen mit unseren Kisten gelangten wir nach Sagan zurück und hatten den üblichen ¾-Stundenmarsch vom Bahnhof zur Dachsbergkaserne vor uns. Die Kisten transportierten wir auf einem Wagen.

In der Freizeit konnte ich im Saganer Tennisclub mit Soldaten und Offizieren, vor allem aber mit den Mitgliedern dieses Clubs Tennis spielen. Dadurch machte ich auch die Bekanntschaft einiger angesehener Bürger dieser Stadt, und es folgten fast friedensmäßige Einladungen. Am 12./13. September 1942 fand sogar ein Wettspiel des Saganer Tennisclubs (Saganer SV) gegen den TV 1861 Cottbus statt. Eine gemischte Mannschaft fuhr nach Cottbus, wobei mit »gemischt« nicht nur die gemischten Doppel (Damen und Herren) gemeint sind, sondern vor allem die Herrenmannschaft: sie bestand aus Offizieren, Unteroffizieren, Panzersoldaten und einer Reihe von Zivilisten. In meine Tennispartnerin Karin hatte ich mich sehr verliebt. Ich mußte jedoch erkennen, daß der »kleine Gefreite« eine Nummer zu klein war. So habe ich sie nicht einmal mehr bei meinem kurzen Aufenthalt in Sagan 1944 wiedergesehen. Die hübsche Anita aus einem Fotogeschäft versorgte mich mit Schwarzweiß- und Farb-Umkehrfilmen (der Schwarzweißfilm kostete 2,- RM und der Farbfilm 3,50 RM).

Ein Mitglied hatte eine sehr große Schallplattensammlung, und so kam ich in den Genuß, Musik zu hören. Man hatte nach dem Krieg auch darüber gesprochen, daß manche Musiker und Dirigenten, wie z. B. W. Furtwängler, sich in den Dienst der Nazis gestellt hätten, und daß sie sich dadurch an der verhängnisvollen Kriegsbegeisterung vieler Deutscher verschuldet hätten. Ein Konzert konnte damals gar keine größere Mehrheit des Volkes erreichen, es gab ja noch kein Fernsehen, und nur wenige besaßen ein Radio; Plattenspieler und Schallplatten waren eine Seltenheit. Für jemanden, der an der Front kämpfte, war es nicht vorstellbar, mit Furtwänglers Beethoven im Ohr oder einer monumentalen Plastik von Breker (»Die Kameraden oder Die Vergeltung«) vor Augen zum Heldentum animiert und der Musik oder der Kunst wegen in den Kampf zu ziehen. Während des Kampfes zählte ohnehin nur das Durchkommen. Die Soldaten, mit denen ich zusammen war, interessierten sich nur selten für klassische Musik. Etwas anderes empfand man beim Klang preußischer Militärmärsche; mit Militärmusik verband sich etwas Soldatisches, Zackiges, mit siegreichem Schlachtgetümmel und für den Durchschnittsdeutschen die Erinnerung an die kaiserliche Zeit, mit einer Epoche des Glanzes. Mir machte es als Soldat Spaß, nach den Klängen eines Militärmarsches hinter einer Militärkapelle durch ein Örtchen mitzumarschieren. Das war's dann aber auch.

Das Interesse des Soldaten galt dem Essen – er schob ja permanent Kohldampf – und, soweit Gelegenheit vorhanden war, den Frauen. Er wollte seine Ruhe haben und möglichst oft in Urlaub fahren. Im Grunde waren es die Erhaltungstriebe: Fressen – Saufen – und auch Huren. Die Pflege der Bildung bei der Wehrmacht war Fehlanzeige. Man konnte zwar von der Wehrmacht Bücher kaufen, die der Bildung dienen sollten; gelesen wurden sie aber kaum. Ganz andere Motive spielten immer wieder eine Rolle über das Verhalten des Einzelnen beim Kampfeinsatz: Kampfaktivitäten mit dem einzigen Ziel, einen Orden oder eine Auszeichnung zu erhalten. Mit einem Orden an der Brust konnte man für jedermann sichtbar beweisen, daß man mutig gekämpft hatte. Ich habe Kommandanten erlebt, die nicht eher ruhten, bis sie eine bestimmte Anzahl feindlicher Panzer abgeschossen hatten, die ihnen dann das »Eiserne Kreuz« einbringen würden, und als nächstes schielten sie nach dem Ritterkreuz.

Zurück zu dem Hauptinteresse aller Soldaten, der Verpflegung. In einem Brief an meine Mutter schrieb ich am 1. Oktober 1941 aus Sagan: »Morgens esse ich nur zwei Scheiben Brot, weil es nicht mehr gibt. Die Tagesration beträgt 500 g Brot. Mittags fasse ich dann noch so lange nach, bis nichts mehr in mich hineingeht, d.h. 10 bis 15 Kartoffeln. Trotzdem habe ich dauernd Kohldampf und könnte bereits nach zehn Minuten wieder ein Stück Brot essen. Aber in einer Stadt wie Sagan mit so viel Militär bekommt man kaum ein markenfreies Essen. Sonntags erscheint die Speisekarte mit zwei bis drei gestrichenen Speisen, und wenn man etwas Besonderes haben will, muß man bereits um 10.15 Uhr im Lokal sitzen.« Diese Sorgen waren der Tenor meiner Briefe. Daneben kam oft die Bitte, mir Geld zu schicken, damit ich in einem Lokal was Eßbares ergattern

könnte. Keine Not herrschte dagegen bei den Zigaretten, besonders den Marken NIL und JUNO, und an Toilettenartikeln,
wie Kölnisch Wasser oder Zahnpasta.

Während der Saganer Kasernenzeit wurde die Brotration
für uns Soldaten weiter reduziert. Es gibt eine Abbildung, auf
der zeige ich mit zwei Fingern den herumstehenden Mitgliedern des Saganer Tennisclubs, wieviel Brot es jetzt nur noch an
einem Tag gibt. Damit mich der Hunger nicht zu sehr plagte,
schickte mir meine Mutter ab und zu Brotmarken.

Mein Weg zum Tennisplatz führte an einer Bäckerei vorbei.
Mit der Verkäuferin hatte ich jedesmal kräftig geflirtet und ihr
tief in die Augen geschaut. Dies zeigte Wirkung; sie gab mir
jedesmal Brot ohne Marken. Unglückseligerweise hatte sie einige Wochen später just in dem Augenblick aus einem rückwär-
tig gelegenen Fenster mit angesehen, wie ich eine Schöne vor
der Tennisanlage heiß küßte. Das nächste Mal begrüßte sie
mich kaum noch und die markenlose Brot- und Kuchenzeit war
damit vorbei.

Im Oktober 1942 mußte ein Teil meiner Kompanie zum Kar-
toffeleinsatz nach Rothenburg (Schlesien) aufs Land. Auf einem
großen Kartoffelfeld drehte ein landwirtschaftlicher Traktor
(Lanz-Bulldog) mit angehängter Kartoffelauswurfmaschine
(Schleuderradroder) seine Runden. Etwa alle zehn Minuten
kam das Fahrzeug an uns vorbei und während dieser Zeit mußten die herausgeworfenen Kartoffeln eingesammelt sein. Wir
verrichteten diese Arbeit gewissermaßen wie Zwangsarbeiter
zusammen mit italienischen Landarbeitern und Landarbeite-
rinnen sowie französischen Kriegsgefangenen. Neben unserer
Soldatengruppe arbeitete gemeinsam mit uns im gleichen Einsatz auch eine Gruppe von 30 Juden, die durch einen aufge-
nähten gelben Stern auf der linken Brust auffielen. Es waren
vorwiegend Frauen, denen man ansehen konnte, daß sie früher bessere Zeiten gesehen hatten, weil die meisten von ihnen
tadellose Skianzüge trugen. Die Arbeit war hart, besonders

auch wegen des zeitweise sehr schlechten Wetters. Bei Schnee-schauer, Regen und Frost litten beim Kartoffelbuddeln von 7.00 bis 12.00 Uhr und von 13.00 bis 18.30 Uhr vor allem die Finger. Für die ungewohnte Schinderei gab es als einen gewissen Ausgleich ein sehr gutes Essen. Einmal bekamen wir sogar Reh-braten mit Kraut und Soße und natürlich Kartoffeln. Zwischen-durch klauten wir eine große Anzahl von Äpfeln und hatten bald so viele Äpfel, daß es zu einem Paket nach Hause reich-te. Im November des gleichen Jahres mußten wir nochmals zum Rübeneinsatz. Auch hier war die Arbeit ungewohnt und un-angenehm, insbesondere wegen des kalten Novemberwetters. Wir waren uns aber bewußt, daß es angenehmer war, Rüben zu stechen, als in Rußland eingesetzt zu sein, wo neben dem Kriegsgeschehen nach einem zum Erliegen gekommenen Vor-marsch bereits eine extreme Kälte herrschte, wie ich bei einem Transport nach Wjasma selbst erlebt hatte und wie uns ein zurückgekommener Feldwebel erneut berichtete.

Obwohl ich Angehöriger der Panzertruppe war, wurde im Januar 1943 bei uns in Sagan eine Skiausbildung durchgeführt. Die Führung war sich wohl nicht ganz sicher, ob immer genü-gend Panzer verfügbar sein würden, deshalb sollten die Pan-zersoldaten auch als Infanteristen im Schnee zu kämpfen ver-stehen. Wir übten mit den Skiern zu laufen, anzugreifen und zu schießen. Als Wochenendurlauber konnte ich zweimal über Krummhübel ins Riesengebirge zum alpinen Skilaufen fahren. Die Fahrt war etwas umständlich; von Sagan war Krummhü-bel erst nach viermaligem Umsteigen in Sorau, Kohlfurt, Lau-ban und Hirschberg zu erreichen.

Mit einem befreundeten Feldwebel, der kurze Zeit später zur Kriegsschule kommandiert wurde, sich dort beim Waffenrei-nigen durch die Hand schoß, aber trotzdem als Leutnant die Schule verließ, wohnte ich im Haus »Bergheil«, wo es Essen ohne Marken gab. Wir stiegen zum kleinen Teich über die Ham-pelbaude auf und liefen mit Begeisterung mal wieder »richtig«

Ski. Anfang Februar 1943 mußte ich mich beim Kompanie-chef melden, angeblich weil ich versetzt werden sollte. Es handelte sich jedoch um einen Skikurs (10. Februar 1943) in Kronstadt über Habelschwerdt im schlesischen Glatzer-Bergland. Neu war die hier benutzte Skibindung (Heeresflachlandbindung), die im Bewegungsprinzip einer heutigen Langlaufbindung entsprach. Man zog über die normalen Schuhe einen Überschuh aus Leder, der mit zwei Ösen an den Skibacken befestigt war. Mit dieser Bindung, die an jeden Ski paßte, konnte man hervorragend Langlaufen. Zum Abfahrtslauf war sie natürlich ungeeignet.

Am 18. Februar 1943 hielt Goebbels in einer gewaltigen Kundgebung im Berliner Sportpalast seine berühmte Rede über die zehn sogenannten »Schicksalsfragen des deutschen Volkes«. An dieser Kundgebung nahmen Verwundete von der Ostfront, Ritterkreuzträger, Eichenlaubträger, Rüstungsarbeiter, Soldaten, Ärzte, Wissenschaftler, Künstler, Ingenieure, Architekten, Lehrer, Parteifunktionäre, Beamte und Angestellte und Tausende von deutschen Frauen teil.

Goebbels tat zunächst einmal kund: »Ich kann also mit Fug und Recht sagen, was hier vor mir sitzt, ist ein Ausschnitt aus dem ganzen deutschen Volk an der Front und in der Heimat. Stimmt das?« Der Sportpalast erlebte im Augenblick dieser Frage eine Demonstration der Begeisterung, wie sie selbst diese alte Kampfstätte des Nationalsozialismus nur an besonderen Höhepunkten nationalen Geschehens erlebt haben kann. Die Masse sprang wie elektrisiert von ihren Plätzen. Wie ein Orkan brauste ein vieltausendstimmiges »Ja« durch das weite Rund. Was die Teilnehmer dieser Kundgebung erlebten, machte den Eindruck einer Volksabstimmung und Willensäußerung, wie sie spontaner keinen Ausdruck finden konnte.

Ein weiteres Zitat aus dieser Rede war: »Ihr also, meine Zuhörer, repräsentiert in diesem Augenblick die Nation, und an Euch möchte ich zehn Fragen richten, die ihr mir mit dem deutschen Volke vor der ganzen Welt, insbesondere aber vor unseren Feinden, die uns auch an ihrem Rundfunk zuhören, beantworten sollt.« Dann stellte er die zehn Fragen, auf die die Menge jedesmal aufsprang und wie in einem einzigen Schrei ihre Zustimmung gab. Die berühmteste dieser Fragen lautete: »Wollt ihr den totalen Krieg?« Auch diese Frage wurde mit tosendem Jubel bejaht.

Es begann jetzt die Zeit, da immer mehr Soldaten auch aus meinem persönlichen Bekanntenkreis fielen. Der Krieg rückte bedrohlicherweise näher. Als einer der ersten war der bekannte Freiburger Skiläufer Rudi Cranz gefallen, dann kam die Nachricht vom Tode einer Vielzahl von Kameraden aus meiner Schule und der Hitlerjugend.

Während meiner Stationierung in Sagan wurde mir dann auch Heimaturlaub gewährt. Die Eisenbahnfahrt nach Freiburg war recht umständlich und langweilig, aber – mit dem Heimaturlaubsschein in der Tasche – die Erfüllung höchsten Landserglücks. Cottbus, Frankfurt a. d. Oder, Halle, Dresden waren je nach der Fahrtroute die Städte, über die der Zug fuhr. In der Regel war man auf die Schnellzüge für Fronturlauber (SF) oder öffentliche Züge mit Wehrmachtsabteil (DmW, EmW, PmW) angewiesen; wenn man Glück hatte, konnte man auch von einem Bahnhofsoffizier eine Genehmigung für einen normalen D-Zug erhalten.

Während der Zugfahrt, wie auch an Bahnhöfen, kontrollierte stets und überall Feldgendarmerie die Urlauber. Wir Soldaten nannten sie Kettenhunde, weil sie an einer Kette um den Hals einen Ringkragen mit aufgeprägtem Adler trugen. Sie überprüften die Marschbefehle und Fahrkarten und ließen auch schon mal die Gasmaskenbüchse öffnen, um zu kontrollieren, ob sie auch wirklich die Gasmaske und nicht etwa versteckte Butterbrote enthielt.

Während einer Urlaubsfahrt konnte ich bei einem Halt in Leipzig meinen Onkel Albert Böttger besuchen. Er hatte am 14. April 1924 in Leipzig ein Heim für berufliche Erziehung gegründet. In diesem Haus wurden lernbehinderte und sozial benachteiligte Jugendliche in Gartenbau, Holzbearbeitung, Metallfarben, Haus- und Bauwirtschaft gefördert und eine Berufsausbildung angeboten. Trotz großer Erfolge wurde mein Onkel in der NS-Zeit abgelöst. Die Lebenshaltung der Schwachsinnigen sollte jetzt auf das Lebensniveau von Naturvölkern abgesenkt werden. Nach 1945 wurde mein Onkel wieder Leiter der Schule, die heute seinen Namen trägt.

ZUM TODE VERURTEILT

In der Saganer Dachsbergkaserne befand sich zeitweise ein Panzermann, der aus meinem Wohnquartier in Freiburg stammte. Als einen von der Natur verschwenderisch ausgestatteten Jungen, groß und gut gewachsen mit superblonden Haaren, kannten ihn die Jungen und vor allem die Mädchen im Quartier recht gut. Ich selbst sah ihn gelegentlich mit seinem Bruder, mit dem ich in der selben Jungvolkeinheit Dienst tat. In Sagan hörte ich durch einen Tagesbefehl von ihm und seiner Geschichte, wie er mit völlig untauglichen Mitteln durch den Krieg kommen wollte. Seine Geschichte vollzog sich in drei Akten.

Im ersten Akt saß er zur Verbüßung einer Strafe zunächst im Bau, dem Soldatengefängnis innerhalb der Kaserne. Dieses gefiel ihm nicht. Er floh aus dem Bau, versteckte sich und brach in der Dunkelheit in eine Schreibstube und in das Zimmer eines Feldwebels ein. Danach desertierte er mit dem Diebesgut, das ihm in die Hände gefallen war: eine gestohlene Pistole, Wehrmachtspapiere und einige Dienststempel. Er war zunächst untergetaucht.

Der zweite Akt spielte mitten in Leipzig. Auf der Straße spazierte ein gutaussehender junger Offizier in Luftwaffenuniform, dekoriert mit einem großen Verband um den Kopf. Ein Fliegerheld, so dachten sicher viele, die diesem Idealbild eines Helden begegneten. Ein Feldwebel, der ebenfalls aus Freiburg aus dem selben Quartier stammte, sprach ihn an: »Hallo, Mensch D., was machst Du denn hier?« Der Fliegeroffizier beging jetzt den größten Fehler seines Lebens, indem er den Feldwebel anschnauzte: »Wer sind Sie, daß Sie mich mit ›Du‹ ansprechen? Ich kenne Sie nicht, machen Sie, daß Sie weiterkommen!« Der Feldwebel ging weiter und wußte sofort, daß hier etwas faul war, denn er hatte den aus dem Quartier bekannten Jungen genau erkannt und spürte, daß dieser ihn auch erkannt hatte. Er hätte natürlich die Angelegenheit auf sich beruhen lassen können, jedoch alarmierte er die Feldgendarmerie, die sofort den Fliegeroffizier kontrollierte. Die Papiere waren von der Feldgendarmerie auf der Stelle als gefälscht und die Kopfbinde als Attrappe erkannt. Ganz schnell wurde der desertierte Panzermann entlarvt. In der Nacht konnte er noch ein großes Loch in seine Zellenwand graben; zu einer Flucht war es nicht tief genug.

Der dritte Akt spielte wieder in Sagan. Beim Morgenappell verlas der Spieß einen Tagesbefehl: Der Panzersoldat D. war degradiert und zum Tode durch Erschießen verurteilt. Die Exekution sollte am Nachmittag in einem Kiefernwäldchen in der Nähe von Sagan stattfinden. Dann bestimmte der Spieß das Erschießungs-Begleitkommando.

Ich hätte als Zuschauer an der Erschießung teilnehmen können. Der Spieß stellte es bei seinem Morgenappell jedem Soldaten frei, auf einem LKW zur Hinrichtungsstätte zu fahren, um den Vollzug des Todesurteils selbst mitzuerleben. Ich war nicht dabei.

Die nach der Erschießung zurückgekehrten Soldaten berichteten, daß D. keine Angst vor dem nahen Tod zeigte. Es war eine merkwürdige Situation. Er, der durch die Desertion dem möglichen Soldatentod entfliehen wollte, sah nun ganz gelassen dem Tod entgegen. Mit den Händen an einen Pfahl gebunden, schüttelte er noch im Anblick der auf ihn gerichteten Karabiner des Erschießungs-Kommandos mit einer eleganten Kopfbewegung sein Schiffchen von den blonden Haaren. Es erfolgte das Kommando »Feuer«, und dann peitschten die tödlichen Schüsse. Man könnte fast sagen, er ist wie ein Held gestorben. Da er den Soldaten, die ihre Gewehre auf ihn gerichtet hatten, noch zurief: »Schießt nicht auf mein Gesicht«, könnte man auch sagen, er ist wie ein schöner Held gestorben.

So gelangte dieser junge Soldat, der durch diesen Krieg ohne

Einsatz durchzukommen hoffte, letztendlich genau dahin, wo er partout nicht hin wollte: wie ein Held zu sterben. Diese Stunde der Erschießung wurde für die begleitenden Soldaten zu einer jenen Machtdemonstrationen des Hitlerstaates, der unerbittlich auf Disziplin und Gehorsam achtete und einen Deserteur ohne Gnade erschießen ließ – auch noch in den Mai-Tagen 1945, als der Krieg wirklich verloren war. Wir jungen Soldaten bekamen jetzt gewissermaßen hautnah demonstriert, wohin Gehorsamsverweigerung, und erst recht Fahnenflucht, führte.

Heute würden wir Stubeninsassen von damals ein Todesurteil, wie es im Falle D. gefällt und vollstreckt wurde, als brutal und ungerecht empfinden. Aber damals, in den Zwängen der Wehrmacht, herrschten andere Ansichten und Gefühle, die nicht vergleichbar mit der heutigen Zeit sind. Wir Soldaten, wie wir auf unserer Stube zusammensaßen, waren nach dem Bericht unseres Kameraden erschrocken. Er erzählte nicht nur vom Tode eines der Unsrigen, sondern von der Exekution in unmittelbarer Nähe. Wir waren erschüttert von der Todesschilderung, kritisierten jedoch nicht die Härte des Urteils, sondern nahmen es auf, wie wir es bei der Ausbildung gelernt hatten: »So geht es, wenn man Fahnenflucht begeht.«

Dabei kritisierten wir auch die Dreistigkeit, ja Dummheit von D. Bei den permanenten Wehrmachtskontrollen, aber auch beobachtet von Haus-, Block- und Zellenwart in der Heimat, konnte der Ausbruch und Auftritt als »Fliegeroffizier« nicht gutgehen.

ZUR 24. PANZERDIVISION NACH FRANKREICH

Mein Aufenthalt bei der Transporttruppe dauerte deshalb zwei Jahre, weil ich immer wieder durch Krankheiten wie Gelbsucht, Magenulcus oder wegen eines Karbunkels ein Lazarett aufsuchen mußte und der Lazarettarzt mich für längere Zeit nur für GvH (Garnisionsverwendungsfähig Heimat) erklärte. Wenn man bedenkt, daß mittlerweile der Krieg in vollem Gange war und Hitler befohlen hatte, jeder Soldat soll Frontbewährung erhalten, dann schlug meine Stunde der Versetzung zu einer kämpfenden Truppe relativ spät.

Nach meinem Abschied aus Sagan, schrieb ein Stabsunteroffizier an meine Mutter einen Brief: »Armin ist nun fort, und bei seiner Abfahrt konnte ich ihm noch das Geleit geben. Ich wäre gern mit ihm gefahren, aber mich hat ein Befehl zur Standarte ›Feldherrnhalle‹ verschlagen.« Dieser Brief zeigt, daß man als Soldat nur selten Einfluß hatte auf die Einheit, zu der man kommandiert wurde, daß man auch von der Wehrmacht zu einer SA- bzw. SS-Einheit versetzt werden konnte. Auch ich landete in den letzten Kriegstagen bei einer ehemaligen SS-Truppe, dem Panzerkorps ›Feldherrnhalle‹. Trotzdem eröffneten sich auch im Krieg Möglichkeiten, den täglichen Lebensablauf unter den gegebenen Umständen erträglich zu gestalten und den Weg als Soldat – innerhalb allerdings minimaler Grenzen – zu beeinflussen. Man mußte den Willen und Mut dazu haben und bereit sein, ein gewisses Risiko in Kauf zu nehmen, um sein Schicksal in eigener Initiative selbst in die Hand zu nehmen. Davon will ich später erzählen.

Zunächst ging es am 5. April 1943 nach Frankreich, wo ein Truppenverband aufgestellt werden sollte. Der Abschied von Sagan vollzog sich unter vielen Tränen, und der letzte Akt war ein Marsch von der Kaserne zum Bahnhof. Voran marschierte noch ein Spielmannszug, der »Die Stunde des Abschieds« unter anderem mit dem sehr schmissig als Marsch gespielten Faust-Walzer von Berlioz untermalte. Am Bahnsteig im Bahnhof Sagan angekommen, zog mich mein Freund, der damalige Uffz. Graf Posadowsky-Wehner[2], sofort in sein Zugabteil mit einem Schild »Reserviert für Wachtmeister«. Schüchtern meinte ich: »Mensch, Heynco, ich kann doch nicht als kleiner Gefreiter in einem Abteil für Portepee-Uffz. Platz nehmen.« Doch er erwiderte ganz überlegen: »Ich habe meinen Platz bereits, und wenn einer von denen protestiert, weil ich dich auch mitgenommen habe, dann bekommt er ein paar Eier geschenkt«. Von seinem Gut in Schlesien hatte er genug und vorzügliches Essen dabei. Die Wachtmeister bekamen auch ohne Protest ihre Zusatzverpflegung. Der Graf, in allen Situationen souverän, verstand es schnell, seine Umgebung in seinen Bann zu ziehen. Während der Zug nach Frankreich fuhr, spielten mehrere Wachtmeister, ein Unteroffizier und ein Gefreiter in bester Stimmung Skat. Die mit mir versetzten Soldaten füllten zwei Eisenbahnzüge. Die Fahrt ging über Dresden zum Rhein bei Worms, dann über die Grenze. Schließlich erreichten wir als ersten Quartierort Brionne in der Normandie und bezogen Privatquartiere. Kampfpanzer waren an diesem Standort noch nicht vorhanden, sondern nur ein paar französische Beutepanzer zur Ausbildung.

In einem kleinen Geschäft versuchte ich zum erstenmal, mit der Verkäuferin das in der Schule gelernte Französisch praktisch anzuwenden. Sie war recht hübsch, und die französische Plauderei hatte wenigstens den Erfolg, daß ich eine Menge Gewürze kaufen konnte, die ich sofort nach Hause schickte.

2 Sein Onkel war Staatssekretär und von 1897 bis 1907 Stellvertreter des Reichskanzlers gewesen. Als Deutschnationaler war er Gegenkandidat Friedrich Eberts bei der Wahl zum Reichspräsidenten durch die Nationalversammlung in Weimar.

Ein paar Erinnerungsfotos blieben. Im allgemeinen haben es die französischen Frauen vermieden, sich mit einem deutschen Soldaten in der Öffentlichkeit zu zeigen. Nach ein paar Tagen ging es weiter nach Epaignes, einem Ort mit 800 Einwohnern, der 11 km von Port-Audemer und 25 km von Lisieux entfernt liegt. Dann kamen auch die Panzer, die sich als Sturmgeschütze entpuppten.

Es sollte hier eine neue 24. Panzerdivision aufgestellt und ausgebildet werden. Die 24. Panzerdivision war aus der ostpreußischen 1. Kavallerie-Division, die nach dem Polen- und Frankreichfeldzug noch in Rußland gekämpft hatte, und das Panzer-Regiment 24 aus dem Reiter-Regiment 2 hervorgegangen. Als äußere Anerkennung für die ruhmreiche Geschichte der deutschen Kavallerie verfügte am 25. Oktober 1941 der damalige Oberbefehlshaber des Heeres, Generalfeldmarschall von Brauchitsch, daß die neu aufgestellte 24. Panzerdivision weiter das goldgelbe Paspel (farbiger Nahtbesatz) an der Mütze, den Kragen und Schulterklappen tragen solle. Während bei der gesamten deutschen Panzertruppe die Waffenfarbe rosa war (die Nachrichtentruppe hatte hellgelb), trug als Ausnahme die 24. Panzerdivision die goldgelbe Farbe.

Entsprechend der Sprachregelung eines Reiterregimentes war der Hauptmann auch hier ein Rittmeister, der Feldwebel ein Wachtmeister und die Kompanie eine Schwadron. Auch das Divisionszeichen, das auf jedes Fahrzeug gespritzt war, entsprach der Tradition der Kavallerie: Es stellte einen springenden Reiter dar, der über eine Hürde setzt. Diese besondere Regelung sollte dokumentieren, daß es sich bei der neu aufgestellten Division um eine Traditionstruppe des Heeres handelte. In einem Flugblatt, von russischen Flugzeugen abgeworfen, wurde die 24. Panzerdivision als »die Bluthunde von Woronesh« tituliert. Damit wurde aber nicht auf eine Greueltat an der Bevölkerung angespielt, sondern es war vielmehr der schnelle Vormarsch der 24. Panzerdivision gemeint, die nach Überschreiten des Don im Juni 1942 in die Stadt Woronesh eindrang.

v. Senger u. Etterlin schreibt in seinem Buch über die 24. Pz-Div., daß dieser Division mit dem springenden Reiter eine besondere Rolle bei der Verfolgung der russischen Truppen zugedacht war. Sie hätte am 17. oder 18. Juni 1942 den großen Donbogen überschreiten können, um als starker Panzerkeil den Kaukasusraum zu erreichen. Dies gelang deshalb nicht, weil der Nachschub an Betriebsstoff versagte. Die Kriegsgeschichte hat nicht voll geklärt, wen die Schuld an diesem Versagen trifft. Nach H.G. Dahms hat Hitler dieses Mißgeschick dem Feldmarschall v. Bock zur Last gelegt und ihn seines Kommandos enthoben.

Die 24. Panzerdivision ist danach im Kessel von Stalingrad verblutet oder in die russische Gefangenschaft marschiert. Teile der Division, die außerhalb des Kessels verblieben waren oder Angehörige der Division, die verwundet bzw. aus anderen Gründen in der Heimat stationiert waren, bildeten nun den Kern der neu aufzustellenden Division.

Mein Schwadronchef, Oberleutnant Hupe, hatte die Aufgabe, uns mit den Sturmgeschützen vertraut zu machen, und er erfüllte sie, in dem er auf preußischer Zucht und Disziplin bestand. Aber nun erschien es mir nicht als Schliff, vergleichbar mit der Rekrutenzeit in Böblingen. Die Sturmgeschütze III (Ausführung G) hatten im Gegensatz zum Panzer III oder IV, die uns aus der Saganer Zeit vertraut waren, nur vier Mann Besatzung. Der Turm war nur wenig in der Horizontalen drehbar, so daß das Sturmgeschütz immer frontal zum Ziel stehen mußte, um mit der Kanone oder dem MG das gegnerische Ziel treffen zu können (das Fahrgestell entsprach dem eines Panzers III mit sechs Laufrollen: die Kanone war eine 7,5 cm L. 48-Langrohr).

Zur Aufmunterung besuchte uns einmal eine Wehrmachtsbetreuungsgruppe. Eine Musikkapelle spielte und begleitete ein buntes Programm, in dem auch Tänzerinnen auftraten. Eine von ihnen sang: »Michael, bin ich nicht eine Frau für dich?«; sicher doch – dachte die Mehrzahl der Zuhörer, auch wenn keiner von uns Michael hieß.

Ein anderes Mal sprach ich bei einem Spaziergang nach dem Dienst mit meinem Schulfranzösisch eine junge Französin an. Das auf der Schule gelernte Französisch reichte hierzu aus, und es war einer jener Augenblicke im Soldatendasein, wo das in der Schule Gelernte für das Leben reichte. Wir unterhielten uns nur über Alltäglichkeiten, aber ich hatte den Eindruck, daß ich ihr sogar etwas mehr als nur sympathisch war. Sie führte ein kleines Andenkengeschäft in Lisieux und, um sie zu besuchen, fuhr ich verbotenerweise mit dem Fahrrad über Cormeilles, wo eine Nachbarschwadron stationiert war, nach Liseux. Durch die Beförderung zum Obergefreiten fühlte ich mich als langgedienter Soldat, der in der Abwägung von der Sehnsucht nach frischer Liebe und dem Befehl, das Stationsörtchen Epaignes nicht zu verlassen, jetzt selbst bestimmen konnte, der Minne den Vorzug zu geben. Das Andenkengeschäft unmittelbar neben der Kirche in Lisieux fand ich schnell. Das Fahrrad an die Hauswand gelehnt, trat ich ein (21. Mai 1943). Nach einem ersten »Bonjour Madame« schauten wir uns im Dunkel des Geschäftes in die Augen. Sie war schrecklich nervös, schenkte mir einen Talisman, und dann stieg ich wieder auf das Fahrrad, um möglichst ungesehen nach Epaignes zurückzukommen. Wir hatten ausgemacht, uns zu schreiben, und so gab ich ihr meine Adresse und informierte sie, daß sie einen Brief entweder mit der normalen französischen Post und postlagernd nach Epaignes schicken oder aber den Brief einem Soldaten geben sollte, dann jedoch mit meiner Feldpostnummer 46780 E – und nur mit ihr – als Adresse.

Sie hatte den Unterschied der Adressierung wohl nicht verstanden oder wollte mit einer möglichst umfangreichen Adresse den Brief schneller und sicherer in meine Hände gelangen las-

46

sen. Zu sicher, wie sich herausstellte. Ein paar Tage später verkündete der Spieß beim Morgenappell den Befehl: »Obergefreiter Böttger, 12 Uhr, Chef, Stahlhelm!« Ein auf diese Weise angekündigter Rapport bedeutete nichts Gutes. Jeder konnte aus diesem Befehl entnehmen, etwas Besonderes war vorgefallen, etwas, das dann auch meist die Konsequenz einer Bestrafung durch Arrest nach sich zog. Mein Freund Graf P. sprach perfekt französisch. Vor meinem Rapport gab ihm der Schwadronchef einen an mich adressierten Brief mit einer doppelten Adresse, auf der sowohl »Epaignes« als auch zusätzlich meine Feldpostnummer vermerkt war. Aus dem »entweder-oder« hatte die Französin ein »sowohl als auch« gemacht. P. übersetzte den Brief. Er begann mit »A mon tendre Armin« und erzählte von den Gefühlen junger Liebe. P. konnte mich noch kurz informieren, und so wußte ich immerhin, worum es ging, als ich um 12 Uhr mit aufgesetztem Stahlhelm die Hacken zusammenschlug und mich zur Stelle meldete. Einer strengen Befragung folgte die Belehrung, daß ich gegen die Geheimhaltung verstoßen hätte: der Standort einer Feldpostnummer müßte streng geheimgehalten werden. Der Schwadronchef hatte aber nach der Übersetzung durch meinen Freund erkannt, daß es sich hier um einen harmlosen Liebesbrief handelte und im Grunde kein militärisches Geheimnis verletzt worden war. So kam ich mit einem »Anschiß« davon. Meine französische Liebe schrieb mir in weiteren Briefen, daß sie nun einen deutschen Sprachkurs besuchen werde. Und dann hat sie mich in Epaignes besucht, nachdem sie mir in einem Brief geschrieben hatte: »Noch drei Tage trennen uns, den einen von dem anderen, wie lang das ist!«

In Epaignes überflogen uns öfters englische Jagdflugzeuge, die Flugblätter abwarfen. Später beschossen sie mit Maschinengewehren unser Örtchen. Dann kamen englische bzw. amerikanische Bombenflugzeuge, die Bomben abwarfen. Die deutsche Flak konnte ein Flugzeug abschießen. Drei Mann der Besatzung sprangen im Fallschirm ab, wir mußten sie mit Fahrrädern suchen. Einen von ihnen, der sein Bein gebrochen hatte, fanden wir. Er hatte einen Fallschirm aus Seide vorzüglichster Qualität, die mich außerordentlich beeindruckte. Ebenso fand ich seine Kombination hervorragend. Er trug Schokolade bei sich, sowie Tabletten, die für 6 Stunden Ermüdungserscheinungen verhindern sollten. Ein paar Tage später flogen 150 viermotorige Bomber ganz tief über unser Örtchen. Sie hatten uns gottlob nicht gesehen, jedoch kam in der Nacht ein englischer Jäger, der von einem Lichtschein angelockt, mit seiner 2-cm-Bordkanone losballerte und dabei einen schlafenden Unteroffizier ins Bein traf.

Zu Schießübungen fuhren wir mit unseren Sturmgeschützen auf einen Truppenübungsplatz bei Falaise, wo wir in Zelten übernachteten. Beim Übungsschießen mit der Kanone schossen wir zuerst in ein Kartoffelfeld, um anschließend die herausgeschossenen Kartoffeln zu sammeln. An den Abenden ging ich mit den Besatzungsmitgliedern meines Sturmgeschützes hamstern.

Einmal besuchten wir die berühmten Seebäder Trouville und Deauville. Die Truppe fuhr mit einem LKW ans Meer, wo ein Stückchen Strand zum Baden freigegeben war. Die großen Strandhotels in Deauville waren verlassen und teilweise mit Tarnanstrich versehen, und auf den vielen Tennisplätzen wuchs meterhoch das Gras bzw. Unkraut. Das Spielcasino in Trouville war natürlich geschlossen. Dagegen konnte man in den Restaurants fast friedensmäßig ohne Probleme Hummer, Austern, Seezunge und Roastbeef bekommen. Für einen Soldaten ein herrlicher, im Krieg aber sehr seltener Ausflug! Auch nach Rouen – wo noch viele Cafés intakt waren, in denen man Eisportionen, Erdbeeren, Pfirsiche oder Kirschen erhielt – kam ich einmal, da ich mir von einem Wehrmachtsoptiker eine neue Brille anpassen lassen mußte.

Gelegentlich feierte die Schwadron gemeinsam mit viel Alkohol. Die Feiern wurden verschönert durch einen Unteroffizier,

Mit den Sturmgeschützen in Epaignes: Hinter dem vorderen Antriebs-
rad sind die sechs Laufrollen und drei Stützrollen der Panzerkette sowie
an der Frontpartie die Schrauben für eine zusätzliche Panzerplatte zu
erkennen.

**Standbild vor dem Invali-
dendom:** Soldaten des 12.
Pz.Reg. 24 mit Napoleon
(in einer Nische über dem
Portal). Napoleon hat sein
Waterloo längst hinter sich,
die Soldaten haben es noch
vor sich.

Achim mit seiner Ziehharmonika.

Soldat zweiter Klasse? Heynco (links im Bild) mit dem Verfasser.

Der große Bruder: Versteckte Aufnahme (wegen Fotografierverbot) des »Panther« im Heereszeugamt bei Magdeburg.

Transportzug nach Italien: Bei einem Halt in Kufstein.

Halt in Innsbruck: Der schwere Transportzug mit doppelter Kraft: Die E-Lokomotiven der Baureihe 45 und 94 ziehen in Kürze gemeinsam den Zug über den Brenner.

Mißgeschick eines Panzerfahrers: Nach dem Austausch eines Eisenbahnwaggons mit heißgelaufener Asche hat der Fahrer »gepennt«: Durch zu hartes Anziehen des Bremsknüppels ist ein Panzer beim Verladen vom Transportwagen gerutscht. Deutlich ist der Zimmeritanstrich gegen Hafthohlladungen von Panzernahkämpfern am Panzer zu erkennen.

Elektrische Lokomotiven vor dem Transportzug der 12. Schwadron: Die deutsche E-Lok 44084 bei einem Halt auf freier Strecke. Sofort zieht die Wache auf (Panzermann mit Stahlhelm auf dem Gegengleis).

Am Brenner wurde die schwere, aber elegante italienische E-Lok 636089 – bei einem Halt am 18.8.1943 in Domegliara (zwischen Gardasee und Verona) – vorgespannt.

Eine weitere FS-Lokomotive der Serie E 428 vor unserem Panzertransportzug.

Nach der Ankunft in Parma: Ganz selbstverständlich nimmt sich der Mächtige die Vorfahrt vor der Straßenbahn.

Der Schwadronchef und seine Zugführer: Der Schwadronchef (in der Mitte) vergattert die Zugführer nach der Ankunft in Parma. Die Bevölkerung schaut neugierig zu und versteht doch nichts. Der Italiener mit Hut (links hinter dem Schwadronchef) trägt ein weißes Hemd mit Krawatte, jedoch keine Zahnprothese. Deutlich die Physiognomie eines Zahnlosen.

Im Gänsemarsch: Der »Anschiß« zeigt Wirkung. Die Panzer der 12. Schwadron fahren exakt im Gänsemarsch durch Parma Richtung Reggio.

Auf der Straße der Römer: Durch einen Triumphbogen fährt die 12. Schwadron auf der Via Aemilia.

Alle Ampeln stehen auf »Grün«: Die Panzer der 12. »donnern« durch Reggio Emilia.

Turmdrehen für ein Foto: Pz. 1241 mit Turmstellung auf drei Uhr demonstriert geballte Kraft. Zusätzliche Schützenpanzerbleche sind am Turm angebracht, hingegen an der Seite abnehmbar in einem Metallgestell eingehängt.

Heckseite von 1222: Das Divisionszeichen der 24. Pz.-Div., der springende Reiter, auf dem rechten Abdeckblech. Links daneben der große Auspufftopf des Panzermotors und der kleine des Zweitaktmotors für den Turmantrieb. Darüber ein Abschleppseil. Die vier Kanister in einem Gestell sind mit einem weißen Kreuz als Wasserkanister gekennzeichnet. Am unteren Teil der Wanne rechts und links die Kettenvorspannvorrichtungen.

Mussolinis Luftwaffe? Ein kleines italienisches Flugzeug mit nachträglich aufgemaltem Balkenkreuz und Hakenkreuz ist auf dem Acker gelandet. Es handelt sich um ein 2-sitziges Schulflugzeug S.A.I.M.A.N. 200.

Italienische Kinder zieht es zur Technik und Militär: Freiwillig und mit viel Spaß üben die Kinder Panzer-Exerzieren.

Quartier auf dem Lande: Panzer unter Trauben. Die 12. Schwadron hat Quartier in einem Traubenhain in der Nähe von Bologna bezogen. Drei Panzerschürzen am Pz. 1242 sind abgenommen.

Mit Tempo auf staubiger Gebirgsstraße: Die 12. Schwadron fährt mit eigener Kraft über das Appenningebirge zum Einsatz, um italienische Truppen des Marschall Bardoglio zu entwaffnen.

Tapsi an der Leine: Der kleine italienische Hund muß auch nach Rußland.

Fahrt durch das Appenningebir-ge: Durch die Schlucht in Richtung Prato-Pisa-Livorno.

Mit dem Panzer auf Beutefahrt: Durchfahrt durch Prato.

Zu schnell gefahren und heftig gebremst: Der Instandsetzungstrupp muß die Lenkbremsen reparieren, hierfür sind die Bremsklappen geöffnet.

Zusätzliche Verpflegung:
Bei einem Zughalt klauen Panzer-soldaten aller Dienstgrade mit Hil-fe eines Zivilisten Äpfel von einem Waggon auf dem Nachbargleis.

Rußland ist erreicht: Troß des 24. Pz.-Rgt. Bei der Durchfahrt durch Shmerinka. Hinweisschild für eine Wehrmachtsverpflegungs-stelle unter dem Bahnsteigdach.

Individuelle Bequemlichkeit: Die beiden Soldaten haben neben ihrem Panzer auf dem Transportwaggon ein Zelt aufgeschlagen.

Tauschgeschäfte: Bauersfrauen aus der Ukraine am Transportzug, sie wollen Eier gegen Seife tauschen!

Die Eisenbahntransportfahrt ist zu Ende: Die Panzer fahren durch die überfüllten Straßen von Kirowograd zur Front. Rechts ein Mercedes Lkw LG 3000.

Schießübung: Konzentration über Kimme und Korn. Wird der Oberleutnant mit seiner P 38 das Ziel treffen?

Fahrt zur Front: Am Flugplatz von Kirowograd. An den Stukas des Immelmann-Geschwaders vorbei zur Front.

Briefe aus der Heimat: Vor dem ersten Angriff verteilt ein Wachtmeister noch einmal Post aus der Heimat.

Zum ersten Einsatz: Die Panzerbesatzungen sitzen bei der Fahrt zur Front außerhalb ihrer Luken zum Angriff am 26.10.1943 bei Kementschug.

der eine Ziehharmonika dabei hatte und mit Musik für unsere Unterhaltung sorgte, wobei auch sogar das englische Lied der »Siegfriedlinie«, auf der die Engländer ihre Wäsche aufhängen, gespielt wurde. Er war ein prächtiger Kamerad. Man erzählte, daß er einen jüdischen Großvater hatte. Dies spielte für uns nicht die geringste Rolle.

In den zahllosen Tagen des Exerzierens mit dem Sturmgeschütz hatte ich mittlerweile gemerkt, daß das »ärmste Schwein« der Besatzung der Fahrer ist. Er war immer im Einsatz, besonders bei der Fahrt, während dann die übrigen Besatzungsmitglieder, vom Kommandanten abgesehen, mehr oder weniger nur mitfuhren und vor sich hin dösen konnten. Ganz überraschend kam ich aus Frankreich mit ein paar Mann am 8. Juni 1943 zu einem Lehrgang nach Neisse in Schlesien (3. [K.] Bat. Sturmgeschütz-Ers.-Abt. 300). Es sollte eine Spezialausbildung werden, aber in Neisse angekommen, wußte in einem riesengroßen Durcheinander keiner etwas mit uns anzufangen. So ergab sich für mich ganz unvorhergesehen die Gelegenheit, einen Kurs als Funker zu absolvieren. Ich griff sofort zu, da ich hoffte, zukünftig von der Fahrerposition auf den Funkerplatz wechseln zu können. Zur Funkerausbildung gehörte auch das Morsealphabet, das mir von der Jungvolkausbildung her bereits bekannt war. In der Hauptsache betraf die Schulung jedoch den damals neuen Sprechfunkverkehr, der keine besonderen Fähigkeiten erforderte und zur Verständigung der Panzerbesatzungen untereinander diente.

Auf der Fahrt nach Neisse nutzte ich zusammen mit meinen Kameraden einen halbtägigen Aufenthalt in Paris zu einem ausgiebigen Spaziergang durch die Hauptstadt Frankreichs, der uns über den Triumphbogen und der Flamme am Grabmal des unbekannten Soldaten mit der berühmten Inschrift »ICI REPOSE UN SOLDAT FRANÇAIS MORT POUR LA PATRIE, die Champs-Élysées, am Grand Palais vorbei und über die Seine zum Invalidendom führte. Begeistert von der Stadt Paris fotografierte ich Straßen und Bauwerke vom Triumphbogen bis zum Invalidendom. Hier stellten sich drei Panzersoldaten unter das Denkmal Napoleons zu einem Gruppenfoto. Sie träumten damals noch von einem Sieg der Panzertruppe und ahnten nicht, daß sie ein Waterloo vor sich hatten.

Wieder zur Truppe nach Frankreich zurückgekehrt, fuhr ich nicht mehr ein Sturmgeschütz, sondern war als Funker eingeteilt. Je länger wir in Frankreich lagen, desto mehr verdichteten sich die Gerüchte, daß es bald an die Front ginge; es war uns natürlich auch bewußt geworden, daß ein kampfkräftiges Panzerregiment nicht ewig in Frankreich liegen würde. Die Gerüchte von einer baldigen Verlegung nach Italien verstärkten sich noch durch die plötzliche Bewilligung eines Kurzurlaubs in die Heimat. Mit der Eisenbahn ging die Urlaubsreise über Straßburg nach Freiburg.

Über die Gründe einer Verlegung nach Italien hat W. Warlimont aus dem Hauptquartier der Deutschen Wehrmacht berichtet. Nach einem Wortprotokoll einer Lagebesprechung vom 25. Juli 1943 sprach Hitler:

»Also an sich, eine Panzerdivision, das ist die 24., ist fertig. Das wichtigste ist, daß man die 24. Pz.-Div. sofort in den Raum (südlich des Brenner) herunterzieht, so daß die 24. Pz.-Div. hier sofort durchgezogen wird, auf irgendeiner der Bahnlinien, daß man das hier sofort konzentriert, daß sich die Grenadierdivision ›Feldherrnhalle‹, die so weit sein muß, wenigstens in den Besitz von Übergängen setzt«.

Und im weiteren Verlauf:

»Die ersten fünf Divisionen sind also da, dann haben Sie aber auch die 24. Pz.-Div. schon so weit?«

Jodl: »Dann ist auch die 24. Pz.-Div. so weit.«

Hitler: »Die muß man hier herein tun, das ist ganz sicher. Wir müssen doch sehen, daß wir schnell eine Division hier herunter kriegen …«

Und später bei einer Lagebesprechung vom 27./28. Dezember 1943 fragte Hitler:»Wie steht es mit der 24. Pz.-Div?« Zeitzler:»Da ist ein Werturteil nicht gefällt, die ist aber stark, Kampfwert I.«

Anfang August 1943 erfuhren wir dann definitiv von unserer Verlegung nach Italien, und ein paar Tage später bestiegen wir den Zug zunächst nach Magdeburg. In Magdeburg befand sich das Heereszeugamt, das für den Nachschub an Waffen, Fahrzeugen und Geräten und für Neuaufstellungen zuständig war. Wir ließen die Sturmgeschütze in Frankreich und nahmen in Magdeburg unsere neuen Panzer IV (Ausführung H, 25 t schwer mit Zusatzpanzerung – sog. Schürzen) in Empfang. Man konnte sich nur über den Sinn unserer bisherigen Ausbildung wundern, denn der Panzer IV war ganz anders konstruiert als das Sturmgeschütz, mit dem wir gerade exerziert hatten. Neben einem schwenkbaren Turm, der mit der Hand oder mit Hilfe eines 600 ccm Zweitaktmotors gedreht wurde, bestand die Besatzung aus fünf Mann (Kommandant, Richtschütze, Ladeschütze, Fahrer und Funker). Der Panzer selbst wurde von einem 320 PS Maybach-Benzinmotor angetrieben, hatte im Gegensatz zum Panzer III acht Laufrollen auf jeder Seite und einem Tankinhalt, der nach einer Fahrt von 130–150 km im Gelände aufgebraucht war. Die Bewaffnung bestand aus einer 7,5 cm Kanone (lang) und einem MG im Turm. Ein zweites Maschinengewehr, das in einer Kugelblende schwenkbar montiert war, bediente der Funker. Der Kraftstofftank enthielt 470 l Benzin. Die Länge über alles betrug 7 m und die Breite 3,33 m.

SOLDATEN 2. KLASSE?

Meine beiden Freunde mit jüdischen Großeltern bei der
12. Schwadron

Adolf Hitler hatte zum zentralen Anliegen seiner Politik die
Judenverfolgung bestimmt. Bereits im Programm der NSDAP
war festgelegt, daß kein Jude Volksgenosse sein kann. Durch
die sog. Rassegesetze wurde verbindlich definiert, daß derjenige als Jude gilt, der von mindestens drei der Rasse nach volljüdischen Großeltern abstammt. Als jüdischer Mischling 2.
Grades galt derjenige, der von einem oder zwei der Rasse nach
volljüdischen Großeltern abstammt. Trotz dieser Gesetze konnte in seltenen Fällen ein Mischling die Wehrmachtsuniform
anziehen. Altbundeskanzler Helmut Schmidt hat in der »Zeit-
diskussion« im März 1995 von seinem jüdischen Großvater
gesprochen. Er habe erst, als er in die HJ eintreten wollte, und
seine Eltern ihn aufklärten, von seinem Großvater erfahren.
»Und wir haben es fertiggebracht mit fabrizierten Dokumenten das ganze ›Dritte Reich‹ zu überstehen«, erläuterte Schmidt
sein ›Durchkommen‹. Er hat es bis zum Flakoffizier gebracht
und konnte sogar ein »wegen seiner großen Klappe« eingelei-
tetes Verfahren wegen Wehrkraftzersetzung entgehen. Dazu
haben ihm zwei Generalobersten geholfen.

Jetzt sei erzählt wie es den beiden Panzermännern mit ähn-
licher Anamnese in der 12. Schwadron des Panzerregiments
24 erging.

Während meiner Dienstzeit bei der Pz.Ers.Abtg. 15 in Sagan
lernte ich den Unteroffizier Heinco Graf Posadowsky-Wehner
kennen. Wir beide spürten sofort eine gemeinsame Wellenlän-
ge und es entwickelte sich sehr schnell eine enge Freundschaft,
wobei der hochgebildete Ältere und Erfahrene, der vor dem
Eintritt in die Wehrmacht bereits studiert hatte und neben sei-

ner Muttersprache englisch, französisch, italienisch und auch polnisch sprach, als Gutsbesitzer in Schlesien bereits im Berufsleben gestanden hatte.

Unter diesen Vorzeichen hatte er ganz selbstverständlich für mich eine Führerrolle übernommen. Auch die anderen Soldaten, die ihm begegneten, waren fasziniert von seiner Persönlichkeit und dies vom Schwadronchef über den knorrig-harten Spieß bis zum letzten Ladeschützen. Wir beide klebten zusammen, im Dienst wie in der Freizeit. Ungezählte Male sind wir gemeinsam von der Kaserne über die Bober-Brücke in unser Garnisonsstädtchen Sagan gewandert. Aber da gab es noch etwas, allerdings nur für die echten Parteigenossen Diskriminierendes: Mein Freund Heinco galt durch seine jüdische Großmutter als nicht »reinrassig«. Dies war bei der 12. Schwadron ohne Bedeutung. Ich habe nicht ein einziges Mal erlebt, daß irgendein Angehöriger dieser Schwadron darüber gesprochen hat, oder daß Heinco irgendwelche Schwierigkeiten bei uns bekommen hätte. Nach der gemeinsamen Wegstrecke von der Pz.Ers.Abtg. bis zu den ersten Einsätzen mit der 24. Pz.Div. in Rußland trennten sich unsere Wege. Er kam auf die Kriegsschule und wurde Offizier.

Wenn man bedenkt, daß im Ersten Weltkrieg Ende 1916 die Anschuldigungen gegen Juden zunahmen und als Folge in der preußischen Armee kein Jude mehr zum Offizier befördert wurde, dann muß man die Beförderung in einem Staat des Ungeheuerlichen als etwas ganz außergewöhnliches bezeichnen. Man kann wohl unterstellen, daß hier besondere Beziehungen den Weg zum Offizier ebneten.

Ich traf ihn als Leutnant noch einmal kurz in Sagan im September 1944. Nach dem Krieg erhielt ich von seinem Sohn, der, weil viel zu jung, seinen Vater gar nicht kennengelernt hatte, zwei Briefe von Kameraden der letzten Stunde im Leben von Heinco Posadowsky. In dem einen Brief wurde mitgeteilt, daß der Graf am 15. August 1945 mittags im Transportzug in

Kohlfurt (in Schlesien) auf der Fahrt zur Entlassungsstelle in Görlitz in der Heimat verstorben ist. Es war ihm infolge allgemeiner körperlicher Schwäche so kurz vor dem Ziel nicht vergönnt, seine geliebte Frau und seine beiden Kinder, von denen er so oft erzählt habe, wiederzusehen. Er wurde von seinen Kameraden unweit des Güterbahnhofs Kohlfurt (Wegliniec – in der Nähe von Görlitz) beigesetzt. Weiter erzählt der Schreiber, daß Posadowsky bei Halbe am 28. oder 29. April 1945 in russische Gefangenschaft gekommen wäre. Am Knie verwundet, wurde er mit der Bahn nach Tschenstochau in ein Lazarett gebracht. Hier mußte ihm ein Bein am Oberschenkel amputiert werden. Die Wunde heilte sehr schlecht; obwohl er eigentlich stets wohlauf und guter Dinge war, ließen seine Kräfte doch langsam nach, beschleunigt durch eine Lungenentzündung, die er zwischenzeitlich erlitt. Seine Nachlaßsachen, ein silbernes Zigarettenetui und ein goldener Verlobungsring mit einem kleinen Brillanten besetzt, habe eine russische Kapitänin im Lazarett an sich genommen.

Im zweiten Brief ähnlichen Inhalts wird noch angeführt, daß Posadowsky wegen seiner volljüdischen Großmutter stets Schwierigkeiten im Dritten Reich gehabt habe.

Auf dem Farbfoto in diesem Buch ist deutlich am Ringfinger der rechten Hand neben dem Ehering dieser erwähnte schmale Ring zu erkennen.

Zu den Freunden Heinco und Armin gesellte sich in Frankreich der Unteroffizier Achim Dohany, der nach dem Abitur bereits sechs Jahre Wehrdienst auf dem Buckel hatte. Bei ihm beeinflußte ein jüdischer Großvater die soldatische Laufbahn. In Friedenszeiten trat er in das Reiter-Regiment 2 ein und durfte als eine bittere Fügung seines Lebens nach zwei Jahren Wehrdienst seine Uniform nicht ausziehen und studieren, sondern mußte sie weiter tragen und in den Krieg ziehen. Achim war ein prächtiger Kamerad, und durch viele Gemeinsamkeiten entstand in den Tagen von Epaignes eine Dreier-Freundschaft. Seine Mutter wohnte in Buchheim ganz nahe bei Freiburg. Durch unsere Feldpostbriefe informiert, trafen sich die beiden Mütter bzw. telefonierten miteinander, um über ihre Söhne zu plaudern und Neuigkeiten zu erfahren. Zu Achims Gepäck gehörte eine Ziehharmonika und so konnte er bei den Schwadronsfesten, die die Truppe zum gemeinsamen Ausspannen und Vergessen mit mehr oder weniger Alkohol zusammenführte, mit seiner Musik für unsere Unterhaltung sorgen. Er spielte sehr gut – mal schmissig wie zu einer Marschmusik gehörend, dann wieder rhythmisch und gefühlvoll englische Schlager.

Seinen Werdegang als Soldat brachte er unter der Überschrift »Soldat – zweiter Klasse« selbst zu Papier:

»1935 stellte mein Vater eine Flasche Cognac in Reichweite und schlug mir vor, nach den Kartoffeln zu sehen. Nach geraumer Zeit zurückgekehrt, fand ich die Flasche leer und meinen Vater sehr vergnügt vor. Er hatte inzwischen alle Kavallerie-Regimenter angerufen und war schließlich in Ostpreußen fündig geworden, Kommandeur des Reiterregiments 2 war sein Regimentskamerad Göschen; er hatte meine Bewerbung angekündigt.

Als ich, Jahrgang 1917, 1937 eintrat, war Göschen bereits durch v. Saucken, dem späteren General und Träger des Ritterkreuzes mit dem Eichenlaub mit Schwertern und Brillanten abgelöst. Aber, abgesehen von meinem ›Makel‹, hatte ich keine Sorgen. Ich war als guter Reiter eingetreten. Nachdem ich noch im Unterricht auf die Frage, wann sich der Soldat beschwert mit voller Überzeugung ›Nie, Herr Leutnant!‹ geantwortet hatte, waren retrospektiv gesehen, alle Voraussetzungen für eine reibungslose Rekrutenzeit geschaffen.

Tatsächlich verhielten sich die Offiziere, soweit im Dienst möglich, eher kameradschaftlich. Ein einziges Mal wurde ich wirklich ›angepfiffen‹, als ich nach kaum überstandener Lungenentzündung auf dem Kasernenhof ohne Kopfbedeckung angetroffen wurde.

Die Unteroffiziere paßten sich, von wenigen, aber wichtigen Ausnahmen abgesehen, dem von oben vorgegebenen Klima an. Einen Nachteil aber hatte diese offensichtliche Protektion von Seiten aller Beteiligten, die übrigens, wie ich meinte, auch dienstlich nicht unverdient war: ich fühlte mich eigentlich nirgends ›zu Hause‹. Und das ist bis zum heutigen Tag so geblieben.

Das zweite Dienstjahr war das Schlimmste meiner Soldatenzeit und wirklich erniedrigend – aber der Soldat beschwert sich nicht. Zum Oberreiter befördert und also ohne Qualifikation zum Stubenältesten, wurde ich ›Funktioner‹ und damit Putzer des Unteroffiziers S., der seine Feindseligkeit durchaus nicht verbarg. Ich verlor jegliches Interesse und rächte mich durch Faulheit. Nach zwei Jahren allgemeinem Wehrdienst konnte ich nicht entlassen werden. Der Krieg war ausgebrochen.

Einziger Trost war meine Abstellung in die Abteilung ›Vorgesetzten-Pferde‹, die v. Christen, damals Regiments-Adjutant, gehen ließ. Je ein Pferd aus jeder Schwadron. Guter Reitunterricht, lange Ausritte – sogar auch einzeln ins Gelände. Später einmal sollte ich mich revanchieren und v. Christen eine erste Einweisung am Panzer IV geben!

In den ersten Kriegstagen wurde ich endlich von S. befreit. Wegen ungebührlichen Verhaltens ihm als Schwadronstrupp-Führer gegenüber wurde ich ›strafversetzt‹ in den Zug meines von mir verehrten Rekruten-Offiziers, Lt. Twer. Ähnliches sollte mir noch einmal passieren. In Stalingrad von einem Unteroffizier der Feigheit bezichtigt, mußte sich der Soldat nun doch einmal beschweren. Wieder war die Folge sofortige Versetzung – diesmal aber in allen Ehren.

›Sommer zu Pferde in Polen‹ nannten wir diesen ersten Kriegsabschnitt. Auf dem Dienstpferd meines Schwadrons-

Chefs, Rittmeister Masuhr, beritten gemacht, war ich dessen ständiger Aufmerksamkeit sicher: auch nach dem längsten Marsch mußte der hartmäulige ›Pirat‹ noch einwandfrei am Zügel gehen.

Schon in Frankreich im Einsatz wurde ich zum Kommandeur befohlen. Saucken eröffnete mir, er könne mir leider das in Polen hochverdiente EK II nicht geben. Er ließ sich durchaus anmerken, wie widerwärtig ihm diese Mitteilung war, jedoch konnte die Reaktion des honorigen Offiziers den Schock für den jungen Soldaten kaum mildern. Später wurde diese Diskriminierung gemildert. Bereits vor Stalingrad hatte ich das EK I erhalten.

Im Laufe der Zeit und des Kriegsalltags diente ich mich zum letzten mir erlaubten Mannschaftsdienstgrad hoch. Zawadski fragte mich einmal, was denn mit mir los sei? Auf meine Erklärung meinte er: ›Trösten Sie sich Dohany, ein guter Schnaps hat 50%!‹ Getröstet hat mich das zwar nicht, aber doch erheitert. Schließlich wurde auch der ›eisgraue‹ Stabsgefreite respektiert nach dem Motto – alte Leute wissen schon.

Drei Tage bevor sich der Kessel von Stalingrad schloß, wurde ich in Urlaub geschickt trotz meines Protestes – ich wollte den endgültigen Fall der Stadt nicht versäumen. Zurückgekehrt stand ich tagelang auf dem Flugplatz herum, trotz allen Bettelns wollte mich – glücklicherweise – niemand in die Stadt einfliegen.

Gemeinsam wurde ich mit ähnlich gelagerten ›Fällen‹ unter Führung eines ganz jungen Lt. v. Br. zum Pz.Rgt. 15 abkommandiert. Dort wurde ich, von der Division zur Neuaufstellung angefordert, zu meiner Überraschung zum Unteroffizier befördert. Erst später erfuhr ich, daß Br. in Kenntnis der Sachlage erklärt hatte, meiner Beförderung stände nichts im Wege.

Als ich mich bei der Division zurückmeldete, erklärte mir

v. Knebel-Döberitz (später als Major i.G. letzter Kommandeur der 24. Pz.Div.), ich hätte diese Beförderung ablehnen müssen, und ich gehöre vor ein Kriegsgericht. So ganz ernst hatte er das aber nicht gemeint.

Endlich zum Kommandanten eines Panzers avanciert, fiel ich schon beim ersten Einsatz in Rußland im Oktober 1943 aus. Mein übernervöser Richtschütze hatte ohne Befehl geschossen, ich hatte die Hand noch am Abweiser: die Hülse flog heraus und quetschte zwei Finger. Es folgten Hauptverbandsplatz, Feldlazarett und schließlich Transport im Güterwagen Richtung Heimat. Die Hand war vereitert, ich hatte große Schmerzen, und der den Transport begleitende Arzt hatte 20 Schmerztabletten für 1500 Verwundete. Meine Hand gab ich verloren.

Bei einem Halt auf freier Strecke hielt auf dem Nebengleis ein Lazarettzug. Leere, weißbezogene Betten leuchteten durch die Fenster. Ohne auch nur eine Sekunde zu überlegen, stieg ich um. Eine halbe Stunde später war ich operiert: Die Hand war gerettet. Durch die Vermittlung meines späteren Schwiegervaters – eines Rgts.-Kameraden meines Vaters – gelang die Verlegung aus dem Reservelazarett in das Heimatlazarett.

In der Heimat ermöglichte ein verständiger Ortsgruppenleiter später sogar die Heirat. Aber die Rekonvaleszenz dauerte mir viel zu lange. Schließlich mußte ich den menschenfreundlichen Chefarzt nahezu zwingen, mich zu entlassen. Über den Ersatz-Truppenteil gelangte ich zu den Kämpfen in Südpolen wieder zur Truppe und führte nun endlich bis Ungarn einen Panzer.

Es folgte unsere Verlegung nach Ostpreußen. Panzer konnten nicht mitgenommen werden, und wir als zweiter Transport erhielten auch keine mehr. Abgaben an andere Truppenteile waren die Folge. Es war durchaus fürsorglich gedacht, daß man mich statt dessen zu unserer Feldgendarmerie abstellte. Die Folgen waren nicht vorhersehbar.

Zunächst wurde ich mit gezogener Pistole hinter die weichende Front gestellt, mit dem Befehl, jeden ohne erkennbaren Anlaß zurückgehenden Soldaten zu erschießen. Die Kameraden gingen truppweise zurück, aber ich habe nicht einen einzigen Schuß gehört. Die dann folgenden üblichen Aufgaben der Gendarmerie erwiesen sich als problemlos.

Eines Nachts beschwerte sich eine offenbar allein gelassene und damit hilflose Gutsbesitzersfrau, eine bei ihr beschäftigte Russin werde aufsässig. Lt. G., Führer der Feldgendarmerie, erhielt Befehl, sie samt ihren zwei- und zehnjährigen Kindern festzunehmen. G. meldete den Vollzug im Divisions-Stabsquartier und kam mit dem Befehl zurück, alle drei ohne weiteres erschießen zu lassen. Als ich die Ausführung des mir diesbezüglich erteilten Befehls verweigerte, wurde mir ein Kriegsgerichtsverfahren angedroht. Ich blieb bei meiner Weigerung, aber noch heute mache ich mir bittere Vorwürfe, daß ich nicht versucht habe, diese Morde zu verhindern. Im Dorf herrschte am nächsten Morgen nach dem Fund der Leichen große Aufregung, da man mit vollem Recht die Rache der nachrückenden Russen fürchtete. Anfang der 50er Jahre traf ich G. im Kameradenkreise wieder. Nach langem Überlegen unternahm ich nichts.

Wegen Unzuverlässigkeit zum Regiment zurückgeschickt, fand ich meinen ›Haufen‹, genauer gesagt, dessen Reste, weiter nördlich in einem Waldlager. Mit meinem neuen – und nun letzten Abt.Kdr., Major Kuls, Jahrgang 20, hatte ich in Angerburg im Soldatenchor gesungen.

Bis an die Steilküste des Frischen Haffs zurückgedrängt, bauten wir auf Anordnung von Kuls Flöße. Auf diesen, von unseren letzten Schwimmwagen gezogen, schwammen wir über das Haff und erreichten die Nehrung. Technisch völlig unerfahren und gleichwohl von Kuls als sein Fahrer eingesetzt, verschuldete ich das Ende des Schwimmwagens, als ich ihn mit Diesel betankte.

Kuls hatte auf der Nehrung eine bittere Entscheidung zu treffen. Er hatte 30 Offiziere, Unteroffiziere und Mannschaften aus den restlichen immerhin über hundert Rgts.-Angehörigen zur Verschiffung ins ›Reich‹ auszuwählen. Über diese Entscheidung grübelte er eine ganze lange Nacht. Nie vergesse ich die Gesichter der Kameraden, die am nächsten Morgen beim Appell erfuhren, daß sie, abgegeben an andere Truppenteile, in Ostpreußen zu bleiben hatten; es bedeutete ein fast sicheres Todesurteil. Wegen der von ihm getroffenen Auswahl sah er sich nach dem Krieg heftigen Angriffen derer ausgesetzt, denen die Rückkehr auf anderen Wegen gelungen war. Es ist verständlich, aber sehr bedauerlich, daß er sich deswegen völlig zurückgezogen hat.

In Schleswig-Holstein angekommen, erfuhren wir am 8. Mai aus dem letzten Funkgerät die Kapitulation. Totenstille herrschte im Raum. Ich setzte mich an den Flügel und spielte ganz leise ›Deutschland, Deutschland über alles‹ und glaubte, ich würde es nie wieder spielen. Das erwies sich als Irrtum.

In der folgenden Nacht hatte ich Wache. Kuls kam zu mir, und wir unterhielten uns eine gute Stunde über die Frage, ob Hitler ein großer Mann gewesen sei oder nicht. Wir kamen damals zu keinem Ergebnis. Dann beförderte mich Kuls – rückwirkend – zum Wachtmeister und R.O.B.*, ›damit ich später an Offizierstreffen teilnehmen könne!‹

Nach der Entlassung aus der Wehrmacht gelangte ich auf allen möglichen Transportmitteln und auch per pedes immer weiter südlich nach Hause. Nach einigen Schwierigkeiten in der französischen Zone erreichte ich Freiburg/Br. Bereits Anfang November saß ich im Hörsaal der Universität Freiburg und begann mit dem Studium der Rechte.«

---

* Reserveoffiziersbewerber

Das tägliche Soldatenleben dieser beiden Panzerunteroffiziere verlief in der 12. Schwadron Pz.Reg. 24 völlig normal, man kann sagen (wenn man den Rangunterschied Gefr. – Uffz. nicht berücksichtigt), genauso wie bei mir. In der Frage der Beförderung zum Offizier bestanden allerdings erhebliche Unterschiede. Und schließlich hat der letzte Abteilungskommandeur des Pz.Rgt. 24 bei der bitteren Entscheidung nur 30 von über 100 Angehörigen dieses Regiments zur Verschiffung aus dem Kessel Ostpreußen zu bestimmen, trotz der nationalsozialistischen Rassengesetze Achim Dohany ausgewählt.

ZWISCHENSPIEL IN OBERITALIEN

Am 17. August 1943 verluden wir die eben in Empfang genommenen Panzer auf die Eisenbahn und fuhren Richtung Brenner. Mittlerweile kannte man mich als einen Soldaten, der fortwährend fotografierte und somit einer Vielzahl seiner Kameraden zu Bildern ihrer Soldatenzeit verhalf. Mein Schwadronchef, der meine Fotoleidenschaft sehr förderte, erlaubte mir während der Bahntransporte auf dem Panzer im Freien zu sitzen. Hingegen mußte die übrige Truppe die Fahrt im Waggon verbringen, da zuvor bei einer anderen Schwadron ein Soldat durch den Kontakt mit der Oberleitung, und ein weiterer Soldat, auf dem Panzer stehend, von einem Tunneleingang getroffen, zu Tode gekommen war. Durch diese »fotografische« Auszeichnung saß ich bei stets herrlichem Wetter auf der Funkerluke und erlebte diesen Panzertransport von Magdeburg bis Parma in luftiger Rundumsicht. In Parma ging unsere Reise zu Ende. Die Panzer wurden ausgeladen, und auf der Straße gab es sofort einen ersten Anpfiff. Der Schwadronchef befahl über Funk – »Zugführer zu mir«. Wir wußten, das konnte nichts Gutes bedeuten. Der Chef hatte sämtliche Zugführer zu sich befohlen, weil sich die Panzer nicht ordentlich »in Reih und Glied« auf der Straße bewegten. In schneidendem Ton und mit nur halbgeöffnetem Mund tat er seinen Zugführern kund: »Fahren Sie nicht wie ein Sauhaufen auf der Straße, sonst wird die Schwadron was erleben.«

Gemeint waren Straf- oder Sonderübungen. Mit unseren Panzern fuhren wir – jetzt präzise einer hinter dem anderen – auf der Straße der Römer »Via Aemilia« über Reggio nach Modena. Hinter Modena erkannte der Kommandant des anführenden Panzers an einem Holzpfahl neben einer Reihe von taktischen Zeichen auch ein Schild mit dem springenden Reiter und einem verschobenen Rechteck als Symbol für das Panzerregiment 24. Dies war der Wegweiser für unser Regiment. Die Panzer bogen von der Straße ab und zu unserem zukünftigen Quartier, einer Traubenplantage in der Nähe von Bologna.

Eines Tages lief uns ein junger, kleiner, braunweißer Hund zu, eine Promenadenmischung, und wollte unbedingt bei der Besatzung 1241 bleiben. Dieses kleine Hündchen schaute uns so treuherzig an und schien sich um und in unserem Panzer ausgesprochen wohl zu fühlen, so daß Kommandant und Besatzung beschlossen, diesen Hund als Maskottchen unserer Mannschaft zu behalten. Wegen seiner unbeholfenen und tapsigen Bewegungen nannten wir ihn »Tapsi«. Unser neuer Freund war stets um uns herum, fraß auch schon mal den Inhalt einer Pfanne, die zum Brutzeln auf ein Feuerchen gesetzt worden und für einen kurzen Augenblick unbeaufsichtigt geblieben war.

Für unsere Spaziergänge hatten wir aus weißer Kordel, die um den Hals oder durch eine Schulterklappe gezogen als Befestigungsband für unsere Pistolen diente, ein Halsband gemacht und führten damit Tapsi an der Leine. Tapsi blieb bei uns bis zu den ersten Angriffen in Rußland. Wir hätten ihn gerne auch weiterhin als den kleinen Hund von 1241 im Panzer behalten, aber während der Angriffe hätte es sich gar nicht vermeiden lassen, daß er schon einmal von einem Gegenstand getroffen oder eingeklemmt worden wäre. So haben wir ihn an unseren Troß weitergereicht. Bei meinem späteren Aufenthalt in Kirowograd habe ich Tapsi noch einmal gesehen, als ein Soldat unseres Trosses mit ihm an der Leine spazierenging. Mit seinen kurzen Beinen stand er bis zum Bauch im Schneematsch. Er tat mir richtig leid, und ich bekam Schuldgefühle darüber, daß dieser kleine Hund durch uns aus seiner sonnigen italienischen Heimat vertrieben wurde und jetzt durch den russischen Matsch waten mußte. Seltene Schuldgefühle – und dann auch nur wegen eines kleinen Hundes!

Der gräfliche Unteroffizier, mit dem ich nach wie vor eng

befreundet war, sprach auch sehr gut italienisch und blieb somit weiterhin in der bevorzugten Dolmetscherposition. Bereits beim Eisenbahntransport von Magdeburg nach Parma profitierte die 12. Schwadron von den Sprachkenntnissen und vom Verhandlungsgeschick meines Freundes. Zwischen Brenner und Trient lief bei einem Transportwaggon eine Achse heiß. Die italienische Bahnhofsverwaltung – immerhin zu jenem Zeitpunkt noch durch die Achse Berlin–Rom mit uns verbunden, wenngleich auch diese Achse bereits heißgelaufen war und kurz vor dem Bruch stand – tauschte den Waggon nicht aus. Die Eisenbahner erklärten vielmehr, keinen Ersatzwaggon zur Verfügung zu haben. So stand unser Zug unmittelbar an der Etsch, und wir Panzermänner konnten beim schönsten Wetter in den sehr reißenden Fluten baden. Mittlerweile verhandelte der gräfliche Unteroffizier weiter. Zunächst noch ohne Erfolg, besprach er die Situation mit unserem Spieß: »Sie haben doch noch Geld in der Schwadronskasse?«

»Ja, warum?« »Können Sie mir nicht etwas für die italienischen Eisenbahner geben?« Der Spieß gab und der Graf verhandelte. Nur ein paar kurze Augenblicke später rollte ein Austauschwaggon heran. Der betreffende Panzer wurde umgeladen, wobei der Fahrer einen schlechten Tag erwischt hatte. Etwas zu forsch zog er auf den Holzbohlen des Waggons die Lenkbremse an. Der Panzer rutschte mit einer Kettenseite vom Waggon ab. Durch mühsames Hin- und Herfahren – wobei Panzersoldaten Holzbohlen unter der Kette anhäuften – kam der Panzer schließlich auf den Waggon zurück. Ein weiteres Beispiel von Bestechung zum Wohle der Schwadron wird später erzählt.

In unserem Quartier kaufte der Graf jeden zweiten Tag Gemüse für die Truppe ein. Die ganze Umgebung war ihm schnell bekannt, und er konnte auch beim Geldumtausch sehr behilflich sein. Das Problem war bei diesem Italienaufenthalt, nicht nur überhaupt kein Geld zu besitzen, sondern es in Landeswährung zu haben. Hoch im Kurs standen Fünfmark-Silberstücke. Bei dem Durcheinander von Geld und Währung war also mein Freund P. besonders hilfreich, und mit dem nötigen Kleingeld in der Tasche konnten wir nun auch in Italien zusätzlich Cafés und Bars besuchen. Bei Sondertouren des gräflichen Unteroffiziers durfte ich auch gelegentlich als Beifahrer mitfahren. Während einer solchen Fahrt wurde ich einmal Zeuge der Allmacht einer Offiziersuniform, wenn sie mit dem nötigen autoritären Auftreten getragen wird, so als habe sich seit dem Hauptmann von Köpenick nichts geändert. Ein Leutnant hatte mit P. als Führer und mir als Träger einen Güterwagen entdeckt, der mit Cinzano-Wermut und Sektflaschen beladen war. Mit dem Öffnen der Waggons wurde nicht lange gefackelt. Wir waren gerade beim Ausladen, als ein Wachsoldat ankam und mit einem:»Halt, stehenbleiben«, seiner Bewacherfunktion gerecht werden wollte. Der Leutnant kümmerte sich gar nicht um diesen Soldaten, worauf der sein Gewehr von der Schulter nahm und Anstalten machte, es auf uns anzulegen. Darauf brüllte der Leutnant den Wachmann an:»Mensch! Sie wagen es, auf einen preußischen Offizier anzulegen!« Der Soldat erstarrte vor Respekt vor dem Offizier und war so verschüchtert, daß er uns widerspruchslos gewähren ließ.

Der Graf brachte aus einem Urlaub die Parole mit:»Onkel Friedrich ist sehr schwer erkrankt.« Verschlüsselt sprach dieser Satz unsere Hoffnung aus, daß Hitler durch irgendeine Aktion und damit der Krieg ein baldiges Ende nehmen werde. Weiter berichtete Heinco von seinen beiden Kühen, die von der Wiese vor seinem kleinen (Zweit-)Haus in Oberbayern über den Zaun gestiegen waren. Ein vorbeikommender Berliner zog seine Pistole und schoß auf die Kühe. Er hatte beide Kühe getroffen und erhielt für diese Schießleistung neun Jahre Zuchthaus.

Wir erlebten dann auch noch die Auswirkungen der Kapitulation der Badoglio-Regierung Anfang September 1943. Die

Kasernen der jetzt nicht mehr kämpfenden italienischen Truppen von Bologna bis Venedig hatte das Regiment schnell übernommen. Mein Schwadron besetzte ebenfalls italienische Kasernen. Zu diesen Einsätzen fuhren wir mit dem Panzer über das Apenningebirge in ein Quartier bei Pisa. Wir beobachteten dabei einen schnellen Wandel in der Einstellung und in den Reaktionen der Italiener, die uns in der ersten Zeit überall zugejubelt und uns Blumen und kleine Fasces (Rutenbündel mit Beil) mit der Aufschrift »Vincere« angesteckt hatten, nun aber nach der Kapitulation plötzlich feindselig am Straßenrand standen und auch manchmal auf unsere Panzer spuckten. Die italienische Bevölkerung – obwohl kaum vom Krieg gezeichnet – hatte schnell die Achse Berlin – Rom vergessen und sehnte jetzt die Amerikaner als Befreier herbei. Für sie waren wir Soldaten zu Feinden und unsere Panzer Zeichen einer feindseligen Macht geworden, die es jetzt und dazu im eigenen Land erst noch zu besiegen galt. Nur die Bauern im Apennin hatten von diesem Gesinnungswandel noch nichts mitbekommen. Sie winkten fröhlich und legten Zigarren auf unsere Panzer, die so schwarz waren, daß wir sie zuerst für kleine Handgranaten hielten. Die italienische Bevölkerung war mittlerweile überzeugt, daß es den Deutschen an den wichtigsten Rüstungsmaterialien, vor allem Gummi, fehlen würde. So kamen immer wieder Italiener an unsere Panzer, um die Laufrollen zu befühlen und staunten, daß wir wirklich noch auf Gummi fuhren.

Bei einem Ausflug nach Viareggio trafen Graf P. und ich zwei hübsche Italienerinnen an einem Strand, der ohne Badegäste leergefegt und verlassen daran erinnerte, daß wir uns mitten im Krieg befanden. Die Italienischkenntnisse meines Freundes verhalfen auch mir zu einem kleinen Strandflirt. Ich ahnte da noch nicht, daß ich 14 Tage später meinen ersten Angriff in Rußland fahren würde.

Bereits während unseres Aufenthaltes in Italien hatten wir uns mit den Panzern gut vertraut gemacht. Das Zugehörigkeitsgefühl wuchs, und die Besatzungen waren zu festgefügten und schwer verbundenen Zügen zusammengewachsen.

Die Soldaten der 12. Schwadron kannten sich mittlerweile untereinander recht gut. Die 12. war »unsere« Schwadron, und wir waren, je länger Krieg und die Belastungen durch die Einsätze dauerten, stolz, Angehörige einer überlegen geführten und agierenden Panzertruppe zu sein.

Die Identifikation mit dem Pz.Rgt. 24 bzw. der 24. Pz.-Div. war sehr ausgebildet. – Diese Division war geprägt von der Kavallerietradition, durch eine exzellente Ausbildung vorbereitet auf die unterschiedlichsten Einsätze, geführt von erstklassigen Offizieren und Unteroffizieren, von der deutschen Heeresführung sehr geschätzt, aber auch vom Feind als besondere Truppe gefürchtet und geachtet. F.M. v. Senger und Etterlin hat die 24. Pz.-Div. als Verband besonderer Art beschrieben. Diese Truppe war bzw. wurde bei ihren Angehörigen im Feuer des Krieges zu einer echten Einheit, obwohl gerade die »24.« als eine Art Feuerwehr immer wieder an den Brennpunkten des Kampfgeschehens eingesetzt wurde. Dies ist kein Widerspruch zu den Nischen, dem Fronturlaub, den Stunden der Muße, der Entspannung, die man ersehnte und die man wahrnahm, so oft es ging. Als Soldat im Krieg hatte man die vielschichtigsten Gedanken und Empfindungen, die im übrigen nur der verstehen kann, der dabei war.

Im Zusammenhang mit dem Opfertod vieler Soldaten der 24. Panzerdivision in Stalingrad sei eine geschichtliche Bewertung eingeschoben:

Die 24. Panzerdivision gehörte zur VI. Armee, die im Trümmerfeld von Stalingrad gestorben ist (B. Scheurig). Somit gehörte ein Großteil dieser Division zu den 147.000 Gefallenen und den 91.000 Soldaten, die nahezu verhungert und erfroren in sowjetische Gefangenschaft geraten sind, und von denen nur 5.000 in späteren Jahren zurückkehrten (J. C. Fest). Neben Hitler tragen einige Wehrmachtsführer an den Schaltstellen auch

Schuld an dem Debakel nicht nur dieser Schlacht, sondern des ganzen Kriegsverlaufes. Während man von Keitel, als dem damaligen Chef des Oberkommandos der Wehrmacht vielleicht deswegen kaum etwas hörte, weil sein Einfluß auf die militärische Führung im Laufe des Krieges immer geringer geworden war, wird nach dem Nürnberger Todesurteil an Jodl, dem damaligen Chef des Wehrmachsführungsstabes, über seine Verstrickung mit Hitler viel diskutiert. Viele ehemaligen Offiziere, die Jodl kannten, reagierten empört und fassungslos auf das Todesurteil.

Ohne Frage wird man seiner Frau (L. Jodl) zubilligen müssen, daß sie sich mit ganzer Kraft für die Verteidigung ihres Mannes einsetzte. Aber es bleibt doch unverständlich, daß Jodl, der nach eigenem Bekunden an weit über 5.000 Besprechungen im Führerhauptquartier teilgenommen und mehr als 2.000 mal den Wehrmachtsbericht geprüft hat, dem Hitler bereits 1941 bekannte, »daß kein Sieg« mehr zu erringen sei, und der selbst 1941/42 den Krieg für Deutschland verloren sah, weiterhin Berater des »Führers« blieb, in dem er nach wie vor einen handlungsfähigen Politiker sah (B. Scheurig). Dabei erscheint es irrelevant, daß Hitler ihm zeitweise nicht mehr die Hand gab und daß für die Ostfront Halders und später Zeitzlers Generalstab zuständig war und der Wehrmachtsführungsstab unter seiner Leitung »nur« für die übrigen Kriegsschauplätze. Tatsache ist, daß Jodl nach Stalingrad noch 2½ Jahre, trotz des unwiderruflich verlorenen Krieges (B. Scheurig), in Pflichterfüllung zu Hitler hielt. Was ist das aber für eine Pflichterfüllung, die in dieser Zeit Hunderttausende deutscher Soldaten opferte (ein Opfer gegnerischer Soldaten war sicher für ihn ein Fremdwort)! Allein die vielen Fehler Hitlers als obersten Befehlshaber, die er dauernd begangen hat, hätten einem weitsichtigen Generalstabsoffizier die Augen öffnen müssen. Für diesen Heerführer blieb Kämpfen eine gute und notwendige Angelegenheit, solange es andere traf. Was kümmerten einen Generaloberst Jodl die Soldaten, die nutzlos eingesetzt (»verheizt«) wurden? Eine Vielzahl von Offizieren aus Hitlers Umgebung sind irgendwann einmal von Hitler abgelöst worden. Warum Jodl nicht, und warum hat er sich nicht von diesem Einmann-Diktator getrennt? So kam er in einen tragisch-schuldhaften Gegensatz zu dem einfachen Soldaten, denn dieser wollte keinesfalls an die Front, um sich in einem verlorenen Krieg totschießen zu lassen. Für das sinnlose Sterben vieler meiner Kameraden, über die noch berichtet wird, trägt auch ein Generaloberst Jodl Verantwortung und mit hoher Wahrscheinlichkeit Schuld. Der bekannte Historiker G. Ritter nennt den hochbegabten Jodl einen fanatischen Gefolgsmann Hitlers. Es fehlte diesem intelligenten und vornehmen Soldaten jeder politische Instinkt und – vor allem – das Eisen im Blut. Von Hitler schlecht behandelt, im Gegensatz zu fast allen seinen Generalskollegen auch nicht mit dem Ritterkreuz dekoriert war, blieb er wie von einer Droge beeinflußt, fasziniert von Hitler.

Als Soldat hat Jodl wie auch Keitel, der, wie man aus der Nachkriegsliteratur entnehmen kann, mit Jodl stets einer Meinung war, durch das Urteil ›Tod durch den Strang‹ ein bitteres Ende gefunden. Während der desertierte Panzermann D. erschossen wurde, wurden beide als Hauptkriegsverbrecher angeklagt und mußten den entehrenden Gang zum Galgen gehen.

Im Oktober 1991 habe ich nach einer Vorlesung 60 Studenten/innen der Zahnheilkunde gefragt: »Wer war Jodl?« Keine Antwort. »Was war mit Generaloberst Jodl in Nürnberg?« Wiederum keine Antwort. Da war wohl durch die Bank – und nicht nur im Einzelfall – in der Schule einiges versäumt worden.

Unsere Schwadron war in vier Züge aufgeteilt, deren Panzer entsprechend der Zugzugehörigkeit Nummern trugen, wobei sich die vierstellige Nummer aus der Schwadron- und Zugnummer zusammensetzte. Der Zugführerpanzer des ersten Zuges hatte die Nummer 1211, d. h. 12. Schwadron, 1. Panzer des 1. Zuges. Mein Panzer hatte die Nummer 1241, was bedeutete: 12. Schwadron, 4. Zug, 1. Panzer, also Zugführerpanzer. Der Chefpanzer war kenntlich an der Nummer 1251 und sein Begleitpanzer an der Nummer 1252. In der Regel war ein Rittmeister oder Oberleutnant Schwadronchef, während ein Leutnant oder älterer Wachtmeister bzw. Oberwachtmeister einen Zug führte. In der ersten Zeit war ein junger Leutnant mein Kommandant. Später, als die Einsätze schon zu erheblichen Verlusten geführt hatten, befehligten oft auch ältere Unteroffiziere als Kommandanten einen Panzer. Der Funker im Zugführerpanzer, wie auch der Funker des Schwadronchefs war sowohl für den Sprechfunk nach »oben«, d.h. zum Schwadronschef (bzw. Abteilungskommandeur), als auch zu den vier zugehörigen Zugpanzern bzw. Zugführer zuständig. Für diesen erweiterten Funkverkehr waren neben dem Sender zwei Empfänger über dem Getriebe installiert. Durch die verschiedenen Ansprechstationen war der Chef- bzw. Zugführerfunker oftmals gezwungen, gleichzeitig einen Funkspruch des Kommandeurs bzw. Schwadronchefs wie auch der vier Zugpanzer aufzunehmen, so daß im Gefecht der Sprechverkehr – noch zusätzlich durch täglich wechselnde Tarnbezeichnungen, wie z. B. Sonnenblume an Aster, kompliziert – viel Konzentration erforderte.

Die Funker der zugehörigen Panzer hatten es leichter, weil sie sich nur auf einen Funkspruch des Zugführers bzw. einen Spruch des eigenen Kommandanten zu konzentrieren hatten. Einerseits durch Ausfälle und andererseits durch Urlaub bedingt, ergaben sich immer wieder Umgruppierungen, und so saß ich während der verschiedenen Einsätze vom Chefpanzer bis zum letzten Zugpanzer (1245) auf sämtlichen Funkerplätzen. Mit meiner Funkertätigkeit war ich soweit zufrieden und tat vor allem nichts, um Offizier zu werden, sondern vielmehr alles, um Landser zu bleiben, indem ich weder durch zu wenig noch durch zu viel soldatischen Einsatz oder Wissen auffiel.

Abgesehen von meiner Natur, der alles militärische fehlte, und der Einsicht, daß ich – weil zu jung – zum Offizier nicht taugte, und mir jeglicher militärischer Zuschnitt gefehlt hat, war diese Einstellung auch mitbestimmt durch die Tatsache, daß ein Offizier niemals mit seinem Panzer liegenbleiben oder in die Etappe zurückfahren durfte. Er mußte bei der kämpfenden Truppe bleiben, in den nächsten einsatzfähigen Panzer umsteigen, während an seiner Stelle dann meist ein Unteroffizier die Kommandantenposition des Schadpanzers einnahm. Zweimal habe ich erlebt, daß mein Panzer beim Angriff durch einen Motorschaden ausfiel und der jeweilige Leutnant als Kommandant in einem funktionstüchtigen Panzer überwechselte. Kurz darauf wurden diese Panzer entscheidend getroffen und beide Offiziere waren gefallen. Nach solchen Erlebnissen drängte es mich nicht auf die Offiziersschule. Ich wollte lieber weiter Obergefreiter bleiben, dafür aber mit der Möglichkeit, nicht nur ab und zu, sondern – wie sich noch zeigen sollte – auch längere Zeit mit einer weit vergrößerten Überlebenschance pausieren und durch den Krieg durchkommen zu können. Tatsächlich waren die Verluste an Offizieren bei unserer Panzertruppe sehr hoch. Aus vielen Gesprächen während der gemeinsamen Zeit in Frankreich und Italien wußte ich, daß mein Freund Graf P. ebenso dachte. Bei ihm lag der Grund aber mehr bei dem Wunsch, zu seiner Familie und seinen Gütern nach Schlesien zurückzukehren, um sie ordentlich bewirtschaften zu können. Der an seiner Stelle eingesetzte Verwalter wirtschaftete mehr als schlecht. Eine adelige Geburt, seine Freunde und seine Beziehungen ließen dem Grafen letzten Endes doch nicht die Möglichkeit, sich gegen die Offizierslaufbahn zu entscheiden. Ich sah ihn später in Sagan noch einmal als mittlerweile strammen Offizier wieder.

Anfang Oktober 1943 hatten die persönlichen Schreiben unseres Divisionskommandeurs an Hitler, von denen die Soldaten erzählten: »Meine Soldaten wollen nach Rußland«, den fatalen Erfolg. Der Kommandeur suchte als preußischer Offizier den Kampf, und letzten Endes hatten diese Offiziere den Ehrgeiz, mit der Panzerdivision und den zugehörigen Soldaten erfolgreich zu kämpfen. Was die Mannschaften dachten oder wollten, interessierte nicht, konnte in dem Krieg auch nicht interessieren. Abgesehen von der Zeit bei der Transportkompanie (1942–43) hat mich kein Offizier gefragt, ob wir wirklich nach Rußland wollten, und ich bin sicher, daß das Gros der Landser nicht zugestimmt hätte. Allerdings hörte ich später von einem Funker beim Stab, daß die 24. Pz.-Div. einer SS-Einheit zugeteilt werden sollte. Darauf habe der Divisionsgeneral von Edelsheim das nächste Flugzeug bestiegen, um ganz schnell bei Hitler persönlich vorstellig zu werden: »Lieber in Rußland als 24. Pz.-Div., denn in Italien bei einer SS-Einheit.«

Es ging dann endgültig nach Rußland. Vor dem Verladen lagen wir noch ein paar Tage in dem italienischen Kurort Montecatini und warteten auf Waggons, um die Panzer zu verladen. Während in früheren Zeiten die elegante Welt und Künstler Stammgäste waren, besuchten jetzt wir Panzermänner von der 12. die prachtvollen Kuranlagen und Parks. Bei einem italienischen Frisör ließ ich mir die Haare schneiden. Während eine junge Frau mir als besonderer Luxus gleichzeitig die Fingernägel schnitt, kam unser Spieß herein. Und so konnte er beim abendlichen Appell verächtlich kundtun, daß der »Volksgenosse« Böttger sich heute die Fingernägel maniküren ließ. Er sprach nicht von dem Obergefreiten als korrektem Dienstgrad, sondern vollkommen abwertend als Volksgenosse; verbal war ich so bezeichnenderweise degradiert.

VERLADEN NACH RUSSLAND

Mittlerweile wußte ich genau, wie eine mehrtägige Panzertransportfahrt mit der Eisenbahn ablief. Nach der Abfahrt von Montecatini am 17. Oktober 1943 saß ich bei schönem Wetter wieder als Fotospezialist auf der Funkerluke meines Panzers; als es dann zunehmend kälter wurde, fuhr ich mit den Kameraden in einem Güterwagen oder einem italienischen Personenwagen. In jedem Güterwagen stand ein kleiner Ofen, für den man das Brennholz selbst organisieren mußte. War der Ofen richtig eingeheizt, dann war die Hitze in seiner Nähe unerträglich, beim größeren Abstand, besonders, wenn die russische Kälte durch die Ritzen drang, blieb es trotz des Ofens eisig kalt. Der Transport ging über Villach, am Wörthersee entlang nach Wien, wo der Zug am 19. Oktober 1943 kurz hielt. Dann ging die Fahrt weiter nach Polen über Przemysl, Lemberg, Shmerinka nach Rußland. Nach einem Zughalt auf offener Strecke erlebten wir, wie Kinder »Bitte, Herr, bitte Brot« riefen und bettelnd an den Zugwaggon kamen. Dann ereignete sich – wie meine Kameraden und ich empfanden – die erste »Schweinerei« eines Unteroffiziers meines Zuges. Ukrainische Frauen, die an den Zug gekommen waren, wollten Eier gegen ein Stück Rasierseife tauschen. Der Unteroffizier handelte und handelte mit den Frauen zunächst ohne Ergebnis. Erst in dem Augenblick als der Lokomotivpfiff ertönte und der Zug wieder anfuhr, war der Tausch perfekt. Die Frau reichte ihm die Eier und der Unteroffizier gab ihr die Seife. Er hatte aber zuvor mit einem üblen Taschenspielertrick die Seife durchgeschnitten und sie als ganzes Stück gezeigt. Als der Zug bereits angefahren war, gab er der Bauersfrau nur eine Hälfte der Seife. In dem bisherigen Zusammensein hatten wir bei vielen Gelegenheiten seinen miesen Charakter kennengelernt. Bei weiteren Erlebnissen wurde immer deutlicher, daß hier ein menschliches Schwein die Uniform eines Panzerunteroffiziers trug.

In Kirowograd war die Eisenbahnfahrt zu Ende. Wir fuhren unsere Panzer von den Waggons. Mit uns zusammen waren noch andere Truppenverbände angekommen. Durch die vielen Soldaten, die hier zusammengezogen waren, herrschte auf dem Bahnhof und in der Stadt ein emsiger Betrieb. Einige hatten die Hoffnung, den ununterbrochen nach Westen vordringenden Feind endlich doch noch aufzuhalten. Als erstes kamen wir in eine Bereitschaftsstellung, wo wir vor dem Angriff noch einmal Post, die für uns bereits über die Feldpostnummer in Rußland angekommen war, erhielten. Die Post bzw. Feldpost der Wehrmacht funktionierte als ein Beweis deutschen Organisationstalentes auch in den Kampfgebieten erstaunlicherweise sehr gut.

»Von hier und heute geht eine neue Epoche der Weltgeschichte aus und ihr könnt sagen, ihr seid dabei gewesen.«

J. W. v. Goethe

EINSATZ IN DER SÜD-UKRAINE, ABWEHRSCHLACHT AM DNJEPR

An die oben zitierten geschichtsträchtigen Worte von J. W. von Goethe, die er bei der Kanonade von Valmy zu dem jungen Herzog Karl-August von Weimar gesagt hatte, erinnerten sich, direkt oder indirekt von der Propaganda genährt, viele Soldaten, während wir uns auf einen schwungvollen Angriff einstellten. Siegessicher dachten wir an die kommenden Einsätze in Rußland und waren noch fest überzeugt, mit unseren Panzern nur nach vorne zu fahren.

Dann war es soweit. Am 26. Oktober 1943 fuhren wir zum ersten Angriff. Zunächst kam die 12. Schwadron mit ihren Panzern Richtung Znamenka und Nowoja Praga zügig voran; sie schoß in drei Tagen 45 russische Panzer ohne eigene Verluste ab und machte viele Gefangene. Dann aber gab es die ersten Ausfälle und die ersten Toten der Schwadron. Der Fahrer des Chefpanzers wurde durch eine Granate, die wie ein Aufsetzer vom Boden abgeprallt war und von unten das Wannenblech des Panzers durchschlug, tödlich getroffen. Zwischen den ersten Einsatztagen bei Nowoja Praga mußten wir auch die ersten Panzereinsätze in der Nacht fahren. Zunächst lief bei diesen ersten Angriffen noch alles in vorbildlicher Ordnung der Truppe und korrekter Einteilung der Schwadron ab. Wir übernachteten hier auch zum ersten Mal in russischen Bauernhäusern. Mit der russischen Bevölkerung kamen wir dabei nur selten in Kontakt. Sie zog sich wohl aus Angst vor den deutschen Soldaten in kleine Nebenräume zurück.

Da die Angriffe meist ostwärts gerichtet am frühen Morgen begannen, lag oft der Blick aus dem Panzer oder durch das Zielfernrohr über der grenzenlosen Weite der russischen Erde, immer wieder in der Glut der aufgehenden Sonne. Auf einer Angriffsfahrt erreichten wir ein Sonnenblumenfeld. Soweit das Auge reichte, standen dicht aneinander, gerade und hochgewachsen, Sonnenblume an Sonnenblume. Mit ihren tellerförmigen, von leuchtend gelben Strahlenblüten umrahmten Blütenkorb, bildeten sie ein gelbes Feld ohne Ende unter einem wolkenlosen Himmel. Man mochte länger verweilen, weil es so schön war, aber dann erinnerte der Befehl »Panzer marsch« daran, daß wir nicht, wie an einem Urlaubstag Naturschönheiten bewundern sollten, sondern die Aufgabe hatten, den Feind zu finden. Jetzt wurde der Lärm der rotierenden Ketten fast von dem Geräusch brechender Sonnenblumen übertönt, die von den Ketten und der Panzerwanne geknickt wurden. Er war viel zu kurz, der Blick über die Pracht der Sonnenblumenfelder und das Hineinsinken in einen Augenblick des Schönen. Jetzt, wo mein Panzer mitten durch das Feld drängte, galt wieder der Wahlspruch der 24. Pz.-Div. »Vorwärts denken – vorwärts sehen – vorwärts stürmen!«

Nach jedem Gefecht, in der Regel am Abend, galt es Nachschub zu fassen; nicht nur Verpflegung im Kochgeschirr vom Küchenwagen und Kaffee in die Feldflasche, auch der Panzer mußte aufgetankt werden. Hierfür war ein LKW mit einer großen Zahl gefüllter 20-Liter-Benzinkanister etwa in der Mitte der versammelten Panzer vorgefahren. Je nach Position der Panzer zu dem Tankwagen mußte man die relativ schweren Kanister eine längere oder kürzere Strecke zu seinem Panzer tragen und den Kraftstoff einfüllen. Das gleiche galt für die Munition, wobei mit den 7,5 cm-Granaten ein erhebliches Gewicht zu schleppen war. War viel geschossen worden, mußte auch viel geschleppt werden. Die verschossene MG-Munition galt es nicht nur zu ersetzen, sondern man mußte sie auch mit einer kleinen Maschine gurten. Dazu kam die Reinigung des Kanonenrohrs und der Läufe der Maschinengewehre.

Das MG des Funkers hatte ein Zielfernrohr mit Gummiwulst, das am Lauf befestigt war. Um hindurchzuschauen, mußte man das MG sowohl mit der Hand halten als auch unter einer Kopfplatte mit dem Kopf abstützen. Fuhr der Panzer im unebenen Gelände, so erhielt man ruckweise sehr unangenehme Stöße auf den Kopf. Dies war einer der Gründe, warum der Funker meist überhaupt nicht über das Zielfernrohr das Gelände beobachtete. Er widmete sich hauptsächlich dem Funkverkehr und wußte oft nicht, wo sich der Panzer genau befand. Ein Schießbefehl des Kommandanten war in erster Linie für den Richtschützen bestimmt, der die Kanone abfeuerte und das MG im Turm betätigte. Da man nur dann mit dem MG schoß, wenn ein Befehl ergangen war, kam mein Funker-MG oftmals gar nicht zum Einsatz. Außerdem lenkten die Funksprüche immer wieder ab. Mußte der Funker nicht schießen, konnte er auch nicht töten! Aus der Sicht des Landsers bedeutete nicht zu schießen aber auch, am Abend nicht zusätzlich den Lauf reinigen und neue Munition gurten zu müssen. Weitere Gründe, warum ich auch weiterhin Funker bleiben wollte.

Im Angriff wurden in der Regel die Luken dichtgemacht. Der Fahrer und der Kommandant beobachteten dann durch Sehschlitze, die sich durch Herunterschwenken einer Sichtklappe verkleinern ließen, das Gelände. Für den Funker gab es zwar ebenfalls einen Sehschlitz an der Seite, der aber durch die seitlich aufgehängten Zusatzpanzerbleche versperrt blieb. Wollte er also etwas sehen, blieb ihm nur der Blick durch das Zielfernrohr auf ein sehr beschränktes Sehfeld.

Die beschränkte Sicht war den Panzersoldaten durch die vielen Ausbildungsübungen durchaus vertraut. Man konnte jedoch während der Ausbildung immer wieder den Kopf zu einem umfassenden Überblick aus der Luke strecken. Jetzt im Kampf ging dies nur selten. Im Kampf saßen wir in unserem

Panzer eingeklemmt und eingesperrt. Bei Gesprächen über Vor- und Nachteile eines Panzersoldaten im Einsatz erklären immer wieder Angehörige anderer Truppengattungen, daß sie sich lieber als Infanterist bewegen würden, als in einem Panzer zu sitzen. Groß wie ein Scheunentor sei er doch ein bevorzugtes Ziel für Pak, Artillerie und Fliegerbomben. Das war ohne Frage die Realität, und doch fühlte ich mich im Panzer sicherer gegen Gewehr- und MG-Geschosse, gegen Granatsplitter, und schließlich mußte ja nicht jede abgefeuerte Pak-Granate das Scheunentor voll treffen. Außerdem fuhren wir im Panzer nach einem Angriff stets nach hinten in eine Zone der relativen Ruhe und konnten im Winter, wenn auch oft nur auf einer auf dem Fußboden ausgerollten Decke, in einem russischen Haus mit warmem Ofen einschlafen. Das stets vorhandene beklemmende Gefühl betraf nicht die Tatsache, in einer »Panzerzielscheibe« zu sitzen, sondern die für jeden Soldaten im Krieg vorhandene Situation, daß die Einschläge tödlicher Geschosse und damit die letzte Stunde immer näher rückten.

Mitten im Kampf – im Einsatz in der ersten Linie – erlebten wir jetzt den Krieg mit all seinen Schrecken, mit furchtbaren Ereignissen, die sich tief in die Erinnerung eingegraben haben. Ich sehe heute noch den russischen Soldaten vor mir, wie er unmittelbar vor meinem Panzer starb. Dazu kam es während einer längeren Kampfhandlung am Morgen, nachdem ein oder zwei Flammenwerferpanzer, die an Stelle einer Kanone mit einem Flammenwerfer bestückt waren, in einem leicht abfallenden Gelände auf russische Infanteristen trafen. Zuerst schoß der Panzer einen kalten, schwarzen ölhaltigen Strahl der Brandmischung, der zunächst nicht gezündet wurde, ca. 80 m weit gegen die Russen und danach sofort den gezündeten grausamen Feuerstrahl hinterher. Der Wechsel von kaltem Strahl und gezündetem Feuerstoß verstärkte die Wirkung, und im Schußbereich brannte jetzt die Erde, so daß die russischen Soldaten die Anhöhe hinauf flohen, wo sie sich plötzlich vor unseren Panzern befanden, die im

Halbkreis postiert warteten. Wer nun geglaubt hätte, die Russen würden sich ergeben, wurde schnell eines anderen belehrt. Einige von ihnen sprangen wieselflink von hinten auf unsere Panzer, mit der Absicht, Haftladungen anzubringen oder Handgranaten in die Luken zu werfen. Durch Funk alarmiert, mußten wir dann unverzüglich mit den Maschinengewehren auf diese Russen und somit auf unsere eigenen Panzer schießen, um die feindlichen Soldaten zu treffen, und damit unsere Panzer und Kameraden zu schützen und zu retten.

Mittlerweile waren deutsche Panzergrenadiere nach vorne gekommen. Ein Wachtmeister mit einer Maschinenpistole ging auf jenen russischen Soldaten zu, der kurz danach vor meinen Augen starb. Er hatte sich im Anblick unserer Panzer nicht ergeben, sondern einen Ringkampf mit dem Wachtmeister begonnen. Der Grenadier konnte seinen russischen Gegner nur mit größter Mühe abschütteln, der sich danach unmittelbar vor meinen Panzer warf. Auf dem Bauch vor unserem Panzer liegend, sah er nach oben und hatte dabei etwas die Hände erhoben. Hätte er sich nicht vor unseren Panzer hingeworfen –, und dies war jetzt entscheidend – sondern sich stehend und mit erhobenen Armen ergeben, wäre er lebend in die Gefangenschaft marschiert. So aber gab der Kommandant dem Richtschützen den Befehl, mit dem MG zu schießen. Der Richtschütze schoß auch sofort, traf aber in der kurzen Distanz wegen des fehlenden Paralaxenausgleichs zwischen Zielfernrohr und MG-Lauf den Soldaten nur zwischen Oberarm und Körper. Immer wieder schoß er auf dieselbe Stelle. Während der immer noch auf dem Bauch liegende Russe unverwandt mit offenen Augen und angehobenen Händen auf den Turm unseres Panzers starrte, standen seine Füße hochgestellt auf den Fußspitzen. Es dauerte lange, bis sie zur Seite umfielen, und wir dadurch erkannten, daß der Soldat jetzt tot war. Ich habe durch mein Zielfernrohr die unerträglich lang dauernde Szene des Sterbens mit ansehen müssen. Als mein Kommandant mir den

Befehl gab, auch zu schießen, war der russische Soldat zu meiner Erleichterung bereits gestorben. Ich war noch einmal davongekommen zu töten.

Am Abend dieses Kampftages fuhren unsere Panzer einen Angriff über ein abfallendes Gelände gegen ein Dorf. Zunächst ging es ohne Gegenwehr zügig voran. Dann bekamen wir Befehl, während der Fahrt mit dem MG auf das Dorf zu schießen, obwohl wir nichts vom Feind sahen. Durch eine dichte Folge von Leuchtspurgeschossen aus unseren MG's konnte man den Weg der Geschoßgarben Richtung Dorf genau verfolgen. Die in rascher Folge mit Leuchtspur über das Gelände fliegenden Geschosse, die ich mit dem Handabzug aus meinem MG losgeschickt hatte, vermittelten eine Art Geschwindigkeitsrausch, der aber sehr schnell durch eine grenzenlose Angst beendet wurde! Wir fuhren in das Dorf hinein und waren sicher, zügig voranzukommen. Dann aber erhielten wir über Funk den Befehl zum Halten. Kaum standen unsere Panzer, als sich mit einem Schlag ein Artillerietrommelfeuer über uns ergoß. Ringsum krachten die einschlagenden Granaten, und ununterbrochen schlug aufgewühltes Erdreich, Häusertrümmer und Splitter gegen unsere Panzer. Wir aber standen; es gab keinen Befehl weiterzufahren, herauszufahren aus dieser »Scheiße«.

Ich hatte Angst, ja Todesangst, denn das nicht nachlassende Artilleriefeuer ließ an das unmittelbar bevorstehende Ende denken. Wie sollte ich jetzt tapfer sein? Da faltete ich die Hände und betete: »Lieber Gott, hilf, lieber Gott, laß uns hier herauskommen! Beende das Trommelfeuer oder laß uns losfahren. Ich bin doch noch so jung, ich habe ja noch gar nicht begonnen zu leben.«

Nach einer schier unerträglich langen Zeit hörte ich schließlich über den Kopfhörer die Stimme des Schwadronchefs: »Panzer marsch«. Dann fuhren wir unter dem nicht nachlassenden Beschuß endlich aus dem Dorf. Ich habe später noch oft ähnliche Artilleriefeuer und Kampfszenen unter starkem Artille-

In der Einsamkeit des Panzers: Der Fahrer von 1241 bei geschlossener Luke während eines Angriffs.

In der Weite der ukrainischen Steppe: Noch ein kurzer Halt vor dem Angriff am 27.10.1943.

Angriff am 28.10.1943: Ein Wäldchen wurde durchkämmt. Vor dem Panzer ein riesiges Sonnenblumenfeld.

Gemeinsames Vorgehen der 24 Pz.-Div.: Panzer am Rande eines Waldes. Im Hintergrund gehen Panzergrenadiere nach vorne.

In der Weite Rußlands: 1243 mit Tarnnetz am rechten Flügel der 12. Schwadron. Eine Hakenkreuzflagge ist als Fliegertuch auf dem Turm befestigt.

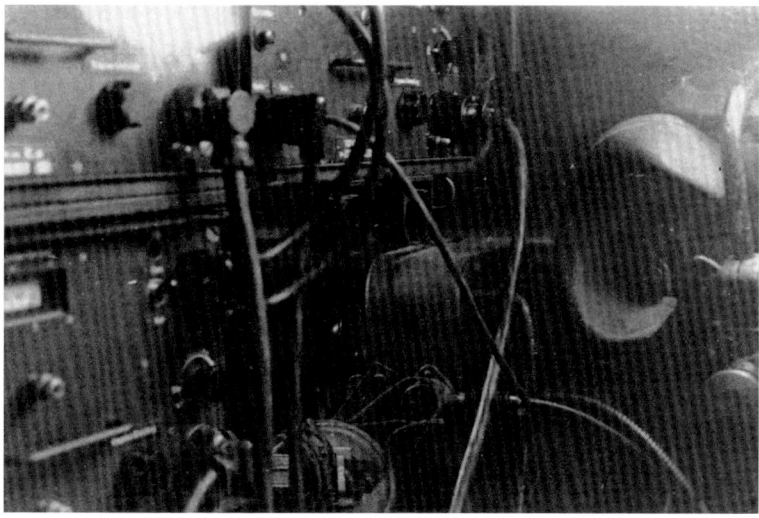

Der Funkerplatz: Ein Sender und zwei Empfänger in einem Gestell über dem Getriebe. Rechts der Griff des MG 34 mit Panzermantel, Gummiblende, Zieloptik und Kopfstütze.

Was wird der Tag bringen? Skeptisch schaut der Funker mit Kopfhörern und Kehlkopfmikrofon aus seiner Luke im Panzer IV. Der Deckel der Einstiegsluke ist nach vorne aufgeklappt. Die Zusatzpanzerung verdeckt weitgehend das Balkenkreuz. Im Hintergrund ist der ledergepolsterte Deckel für die Kommandantenkuppel zu erkennen.

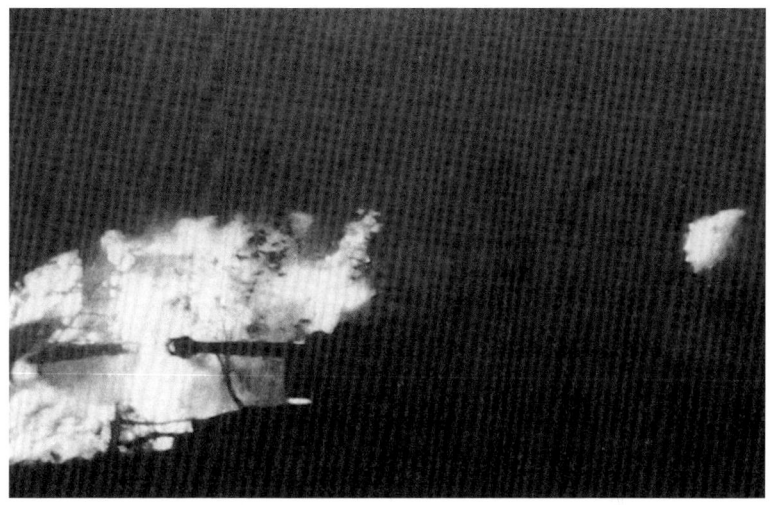

Nachtangriff am 28.10.1943: Silhouette eines Panzers IV vor einem brennenden Haus.

Mit Vollgas voraus: Zügiger Angriff bei Nowoja Praga am 29. Oktober 1943.

Angriff auf Bahnanlage: Zwei Panzer vor einem Wasserturm beim Bahnhof bei Scharowka in der Nähe von Nowoja Praga.

Unterstützung aus der Luft: Ein Stuka (Ju 87) überfliegt unsere Schwadron während des Angriffs.

Spuren des Angriffs: Die 12. erreicht eine Bahnlinie mit zerschossenen Eisenbahnwaggons.

Bei den Küchenbullen: Nach dem Angriff gibt es Kaffee beim Verpflegungswagen.

Angriffspause bei Nowoja Praga: Im Hintergrund marschieren russische Soldaten in die Ungewißheit einer Gefangenschaft.

Abgeschossen: Er brennt. Reste eines voll getroffenen russischen Panzers T 34.

Zerstörung und Tod: Der Panzersoldat betrachtet mit gemischten Gefühlen den abgesprengten Turm des abgeschossenen T 34. Er trägt um die Schulter eine weiße Kordel, an der die Pistole befestigt ist.

Wie bei R. Wagner: Donners Hammerschlag. Mit dem Vorschlaghammer zerstört der Panzermann den Verschluß einer russischen 7,62-cm-Pak. Der Wachtmeister vor dem Panzer IV trägt – recht ungewöhnlich – beim Einsatz einen Mantel.

Noch eine Höchstleistung im Kriegsgeschäft: Pz. 1241 hat ein russisches Sturmgeschütz abgeschossen.

Voll getroffen und explodiert: Die Reste eines völlig zerstörten T 34.

Sturmgeschütze der Nachbarschwadron: Die 9. Schwadron des Pz.-Rgt. 24 fährt vor ukrainischen Häusern, die zum Teil brennen, zum Angriff vor. Ein russisches Schlachtflugzeug setzt seinerseits zum Angriff an.

Noch siegreich: Ein weiterer russischer Panzer abgeschossen, im Vordergrund Pz. 1225.

Bei der Rückkehr aus dem Angriff: Auch das schöne Haus, das uns zum Quartier diente, brennt ab.

Zugführer und Kommandant: Leutnant S. führt das Tagebuch der Schwadron. Neugierig schauen russische Mädchen von ihrem Haus in der Ukraine zu, während sich die junge Frau im Profil ablichten läßt.

Der Funker in Drillichjacke: Beim Reinigen des MG34; das MG ist hierzu aus der Kugelblende entfernt. Am Turm ist die Halterung für ein MG zur Flugabwehr zu erkennen. Wurde nie benutzt, genauso wie die seitliche Luke.

Vor der Fahrt in die Etappenstadt Kirowograd: Pz. 1241 wird von einer 18-t-Zugmaschine abgeschleppt (rückwärts, da eine vordere Abschleppöse am Panzer abgebrochen war). Die Zugmaschine (Famo SD. KFZ 9) war ein besonderer Benzinfresser.

Besatzung des Zugführerpanzers 1241: Gefr. Fischer (Ladeschütze), Ogefr. Böttger (Funker), Lt. Schmidt (Kommandant), Ogefr. Bär (Richtschütze), Uffz. Trostmann (Fahrer). Kommandant mit Fahrer sind gefallen.

Deutsche Gründlichkeit?
Der Bolzen an der Abschleppöse ist zwar durch ein Kettchen gesichert – jedoch brach bei der ersten Abschleppaktion die ganze Vorrichtung ab.

In Kirowograd: In dem Geschäft im Hintergrund befindet sich eine Frontbuchhandlung. Keine Massenansammlung von Soldaten im Gegensatz zu den Soldatenkinos.

Schadpanzertransport nach Deutschland: Hinter dem Pz. 1043 steht der Pkw des »Schweins« auf dem Waggon, dahinter Pz. 1241.

Butter zum Aufheben: Nach einem Bombenangriff am 17.12.1943; bei Bobrinskaja ist ein Waggon mit Butterfässern getroffen.

Schicksal russischer Frauen hinter der deutschen Front: Wohin soll die Reise gehen? Russische Frauen warten am Transportzug.

Vor dem Dnjepr:
Brücke 234 über den Dnjepr bei Nikopol.

Die Brücke 234 über den Dnjepr bei Nikopol wurde von Pionieren erbaut.

Die Straße versinkt im Schlamm: Die 12. Schwadron hat bei Kamenka Quartier bezogen. Der Panzer IV (links im Bild) ist unmittelbar neben dem Haus »parkiert«.

rie- und Pak-Beschuß erlebt, wobei auch mein Panzer mehrere Male getroffen wurde. Aber später erduldete ich diese Situation wesentlich gelassener. Man hatte sich an solche Situationen langsam gewöhnt und lebte mit der Gefahr, wenngleich
die Todesangst zum ständigen Begleiter, gewissermaßen zum
»Hauptleitmotiv« des Krieges wurde. Obwohl der eigentliche
Fronteinsatz noch nicht lange gedauert hatte, waren in den
nächsten Tagen die ernsten, bleichen, ausgebrannten Gesichter der blutjungen Soldaten nicht zu übersehen, die, obwohl
fast noch Kinder, ohne Übergang von der Jugend zu erwachsenen Männern alterten.

Die Angriffe dauerten meist von frühmorgens 3.30 Uhr bis
zum Einbruch der Dunkelheit. Diese frühe Zeitangabe ergab
sich aus der gleichen Uhrzeit wie in Deutschland. Die Uhren
wurden entsprechend der Zeitverschiebung in Rußland nicht
umgestellt. Nach sechs Angriffstagen trug ich das Panzerabzei-
chen in Silber (für Panzerbesatzungen gab es dieses Abzeichen,
das man auf der linken Brustseite trug, nach dem dritten
Angriff), und ich trug es mit Stolz. Jetzt war der Unterschied
zu den älteren Soldaten mit Fronteinsatz und dem noch »jungen Hüpfer« wenigstens teilweise beseitigt. Aber insgeheim
dachte man, daß noch etwas fehlte: Das Eiserne Kreuz! Da
war es das Dilemma zwischen der Vernunft, möglichst nicht in
eine Kampfszene verwickelt zu werden, um zu überleben, und
einem Orden, der den Soldaten auszeichnete, der ihn mit den
älteren kampf- und kriegserprobten Kameraden gleichstellte,
ihn beim Urlaub in der Heimat als Frontsoldaten kenntlich
machte. Und der ihn vor allem vor der Bevölkerung und vor
den uniformierten Parteifunktionären, den Goldfasanen der
Heimat, als den im Krieg untadeligen Deutschen privilegierte.

An einem Abend blieb ein Panzer in einem sumpfigen Gelände stecken. Bald war ein zweiter, der helfen wollte, dazugekom-
men. Jetzt hatten sie beide Hilfe notwendig. Mehrere Panzer,
darunter auch der meinige, versuchten, mit Abschleppseilen

verbunden und über Funk befehligt, die festgefahrenen Panzer herauszuziehen. Es gelang nicht, und immer wieder folgten neue Versuche. Es kam, wie es kommen mußte: Der Motor unseres Panzers war überdreht und gab den Geist auf. Auch wir mußten jetzt herausgeschleppt werden, und obwohl in dem hektischen Arbeitsbetrieb zunächst eine Abschleppöse unseres Panzers brach, gelang es schließlich doch, ihn zu einem Haus in einem nahen Dorf zu schleppen. Weiter ging es nicht, denn die übrigen Panzer mußten ja auch noch herausgezogen werden.

In den nächsten Tagen zog die Schwadron dann zügig weiter Richtung Krivoi Rog, und hinter den kämpfenden Truppen folgte die Zugmaschine wie auch unser Instandsetzungstrupp. Die Helfer für unseren nicht einsatzfähigen Panzer waren nicht mehr erreichbar. Deswegen sollte unser Panzer zur Reparatur über eine Entfernung von ca. 80 km nach Kirowograd zurückgeschleppt werden. Die Besatzung 1241 – natürlich war im Tausch für unseren Leutnant ein Unteroffizier als Kommandant eingestiegen – bezog in dem Dorf Quartier in einem kleinen Häuschen, das aus weißem Lehm gebaut und mit dunklem Stroh bedeckt war, typisch für die Bauweise in der Ukraine. Im Innern des Häuschens waren einfache Betten, in dem ein Teil der Besatzung schlief, während der andere Teil mit der Ofenbank oder ausgelegten Decken auf dem Boden auskommen mußte. Durch den Motorschaden war der Panzereinsatz erst einmal zu Ende, und wir warteten auf eine Zugmaschine. Zuerst holten wir den versäumten Schlaf nach und vertrieben uns am nächsten Tag die Zeit damit – die Zugmaschine war ja noch nicht gekommen – mit unseren Pistolen (P 38) auf Tauben zu schießen, die auf dem Dach saßen. Der erste Schuß krachte erfolglos. Die Tauben folgen zurück. Wir schossen immer wieder, doch während des ganzen Vormittags das gleiche, negative Ergebnis: Wir hatten nicht eine Taube getroffen. Glückliche Tauben! Am Nachmittag schlenderten wir durch das Ukraine-Dörfchen.

BESUCH BEI EINER SS-EINHEIT

Bei einem Spaziergang durch das Dörfchen trafen wir Angehörige einer in der Nähe stationierten Einheit der Waffen-SS, die uns sofort zum Essen einluden. Während bei uns Soldaten Hunger zum Dauerzustand geworden war und die 12. Schwadron in den eben durchgemachten Angriffstagen mit Dörrgemüse auskommen mußte, gab es bei dieser Einheit am ersten Tag Rinderbraten mit Kartoffeln, am nächsten Tag wurde für jeden eine halbe Ente gebraten, dann bekamen wir ein großes Stück Schweinefleisch und als Abendverpflegung riesenlange Dauerwürste, Leber- oder Lyonerwurst, dazu Käse, Butter und Honig. Neben dem Kommißbrot gab es auch Knäckebrot, Zigaretten, Dropse und Cognac. Jetzt lernte ich selbst die hervorragende Verpflegung der Waffen-SS kennen und konnte die Bevorzugung und Privilegien der Waffen-SS vor der Wehrmacht erleben. Und ich konnte den Unterschied feststellen, der sich eben nicht nur in Verpflegung, sondern auch in der Ausrüstung und den Waffen äußerte.

In der Etappe ohne Kampf mit langem Ausschlafen, jetzt auch noch diese Schlemmermahlzeiten! Wir hätten zufrieden sein können. Aber schon bald erlebten wir für einen kurzen Augenblick, dafür um so nachhaltiger, eine weitere Seite dieses schrecklichen Krieges. Nachdem die Besatzung 1241 auch am vierten Tag erst einmal ausgeschlafen hatte, schlenderten wir durch das Dörfchen in Richtung der stationierten SS-Einheit. Plötzlich sahen wir am Ast eines Baumes einen aufgehängten Menschen. Als wir näher herangekommen waren, erkannten wir einen Mann, der, mit dem Kopf nach unten an einem Bein aufgehängt, bereits tot war. Auf seiner Jacke war ein Judenstern aufgenäht. Die Neugierde wich schnell einer Fassungslosigkeit. Mich überfiel Angst vor diesem Toten, hatte ich doch nie einen aufgehängten toten Menschen gesehen. So konnte ich nichts Vernünftiges denken und war auch nicht in der Lage zu fotografieren. Während wir verstört und wie gelähmt vor dem aufgehängten Toten standen, kam ein Soldat der SS-Einheit auf uns zu. Von ihm erfuhren wir, was wir bereits ahnten: Seine Einheit hatte diesen Juden aufgehängt. Der SS-Mann erklärte, daß dies als Vergeltung für dessen Partisanentätigkeit geschehen mußte. Während wir langsam in unser Quartier zurückgingen, sprach keiner von uns ein Wort. Wir waren nicht nur gelähmt, sondern hatten auch Angst untereinander offen auszusprechen, was wir empfanden. Noch so jung und relativ unerfahren, begann der Krieg uns abzustumpfen. Ich hoffte dabei, nie in eine solche Lage zu kommen, beispielsweise von den Russen gefangen zu werden und auf russischer Seite in gleicher Weise aufgehängt zu werden.

IN DER ETAPPE KIROWOGRAD

Nach der Abschleppfahrt, über die noch gesondert berichtet wird, bezog die Besatzung 1241 mit ihrem Schadpanzer Anfang November 1943 Quartier in Kirowograd, und zwar in einem hübschen kleinen Haus. Die Wohnung hatte Parkettfußboden, auf den wir unsere Decken zum Schlafen ausrollten. Wieder einmal mußten wir auf dem Fußboden schlafen, aber es handelte sich hier wenigstens nicht um die Front, sondern um eine Etappenstadt, in der einiges für die Soldaten geboten wurde. Die Wohnungsinhaberin war eine sehr freundliche Russin, die ein wenig deutsch sprach.

Als man ihren Mann abholte – man sprach davon, daß er rüstungsverpflichtet würde – war sie natürlich sehr traurig, doch sie weinte, für uns eigentlich unbegreiflich, weit mehr bittere Tränen, als wir nach fast sechs Wochen abzogen.

In Kirowograd gab es ein Soldatenheim mit einer Bücherei und anderen Unterhaltungsmöglichkeiten wie Tischtennis. Mit den Schwestern hatten wir uns bald angefreundet, wir waren ja auch lange genug fast täglich im Soldatenheim. Als am 8. Dezember 1943 diese Schwestern ihr Heim räumen mußten und ihr Gepäck auf die Bahn verluden, wußte jeder, was das zu bedeuten hatte: Kirowograd würde bald aufgegeben werden. Neben den Besuchen des Soldatenheims gingen wir auch oft in ein Kino. Obwohl es drei verschiedene gab, konnten sie dem Ansturm der unterhaltungsbedürftigen Soldaten der Etappe kaum gerecht werden. Man mußte sehr frühzeitig vor dem Eingang stehen, und zeitweilig nahm die Gewalt der anstürmenden Soldatenmassen geradezu beängstigende Formen an. Um diese Soldatenmassen, die gegen die Kinotür drückten, in den Griff zu bekommen, schoß ab und zu ein Feldgendarm mit seiner Pistole in die Luft. Kirowograd war eben nicht nur eine große Etappenstadt, sondern auch von Tausenden von Soldaten überfüllt.

Am 1. Dezember 1943 sah ich in der Wochenschau Panzer meiner Schwadron. Da kam ein schlechtes Gewissen auf: die Kameraden im Kampf und die Besatzung 1241 unbeschwert in der Etappe.

Im Gegensatz zu den drei Soldatenkinos präsentierte sich eine Frontbuchhandlung ohne Gedränge von Soldaten. Es gab Bücher des Wissens und zur Bildung, z. B. Vorbereitung aufs Abitur. Meist herrschte in dieser Buchhandlung gähnende Leere. Es mangelte den Soldaten am Bedürfnis nach Bildung. In der Etappe unmittelbar hinter der Front hatten sie ganz andere Wünsche. So konnte der beste Soldat der Welt in der Etappe gelegentlich ein Feldbordell besuchen und zwar mit Schutzmittel. Nach dem Geschlechtsakt pinselte zusätzlich ein »sanierender Sanitätssoldat« das Glied des Soldaten mit einer Silbernitratlösung ein und überreichte einen »Sanierschein«.

Ein paar Kilometer weiter an den Front konnte man mit dem Panzer eine Tagesrundfahrt machen, ohne auf einen deutschen Soldaten zu stoßen. Dieses Mißverhältnis von kämpfender Truppe und der Masse der Soldaten in der Etappe Kirowograd war unübersehbar und verstärkte weiter die sehr starken Zweifel an einem deutschen Sieg. General Schörner hatte diesen Mißstand erkannt und auf seine Weise versucht, die Soldaten aus der Etappe rigoros an die Front zu schicken, um die kämpfenden Truppen zu stärken. Daß seine Mittel weit überzogen waren und letzten Endes auch nichts brachten, sondern die Zahl der Verwundeten, Gefallenen und Toten enorm vermehrte, ist bekannt bzw. sollte bekannt sein. Daß seine Gerichtsurteile durchaus mit denen der Richter des Volksgerichtshofes verglichen werden konnten, zeichnete ihn als besonders brutalen General aus.

In Kirowograd lag auch Oberst Rudel mit seinem Stukageschwader, zu dem auch ein Tanzorchester gehörte, das die Soldaten mit Schlagermusik und einer Show unterhielt. Rudel selbst ist mir in sehr schlechter Erinnerung geblieben. Der ebenfalls in Kirowograd stationierte Soldatensender »Gustav« gab einmal einen bunten Abend, den ich besuchen wollte. Ich stand vor der Eingangstür, ohne aber eine Eintrittskarte zu besitzen. Der Saal war zwar gefüllt, aber in den breiten Fluren hätten sich bei etwas gutem Willen für ein paar Soldaten noch zusätzlich ein paar Stehplätze schaffen lassen. Während einer Diskussion mit einem Feldgendarm, der als Logenschließer fungierte, kam Rudel, der natürlich in der ersten Reihe seinen Platz hatte, persönlich auf mich zu und schnauzte mich an: »Wenn Sie nicht sofort Ruhe geben, dann lasse ich Sie einsperren!« »Anscheißen« oder gar einsperren wegen dem Wunsch nach einem Platz in einer Varieté-Vorstellung? Ich empfand diesen Auftritt des ersten Fliegeroffiziers Hitlers als reichlich arrogant. Nur mit sich selbst beschäftigt und Macht demonstrierend, ja genießend, hatte er gar kein Gespür für die Sehnsucht eines einfachen Frontsoldaten.

Später kam ich dann aber doch noch in das Soldaten-Varieté. Der Soldatensender »Gustav« verließ etwa zur selben Zeit wie die Schwestern das Soldatenheim Kirowograd; ein weiteres Indiz für die Nähe der anstürmenden Russen. Auch die Feldpostämter schlossen ihre Pforten (9. Dezember 1943), und ein paar Tage später wurden unsere Schadpanzer auf Eisenbahnwaggons geschoben. Dann war der Zug Richtung Heimat bereit zur Abfahrt. Zunächst aber sollen noch weitere Kapitel der »Kriegskarriere« jenes Unteroffiziers erzählt werden, der sich in vielen Situationen charakterlich ganz mies benommen hat.

»Erst kommt das Fressen, und selbst dann noch nicht die
Moral.«

(frei nach B. Brecht)

»DAS SCHWEIN« IN
UNTEROFFIZIERSUNIFORM

Als wir in dem Ukrainedörfchen mit unserem nicht mehr einsatzfähigen Panzer darauf warteten, abgeschleppt zu werden,
kam als Austauschkommandant jener Unteroffizier mit dem Sei-
fentrick – im folgenden »Schwein« genannt –, als Kommandant zu 1241. Jetzt begann das nächste Kapitel. In unserem
Ukrainehäuschen, in dem wir Quartier bezogen hatten, war
nur eine junge Frau zurückgeblieben. Die männlichen Bewohner waren entweder geflohen oder nach Deutschland zwangs-
verpflichtet. Diese Frau hatte ein kleines Schwein, damals wohl
wie heute das Privateigentum eines Kolchosebauern. Es war
neben dem Häuschen, ihren Kleidern und ein paar Küchenge-
räten das einzige, was sie besaß. Wir jedenfalls konnten kein
weiteres Eigentum erkennen. Als die Zugmaschine angekommen war, unser Panzer zum Abschleppen befestigt und wir zum
Abmarsch bereit waren, gab der Unteroffizier den Befehl, das
Schwein mitzunehmen. Dieser Befehl traf mich wie ein Schlag.
Während der letzten Tage hatten wir doch bei der SS hervorragend und mehr als ausreichend gegessen. »Warum auch noch
dieses kleine Schwein?« Ich flehte diesen Unteroffizier geradezu an, der Frau doch das kleine Schweinchen zu lassen: »Das
kannst du doch nicht machen, dieser Frau das einzige Gut weg-
nehmen.« Eine Gehorsamsverweigerung kam nicht in Frage,
und zwar weniger, weil der Unteroffizier als der ›Stärkere‹ befahl:
»Die Sau kommt mit!«, sondern weil er selbst das kleine Schwein
auf die Zugmaschine bugsierte. Das Schwein wurde dann in

88

Kirowograd geschlachtet, und die ganze Besatzung von 1241 ließ es sich schmecken. Man mag mir nun Inkonsequenz vorwerfen, da auch ich bei diesem Essen keine Ausnahme bildete. Auch dies war eine Art Gleichschritt. Das kleine Schwein war ja ohnehin »requiriert«, geschlachtet und gebraten, und wenn alle essen, warum ich nicht auch? So einfach war das im Krieg. Aber es irritierte mich. Nach dem Essen mit dem Schweinebraten befahl uns der Unteroffizier, Holz zu hacken, was wohl eher eine Schikane war, da wir genug Holz hatten. Immer und überall mußte er seinen Dienstgrad »heraushängen«.

Aber das »Schwein« in Uniform war ein sehr guter Organisator. Während wir Holz hackten, kam unser »Schwein« mit einem neuen PKW der Marke Opel Olympia mit vollgefülltem Tank angefahren. Das Auto glänzte in der neugespritzten feldgrauen Farbe, und der Unteroffizier stellte vor: »Mein Auto!« Sein Auto? Wieso konnte ein Wehrmachts-PKW sein Auto werden? Eines Tages kam er in »seinem PKW« mit ungefähr zehn gefüllten Benzinkanistern vorgefahren und befahl mir einzusteigen und mitzufahren. Die Fahrt ging einige Kilometer zu einer Sonnenblumenöl-Fabrik. Nachdem wir dort vorgefahren waren, erhielt ich einen Befehl und erst da begriff ich, warum er mich überhaupt mitgenommen hatte: Ich erhielt die Rolle eines Gepäckträgers, für die sich der Unteroffizier selbst zu schade war. »Man kann ja Befehle erteilen.« Befehlsgemäß trug ich die Benzinkanister in die Fabrik und nahm dafür eine entsprechende Anzahl Ölkanister ins Auto zurück. Diese Episode wäre einfach ein Beweis für sein besonderes Organisationstalent und auch insoweit vertretbar gewesen, wenn das Ziel eines derartigen Tausches der Truppenverpflegung gegolten hätte, die bei uns eben oftmals recht karg war, obwohl ohne Benzin ein Panzer nicht fuhr. Aber nein, er hatte das Sonnenblumenöl ausschließlich für sich allein organisiert, um dann gegebenenfalls Tauschgeschäfte tätigen und es vor allem später in die Heimat mitnehmen zu können.

Noch von einer weiteren Untat des »Schweins« ist zu berichten. Unser Panzer war mit weiteren Schadpanzern auf einen Zug verladen und stand bereit zum Abtransport in die Heimat, wo er repariert werden sollte. Das »Schwein« brachte es fertig, nun auch noch »seinen« PKW zusätzlich neben einem Schadpanzer verladen zu lassen. Mittlerweile war in dem PKW nicht einmal mehr Platz für einen Beifahrer, er war voll gefüllt mit Lebensmitteln jeder Art, ein Teil der Sonnenblumenölkanister stand auf dem Boden, die Dauerwürste hingen reihenweise am Dach aufgehängt. Dieses Verpflegungsauto interessierte uns zunächst noch nicht. Beim »Wacheschieben« während eines Zughaltes bewachten mein Richtschütze und ich den Wagen genauso wie die Schadpanzer und die übrigen Waggons. Wir schenkten dann auf Wache noch einem vorbeikommenden Russen, der mit einigen Brocken der deutschen Sprache erklärte: »Morgen Russe hier« und uns um ein Kleidungsstück bat, einen herumliegenden Militärmantel, der – blutgetränkt – wohl aus einem Lazarett stammte. Dann fuhr der Zug weiter Richtung Westen, und wir träumten von der Heimat. Die Besatzung 1241 fuhr in einem Güterwagen mit. Beim Halt an irgendeiner Station erreichte uns dann der Befehl, daß nur der Unteroffizier mit dem Transport weiterfahren dürfe; der Rest der Besatzung aber in Gegenrichtung umsteigen müsse. Zum erneuten Fronteinsatz in Richtung Nikopol, wohin mittlerweile die 24. Panzerdivision vorgestoßen war. Mit langen, enttäuschten Gesichtern, weil es mit der Fahrt Richtung Heimat nun doch nicht geklappt hatte, baten wir den Unteroffizier mit dem Glück der besseren Fahrkarte, von seinem »Wurstauto« uns wenigstens etwas Eßbares zu überlassen. »Ihr bekommt nichts!«, war seine Antwort. Diesen Ton kannten wir ja bereits seit »die Sau kommt mit!« – »Gib uns doch wenigstens eine deiner Würste«, baten wir ihn, da diese jetzt besonders einladend hinter der Autoscheibe vor unserer Nase hingen. Er aber fertigte uns ab mit einem erneuten barschen »nein, ihr bekommt nichts, nicht eine Wurst.« In uns stieg eine doppelte Wut hoch. Anstelle der Heimat wieder Fronteinsatz und nicht einmal eine einzige Wurst!

Fassungslos sah ich meinen Richtschützen an: »Dieses Schwein, dieses dreckige Schwein«, war meine Reaktion zu meinem Kameraden, der ebenfalls wütend und fassungslos dastand. Sollten wir dem Lumpenhund ein paar in die Fresse hauen oder ihn so versohlen, wie es Remarque mit seinem unvergeßlichen Himmelstoß getan hatte, oder sollten wir die Fenster des Wurstautos mit unseren Pistolen einschlagen? Damit aber hätten wir Heeresgut vor den Augen des Bahnhofsoffiziers, der auf dem Bahnsteig stand, beschädigt. Auf dem Bahnhof herrschte eben immer noch die Hierarchie der Wehrmacht vom Unteroffizier bis zum Bahnhofsoffizier. So fand ich mich in meiner Ohnmacht plötzlich in derselben Situation, wie jener Wachsoldat, der auf dem italienischen Bahnhof mit dem Gewehr erfolglos auf den Leutnant gezielt hatte.

Noch auf dem Transport nach Nikopol erlebte ich meine vierte Kriegsweihnacht, fernab von der Heimat. Wir gingen am 23. Dezember 1943 zu einer Rot-Kreuz-Schwester, die in ihrem Zimmer am Bahnsteig ein bescheidenes Weihnachtsbäumchen stehen hatte, und versuchten, so gut es ging, etwas in Weihnachtsstimmung zu kommen. Aber die Fahrt zur Front ging weiter und am nächsten Tag waren wir wieder bei der 12. Schwadron und stiegen in die Panzer ein.

Das letzte Kapitel des »Schweins« vollzog sich dann von uns ungewollt. In den Sorgen des neuen Fronteinsatzes hatten wir diesen widerlichen Unteroffizier fast vergessen. Aber wir erzählten zwangsläufig von dem, was wir im allgemeinen und speziell in Kirowograd erlebt hatten, und die Gerüchte dieser »Schweinereien« drangen bis zu den Ohren des Schwadronchefs. Eines Tages wurde die zurückgekehrte Besatzung 1241 zum Schwadronchef beordert. Wir mußten Rede und Antwort stehen, und uns wurde schnell bewußt, daß man vor allem den

Tausch des kriegswichtigen Benzins als ein böses Verbrechen ansah. In der Heimat angekommen, hatte es der Unteroffizier zunächst auch noch geschafft, in einem Ersatztruppenteil in Sagan unterzuschlüpfen. Einige Zeit später mußte unser Spieß nach Sagan zu einer Kriegsgerichtsverhandlung. Zurückgekommen erzählte er, daß ein Kriegsgericht das »Schwein« zum einfachen Schützen degradiert hatte. Im Vergleich zu den in der Folge zu berichtenden Urteilen des General Schörner in Nikopol und Marasati und dem ebenfalls in Sagan verhängten Todesurteil gegen den Panzermann D. muß man allerdings sagen, daß das »Schwein« damit noch Schwein gehabt hat.

ABWEHRSCHLACHT
IM BRÜCKENKOPF NIKOPOL

In Nikopol angelangt, sahen wir bereits am Bahnhof sehr schnell, was für ein Kommandeur diesen Brückenkopf befehligte. Während in den Heimatbahnhöfen ausschließlich Nazi-Parolen, wie »Räder müssen rollen für den Sieg« oder »Psst, Feind hört mit« die Wände dekorierten, waren hier im Bahnhofsgebäude überall die Urteile des brutalen und autoritären General Schörner angeschlagen. Da war zum Beispiel das Todesurteil über einen Offizier zu lesen, der mit einem LKW nicht kriegswichtiges Material, sondern Matratzen transportiert hatte. Das Todesurteil gegen einen Obergefreiten, der, als er von seiner Truppe abgekommen war, nicht sofort die nächste kämpfende Truppe aufgesucht (zu erkennen durch Gefechtslärm!) hatte. Ein Unteroffizier, geschlechtskrank geworden, erhielt 20 Jahre Gefängnis, und so ging es weiter. Es waren viele Geschichten über Schörner im Umlauf, die alle von der Willkür und Härte seines Kommandos zeugten. So soll er zum Beispiel seinen Fahrer im Wechsel wegen guter bzw. schlechter Fahrt befördert und degradiert haben. Einen Hauptmann, der mit seinem Burschen dahergeritten kam, schickte er zur Infanterie. Zunächst hatte er nach der Meldung des Hauptmanns den Burschen sofort zur Infanterie befohlen. Als der Hauptmann bemerkte: »Verzeihung Herr General, mir steht ein Bursche zu«, kam der Befehl: »Sie auch zur Infanterie«.

Im Einsatz trugen die Panzerbesatzungen, wie erwähnt, die Pistole an einer Schnur um den Hals oder an einer Schulterklappe befestigt. Außerhalb des Panzers war sie in einer Tasche am Koppel verstaut. Wir trugen die Waffe meistens nicht durchgeladen, denn das war ja nicht ungefährlich, und besonders beim Reinigen gab es immer wieder Verletzungen. Da der gezogene Pistolenlauf auf keinen Fall rosten durfte, umwickelten wir die Pistole meistens mit einem ölgetränkten Lappen. Als Schörner einmal einen Soldaten der 12. Schwadron traf, befahl er ihm: »Schießen Sie sofort in die Luft«. Nach dem Öffnen der Pistolentasche mußte der Soldat erst seine Pistole aus dem Öltuch wickeln. Während er durchlud, hatte ihm Schörner bereits 21 Tage Bau verpaßt. Dann fragte er ihn: »Welche Einheit?« »24. Pz.-Div.« »Strafe ist ihnen erlassen!« Beispiele der Macht eines Herrschers im Krieg mit absoluter Befehlsgewalt.

Von Nikopol fuhren wir mit den Panzern an die Front und überquerten den Dnjepr mit seinen Armen über Holzbrücken, die von Pionieren erstellt worden waren. Unsere Division wurde im Brückenkopf Nikopol in viele harte Kämpfe verwickelt. Da ich das Abitur hatte, nahm der Spieß an, ich könnte einen guten Deutschaufsatz schreiben. Deshalb mußte ich einem Wachtmeister unserer Schwadron, der einen Kampfbericht für eine Zeitung verfassen sollte, bei seiner dichterischen Aufgabe helfen. Ich griff zu einem Bleistift und schilderte einen besonderen Kampftag aus meiner Sicht: »Den Panzerkavalleristen der 12. Schwadron des Panzerregimentes 24 wird es unvergeßlich bleiben, wie sie bei einem schweren Angriffstag innerhalb einer knappen Stunde 28 Feindpanzer ohne eigene Verluste abschießen konnten. An einem kalten Wintertag verschleierte eine dichte Nebeldecke die Hauptkampflinie (HKL.). Die 12. Schwadron unter der Führung von Oberleutnant Wenzel hatte den Auftrag, eine Lauerstellung hinter der HKL zu beziehen. Der Feind legte während einer eineinhalbstündigen Wartezeit ein starkes Artilleriefeuer auf die deutschen Stellungen; dies war ein untrügliches Zeichen für eine neue Feindaktion. Jeder Kommandant der einsatzbereiten Panzer der 12. Schwadron wartete auf eine Meldung über Funk. Mit der Hand wischten die Kommandanten immer wieder die Kino-(Glas)-Blöcke ab, durch die sie das Gelände beobachteten und die vom Atem beschlugen. Langsam fiel der Nebel und gab den stahlblauen

Himmel eines Wintertages im Osten frei. Allmählich ließ das Artilleriefeuer nach; plötzlich war über Kopfhörer die Stimme des Chefs zu hören: »11 Uhr Feindpanzer, Schwadron marsch!« Sofort fuhren die Panzer in Richtung einer vorgelagerten Geländeerhebung, wo die Grenadiere in ihren Löchern saßen. Was sahen wir plötzlich? 30 Feindpanzer fuhren in Schräg-fahrt auf die Grenadierstellungen zu. Auf den Befehl: »Feuer frei!«, wußte jetzt jeder, worum es ging: »Nicht nur schießen, sondern treffen!« Unter dem Krachen und Zischen fanden die Panzergranaten ihr Ziel, doch die feindlichen Panzer und Sturm-geschütze rollten weiter auf die Grenadierstellungen zu. Die Grenadiere, die sich im Schutz unserer Panzer wußten, ließen sich von den russischen Panzern überrollen und nahmen den Kampf mit der nachfolgenden feindlichen Infanterie auf. Der Zug des Wachtmeisters Blonski hatte den Hauptdruck des Fein-des aufgehalten und ein Drittel der feindlichen Panzer abge-schossen. Der Chef erkannte, daß der rechte Flügel der 12. nicht mehr in vollem Einsatz war, deshalb erhielt Wachtmeister A. für seinen Zug den Befehl, sich von dem rechten Flügel zu lösen und die linke Flanke zu verlängern und zu verstärken. Jetzt wurde der angreifende Feind unter dem zusammengefaßten Granatfeuer der 12. zum Stehen gebracht. Von 30 Feind-panzern waren 25 getroffen. Die restlichen fünf flohen, und im Nachsetzen konnten noch drei Panzer getroffen werden. Wachtmeister A. sah am linken Flügel mehrere Feindpanzer stehen. Ein paar Besatzungsmitglieder untersuchten sie und stellten fest, daß zwei T 34 noch einsatzfähig waren. Die 12. Schwadron hat an diesem Tag dem weit überlegenen Feind einen erheblichen Schlag verpaßt und konnte während 22 Einsatztagen die Zahl der Panzerabschüsse auf 132 erhöhen. R. Hinze schrieb zu diesem Kampftag. »An der Naht zwischen 258. Infant.Div. und 3. Geb.Div. kam es zu einem feindlichen Panzerdurchbruch, der zu einer vorübergehenden Krise in diesem Abschnitt führte. Sofort zum Gegenstoß angetretene

Teile der 24. Pz.-Div. schalteten diese Gefahr unter Abschuß von 27 Feindpanzern aus.« Der IA-Offizier der Division Oberstleutnant H. H. v. Christen erzählte mir nach dem Krieg von einem am 25. Dezember aufgefangenen russischen Funkspruch: »Die Deutschen gehen jetzt saufen, denn sie haben heute Weihnachten.«

Die Einsätze in Nikopol während des strengen russischen Winters mit zeitweise eisigem Wind machten uns jetzt zu schaffen. Unsere Uniform für diese Wintereinsätze bestand aus Tarnanzügen mit Kapuzen, die wattiert und als Wendeanzüge von weißer bzw. grau-grüner Farbe zu tragen waren. Obwohl sie einigermaßen vor der Kälte schützten, froren wir oft. In Gefechtspausen bat ich deshalb meinen Fahrer: »Laß den Motor laufen und gib Gas dabei«. Dann zog ich meine Lederstiefel aus – ich hatte in meiner Schuhgröße keine Filzstiefel erhalten können – und steckte meine Füße zum Aufwärmen in den Auspufftopf. Das Panzerinnere heizten wir mit einer sehr leistungsstarken Benzinlötlampe auf, die mit einer Luftpumpe versehen eine starke Flamme erzeugte. Während der verschiedensten Einsätze wurden wir Soldaten nicht mehr wegen eines Hemdkragens oder der Uniform, die verdreckt war, gerügt. Ja, man nahm gar nicht mehr zur Kenntnis, daß die Kleidung von der Mütze bis zur Hose, vor allem in der Zusammenstellung nicht mehr der Vorschrift entsprach. Wie die verschiedenen Abbildungen verdeutlichen, bestimmte der Soldat selbst, ob er die grüne oder weiße Seite der Wendejacke sichtbar trug, schwarze Jacke mit oder ohne Pullover, oder Drillichjacke und dazu schwarze Hose oder Tarnhose, Schnürschuhe oder Knobelbecher, Schiffchen oder Panzermütze, graues, grünes oder schwarzes Hemd und bei mir selbst Pistole oder Fotoapparat. Als meine Schwadron in Nikopol auf Befehl des Schwadronchefs extra zum Fotografieren angefahren war, da konnte ich den Fotoapparat aus der Tasche der Uniform ziehen, in der sich normalerweise die Pistole befinden sollte. Keiner der vielen Vorgesetzten, die beim Fotografieren mich anschauten, ja nicht mal der gestrenge Hauptwachtmeister fragte nach meiner Pistole. Wenn man sich allerdings zu einem Heimaturlaub abmeldete, mußte die Uniform einigermaßen in Ordnung sein.

Durch die vielen Einsätze häuften sich die Schäden an dem im Gegensatz zum russischen T 34 recht störanfälligen Panzer IV. Ersatzteile waren immer häufiger gefragt; die Heeresführung lieferte den nötigen Nachschub nicht. Unser Spieß überlegte, was man in dieser Ersatzteilmisere tun könnte. Da erinnerte er sich erneut an die alte, über Jahrtausende bewährte Methode der Bestechung. Er schickte als einen technisch versierten Soldaten, den für den Bereich des Funkverkehrs verantwortlichen Wachtmeister mit fünf Mann Begleitung nach Magdeburg zum Heereszeugamt. Sie sollten jedoch nicht mit leeren Händen nach Ersatzteilen fragen. Soviel sie tragen konnten, gab der Spieß Flaschen mit Cognac und Champagner, die von Frankreich und Italien in den Troßfahrzeugen nach Rußland mitgekommen waren, diesem »Kommando« mit. Somit bestand das Reisegepäck fast ausschließlich aus alkoholischen Getränken. Als sie zurückkamen, brachten sie nicht nur drei Eisenbahnwaggons voll mit Ersatzteilen mit, sondern auch noch einige neue Panzer. Der Spieß meldete mit stolzgeschwellter Brust bei der Abteilung des Regiments den Zuwachs an Ersatzteilen und neuen Panzern. Die Antwort des Abteilungskommandeurs war die eines Propheten: »Oberwachtmeister S., wir kennen uns lange genug. Ich sage Ihnen jetzt: Wenn das so ist, daß man nicht mehr vom Oberkommando der Wehrmacht Panzer zugeteilt bekommt, sondern sie mit Schnaps kaufen kann, dann haben wir den Krieg verloren!«

Mein Panzer – jetzt 1244 – wurde im Kampfgebiet von Nikopol mehrmals getroffen ohne manövrierunfähig liegenzubleiben. Einmal traf eine Granate die schräge Frontpanzerung ohne Wirkung. Ein anderes Mal während eines Fliegerangriffs am 16. Januar 1944 durch eine »Nähmaschine«, bei dem die Russen waschkörbeweise kleine Bomben abwarfen, und eine Vielzahl von Panzergrenadieren, die neben unseren Panzern gingen, verwundet wurden, fiel eine kleine Bombe genau auf die Mitte unserer Kanone.

Für die Besatzung entstand dabei der Eindruck, genau im Zentrum einer Explosion zu sitzen; es krachte an allen Ecken und Enden, und ungezählte Funken erleuchteten grell das Innere des Panzers. Die Wirkung auf unsere Kanone war demgegenüber gering; eine sachte kleine Delle war der einzige Schaden, der aber doch den Austausch der Kanone und einen kurzen Aufenthalt in der Etappe notwendig machte. Wir konnten wieder einmal aufatmen.

Während des kurzen Aufenthaltes in der Werkstatt konnte die Besatzung 1244 erst einmal richtig ausschlafen, und ich hatte Zeit zum Schreiben. Meiner Mutter berichtete ich von den letzten Kampftagen: »Ein paar Tage schoß die russische Artillerie wie wild auf uns. Da konnte man froh sein, wenigstens im Panzer zu sitzen, weil man da vor Splittern sicher ist.« Es folgte noch der Hinweis, daß ich seit ewiger Zeit (seit dem 12. Dezember 1943) keine Post mehr erhalten hätte. Die Heimat war in all den schrecklichen Kriegstagen stets der ruhende Pol. Ohne Post aus der Heimat fehlte etwas, woran man sich festhalten konnte. Man war deprimiert. So schrieb ich fünf Tage später (am 22. Januar 1944) einen Brief, der mit der erneuten Erwähnung seit dem 12. Dezember 1943 (und damit auch zu Weihnachten) auf Post zu warten, recht enttäuscht klang.

RÜCKZUG AUS DEM RAUM NIKOPOL

Der Brückenkopf Nikopol wurde von unserer Division wie eine Feuerwehr, die überall eingreifen mußte, wo es brannte, mit großem Einsatz verteidigt, so daß den Russen kein Einbruch gelang. Plötzlich aber mußten wir am 23. Januar 1944 den Brückenkopf Nikopol verlassen. Die Truppe überquerte den Dnjepr und verlud ihre Panzer auf die Eisenbahn, um dann zwei Tage lang Richtung Uman zu fahren. Der plötzliche Abzug von Nikopol geschah in der Absicht, einen von den Russen gebildeten Kessel bei Tscherkassy[3] zu öffnen. Wir verluden die Panzer schnell auf die Bahn, aber der Russe folgte ebenfalls sehr schnell.

---

3 Stahlberg, ehemaliger Ordonnanzoffizier des Befehlshabers der Heeresgruppe Süd. Generalfeldmarschall v. Manstein, berichtet über diese Tage, daß es den Russen nach ihrer erfolgreichen Offensive über den Dnjepr gelungen war, westlich von Tscherkassy zwei Armee-Korps, das 42. und das 1., zu umzingeln. Nach einer Lagebesprechung bei Hitler sandte v. Manstein am 28.01.44 folgenden Funkspruch an die Heeresgruppe Süd: 1. Panzer-Armee: Angriff III. Panzer-Korps und XXXXVI. Panzer-Korps mit allen Mitteln fortsetzen, um nach Erledigung dortiger Feindkräfte mit III. Panzer-Korps und Leibstandarte SS A.H. nach Nordosten in den Rücken der bei VII. A. K. angreifenden Feindkräfte zu gehen. Bei VII. A.K. Lage hinhalten, möglichst unter Beibehalt derzeitiger Stellung Korps-Abteilung D, bis heranzuziehende 24. Panzer-Division oder durch sie bei 8. Armee freigemachte Kräfte etwa durchgebrochenen Feind auffangen können.

MIT DEM SCHADPANZER
AN DER ROLLBAHN

Von der Bahn abgeladen, zog bei der Fahrt auf der Straße (3. Februar 1944) unser Panzer mit einem singenden Geräusch plötzlich zur Seite; wir wußten sofort, daß ein Schaden des Seitengetriebes vorliegen mußte. Manövrierunfähig standen wir zwei Tage auf der Straße, bis uns schließlich ein vorbeikommender Panzer half und uns in das nächste Dorf in der Nähe von Tischkowka schleppte, wo wir den Panzer zwischen zwei Häusern abstellten. Da wir nichts zu essen hatten, machten wir uns zuerst über unsere Panzersonderverpflegung her, auf die man ausschließlich im Notfall zurückgreifen durfte. Diese Verpflegung war für drei Tage bestimmt und bestand aus einer Büchse Schweinefleisch, Dörrgemüse, Schmalz, Dauerbrot, Schoko-Cola (Schokolade mit Koffein) und einem 100 g-Würfel, gepreßt aus 60% Bohnenkaffee und 40% Zucker, sowie einem Marschgetränk. Für den Landser ein fabelhaftes Essen.

Da das Essen in all den Kriegsjahren eine dominierende Rolle spielte, erinnere ich mich noch sehr gut an Geschichten, die unter Soldaten über die Verpflegung des Generalfeldmarschalls v. Manstein im Umlauf waren: »Bei Manstein gibt es nur Butter, wenn aber der Führer zu Besuch kommt, wird Margarine aufgetischt.«

Da mag etwas dran gewesen sein, im gewissen Sinn durch G. Naumann bestätigt, der im Rang eines Majors Verbindungsoffizier bei v. Manstein war und über die Verpflegung in diesem Hauptquartier berichtete. Da fragte ein Oberst den Major: »Haben Sie einen Mann hier, der mal ins Kasino runtergehen kann?« »Aber gewiß« »Lassen Sie mal eine Flasche Schampus raufholen, mir ist danach, weiß Gott!« Und zum Mittagessen im Oberbefehlshaber-Kasino servierten Ordonnanzen das Essen wie in einem erstklassigen Restaurant, beginnend mit Suppe, Hauptgang, dann Dessert und zum Nachtisch reichten die Ordonnanzen mit silbernen Haltern Cognac sowie reichlich Tabakwaren. Besonders bemerkenswert ist das Geschenk von Feldmarschall Rundstedt aus Frankreich, das er Manstein in Form einiger Kistchen Austern auf Eis eben mal rüberschickte. Manstein bedankte sich dann postwendend mit einem Fäßchen Kaviar und Cognac. Der Transport erfolgte mit einem Flugzeug über eine Flugstrecke von »nur« 3500 km (G. Naumann).

Nach einer ersten Ruhe zogen wir für den Verpflegungsnachschub los. Der Kommandant und die Besatzung 1244 fuhren per Anhalter in den nächsten Ort Novo Archangelsk. Bei einer Wehrmachtsverpflegungsstelle, wie sie in jeder größeren Stadt vorhanden war, erhielten wir unsere Marschverpflegung. Zu unserer Freude fanden wir auch dort wieder ein Soldatenheim mit Schwestern. Schwestern fand man in solchen Situationen als weibliche Wesen immer hübsch, reizvoll und anziehend. Ein wenig knisterten erotische Gefühle. Aber das Zusammensein war viel zu kurz, und ohne Liebe war für den jungen unerfahrenen Landser Sex nicht denkbar. Unser Quartier lag zwar in einer Entfernung von ca. 20 km relativ weit von diesem Ort entfernt, aber auf der Rollbahn herrschte stets ein starker Verkehr, und so fuhren wir regelmäßig per Anhalter mit einem Pkw oder Lkw oder auch mit einem Motorrad zum Soldatenheim und abends wieder zurück.

Fast vier Wochen gingen wir ein und aus. Dann konnte ich vor dem Soldatenheim den Oberbefehlshaber der 8. Armee, General Wöhler, fotografieren, dem das Soldatenheim besonders gefiel, und der genauso wie wir Landser ebenfalls häufig dort Gast war. Uns Panzermänner fragte er nach unserem Truppenteil: »Wir sind Angehörige der 24. Pz.-Div.« »Eine sehr tüchtige, kampfstarke Truppe«, war seine Reaktion, und dann unterhielt er sich sehr freundlich mit uns. Welch ein Gegensatz zu Schörner! Der hätte uns sofort zur Infanterie befohlen. Ich wunderte mich allerdings, einen kommandierenden General zu einem Zeitpunkt in einem Soldatenheim zu sehen, als es galt, die schwerste Krise im Bereich der Heeresgruppe Süd, die sich in und hinter der Front der 8. Armee entwickelt hatte, zu meistern. Bis dahin dachte ich, ein kommandierender General ist in einer solch entscheidenden Situation ununterbrochen im Kampfgebiet (Nach dem Krieg wurde General Wöhler zu acht Jahren Gefängnis verurteilt).

Mittlerweile begann es wieder zu schneien, und nicht nur unser Panzer war eingeschneit, sondern auch ein Haufen gebrauchten Strohs (wir schliefen wieder auf dem Fußboden), das wir beim Wechseln gegen neues am Vortag vor das Haus geworfen hatten. Ich vermißte plötzlich meinen Fotoapparat, den ich immer um den Hals trug und nur zum Schlafen ablegte. Die ganze Besatzung suchte mit, fand ihn aber nicht. Wir fragten drei Russen, die in einem Nebenraum wohnten und dort zusammenhockten. Nichts! Kurze Zeit später aber kam ein Russe zur Tür hinein und hielt meinen Fotoapparat in der Hand. Ohne Aufforderung war er vor das Haus gegangen, um den Fotoapparat zu suchen; beim Durchwühlen des Strohhaufens unter dem Schnee hatte er ihn dann gefunden. Überglücklich gab ich ihm ein paar Päckchen Tabak für seine Hilfe.

Fernab von unserer Truppe erreichte uns der Wehrmachtsbericht vom 22. Februar 1944. Ergänzend war darin vermerkt, daß sich die 24. Panzerdivision besonders bewährt habe. Wieso bewährt? Infolge eines idiotischen Befehls hatte die 24. Panzerdivision gerade drei russische Panzer abgeschossen, um dann wieder dahin zurückzukehren, wo sie hergekommen war. Dabei war sie im Schlamm steckengeblieben, so daß Troß und Fahrzeuge verlorengingen. Hier erfuhr ich aus eigenem Erleben – wie auch später noch einmal beim Einsatz in Polen – ein Auseinanderklaffen von solchen Berichten und der Wirklichkeit.

Anfang März 1944 zogen die Schwestern aus dem Soldatenheim Novo Archangelsk ab, und so wußten wir um den bevorstehenden Rückzug. Die schlammbedeckte Rollbahn füllte sich mit zurückfahrenden Fahrzeugen und mit Massen zurückziehender Soldaten und Hilfstruppen.

Unser Kommandant schickte mich mit zwei Besatzungsmitgliedern ebenfalls auf die Reise. Er selbst blieb mit dem Fahrer zurück, um den Panzer später zu sprengen. Der Name dieses in der Stille wirkenden Kommandanten, der ein ungewöhnlich guter und menschlicher Vorgesetzter war, sei hier genannt: Wir nannten ihn Rudi, mit Nachnamen hieß er Lotze. Von Beruf Bäcker, stammte er aus Lauenburg. Für uns gab es keinen besseren Kommandanten, und zwar nicht wegen kriegerischer Heldentaten, sondern weil er wußte, daß die Besatzung aus Jugendlichen, die fast noch Kinder waren, und nicht aus Männern zusammengewürfelt war und weil er danach handelte. Er war ein rechtschaffener Mann. Für uns war er ein Held. Immer dachte er zuerst an uns, danach an den Panzer, der ja auch unser Schicksal war oder sein konnte, und zuletzt an sich selbst. Im Angriff führte er den Panzer umsichtig und zurückhaltend, aber auch mutig und beherzt, wenn es die Situation erforderte. Nach dem Angriff war er als erster und noch als letzter dabei, wenn aufgetankt oder Munition oder Verpflegung geschleppt wurde. Seine jungen Besatzungssoldaten schickte er, wann es immer möglich war, zum Ausspannen und Schlafen ins Quartier.

Ganz ohne Aufhebens führte er seine sehr hilfreiche Erfindung (von ihm selbst?) zuerst bei unserem Panzer ein, die uns viel lästige Arbeit abnahm.

Sie betraf einen schwachen Punkt der Panzerketten. Die Panzerketten wurden mit fast 200 Bolzen zusammengehalten, die zwischen den Kettengliedern steckten. An der Außenseite waren sie durch S-förmige Splinte gesichert. Beim Fahren brachen unentwegt diese Splinte ab, und jetzt konnte sich der Bolzen nach innen schieben, bis er, von der Panzerwanne getroffen, abbrach. Der Rest der Bolzen hätte dann jederzeit herausrutschen und die Kette auseinanderfallen können. Durch eine solche folgenschwere Panne wäre der Panzer kampfunfähig liegengeblieben. Bei jedem Halt mußte deswegen die Besatzung als erstes die Ketten untersuchen. Fehlten Splinte, so steckte man neue in die betreffenden querverlaufenden Löcher der Bolzen und schlug mit einem Hammer das durchgesteckte Ende des Splintes um. Lotze ließ eine Metallplatte in Form einer schiefen Ebene anfertigen und am rückwärtigen Ende des Kettenlaufes an der Wanne anschweißen. Ohne Splinte lief jetzt die Kette sicher. Schob sich ein Bolzen nach innen, so lief er auf der schiefen Ebene auf, die ihn wieder nach außen drückte.

Später sah ich diese Vorrichtung am russischen Panzer T 34. Dieser famose Wachtmeister ist bei den schweren Kämpfen, die die 24. Pz.-Div. bei Jassy durchmachen mußte, gefallen, nachdem sein Panzer von schweren Pak-Geschossen getroffen worden war. Dabei hätte er in die Etappe zurück gekonnt. Während eines kurzen Haltes sprach ich noch in einer Hinterhangstellung mit ihm. Vor einem kurzen Augenblick hatten ihn mehrere Splitter im Gesicht getroffen. Er bagatellisierte jedoch die Splitterverletzungen und fuhr wieder nach vorne in Richtung der weißen Ruine Stanka. Bei dieser letzten Fahrt war er nicht mehr mein Kommandant, vielmehr befehligte meinen Panzer wieder ein Offizier, der in derselben Stunde aus- und umsteigen mußte, weil wieder einmal der Panzermotor versagte. Auch dieser Offizier fiel kurz darauf, während mein Panzer einen halben Tag, auf einen Austauschmotor wartend, hinter der Front stand.

Zurück aber zum Abmarsch vom kampfunfähig liegengebliebenen Panzer 1244. Wir gelangten mühsam über die verstopfte Rollbahn zuerst zu Fuß und dann per Anhalter zu einer Frontleitstelle (Golta) in Perwomajsk am Bug. Von dort schickte man uns weiter mit der Bahn in Richtung Odessa.

In einem total überfüllten Zug ging diese Reise insgesamt 54

Stunden – oft stehenderweise – bis Odessa. Ich hatte oft genug deutsche Truppen beim Rückzug gesehen und wunderte mich beim Anblick des Bug, warum man nicht an diesem breiten Fluß, wenn schon nicht eine Art Westwall, so doch wenigstens irgendeine ausgebaute Verteidigungslinie eingerichtet hatte. Die deutschen Soldaten hatten sich zwar überall in ungezählten Abwehrschlachten hervorragend und verlustreich geschlagen, aber es ging zurück und zurück. Am 19. März 1944 traf der Rest der Besatzung von 1244 in Odessa ein. Bis zu diesem Zeitpunkt hatte mein Regiment und meine Division in allen bisherigen Kampftagen, die ich miterlebte, stets die Initiative ergriffen und behalten. Ich war mit dem 24. Pz.-Rgt. immer nach vorne gefahren. Jetzt sah man überdeutlich, daß es zurück und nur noch zurück ging. Ich war zum ersten Mal auf der Flucht, und dies war ein demoralisierendes Erlebnis. Bedrückt schilderte ich in einem Brief an meine Mutter, daß ich, obwohl doch Soldat bei einer besonders kampfstarken Division, ein paar Tage gewissermaßen auf der Flucht gewesen wäre.

In Güldendorf bei Odessa, einem ehemaligen volksdeutschen Dorf, dessen Bewohner evakuiert waren, trafen wir am 21. März 1944 unsere Kameraden von der 12. Schwadron, die etwas verlottert und ohne Panzer, ziemlich trostlos wirkend, zu einem Appell angetreten waren. Bei einem Einsatz wieder in Richtung Nikopol waren auch die letzten Panzer verlorengegangen bzw. mußten gesprengt werden. In dieser Zeit des Wartens – auf was, wußten wir nicht – sollte es Gewehre für die Infanterie (Briefzitat: »Das wäre die tollste Scheiße«) oder wieder Panzer sein? – besannen sich die Offiziere auf ihre Kavallerietradition und ritten auf Pferden umher. Drei Soldaten durften auf Urlaub fahren, und ich war dabei! Es sollte wieder eine lange Reise werden.

EINE URLAUBSREISE

Den Urlaubsschein in der Tasche und eine Bescheinigung von meinem Schwadronchef, daß ich als Soldat im Fronteinsatz Anspruch auf besondere Verpflegung, d.h. Schwerarbeiterzulage und wöchentlich zwei Eier hätte, ging ich auf den Flugplatz von Odessa, wo ein reger Flugbetrieb herrschte. Täglich landeten Flugzeuge mit Nachschub, die beim Rückflug meist Verwundete mitnahmen. Nach längerem Warten flog auch tatsächlich eine große viermotorige Ju 90 ein. Nach der Landung ging sofort das Bodenpersonal an die Arbeit und brachte helle Holzkisten aus dem Rumpf zum Vorschein, die Ersatzmotoren enthielten. Ich schlich mich inzwischen in eine Gruppe transportfähiger Verwundeter. Man stellte im Flugzug zwar kurz vor dem Start fest, daß ich unter den Verwundeten der einzige Gesunde war, ließ mich aber mitfliegen bis Mühldorf bei München.

Bei einer Zwischenlandung in Bukarest ging es erst einmal zur Läusekontrolle. Herunter mit der Hose, und nach einer Untersuchung durch einen Sanitäter konnte ich passieren, obwohl noch ein paar Läuse in meinem Unterhemd krabbelten. Mit dem Zug fuhr ich als letztem Teil der Reise dann nach Freiburg. Nach 23 Monaten zum ersten Mal wieder Heimaturlaub.

In Freiburg verwöhnte mich meine Mutter. Ich konnte ausschlafen, von keinem Kommando- oder Schlachtenlärm geweckt. Das Beste was die Küche – vor allem durch aufgesparte Lebensmittel und Lebensmittelkarten angereichert – zu bieten hatte, kam auf den Teller. Umsorgt und nicht angeschissen, fühlte ich ein wenig von der Freiheit; so sollte das Leben weitergehen, ohne Rückkehr zum Kriegsgeschehen. Die Angst sterben zu müssen war kurzzeitig verdrängt, wurde aber von einer anderen abgelöst, der Angst der Bespitzelung. In unserem Haus wohnte eine 100 % linientreue Frauenschaftsführerin mit langen spitzen Ohren. Da lernte man schnell zu flüstern und auch nur unter allergrößter Vorsicht den Feindsender am Radio einzuschalten.

Ich ging viel ins Kino und hörte mit Genuß wieder Schallplatten. Die Tage verrannen schnell, und je mehr sich der Urlaub dem Ende näherte, desto mehr wurden die Tage überschattet von der baldigen Rückkehr an die Front. Ich zweifelte an einer gesunden Rückkehr aus dem Krieg und dachte jetzt besonders bedrückt daran, vielleicht zum letzten Mal die heimatliche Umgebung zu erleben. Nach dem tränenreichen Abschied ging ich allein zum Bahnhof. Meine Mutter und ich wollten nicht auf einem Bahnsteig Abschied nehmen. Eine weinende Mutter mit ihrem Sohn als heulender Frontsoldat vor fremden Menschen oder vielleicht vor einem Parteigenossen der Heimat mit erhabener Miene, wollten wir uns ersparen.

Die Rückfahrt zur Truppe endete am ersten Tag in München und am zweiten Tag in Wien, wo man einen Transport nach Rumänien zusammenstellen wollte. Es tat sich zunächst aber nichts, und auch am fünften Tag geschah nichts, worauf die Soldaten nach der Information durch einen Transportoffizier, daß es immer noch keinen Zug gäbe, erneut mit lautem Gebrüll in die Stadt Wien stürmten.

Schließlich fuhr am 27. April 1944 ein Zug nach Budapest. In weiteren Etappen, wobei die Karpaten über Klausenburg mit insgesamt vier Lokomotiven – zwei an der Spitze und zwei in der Mitte des Zuges – erklommen wurden, lief der Zug in Ploesti ein, um aber sofort wieder weiterzufahren. Warum der Zug durch den Bahnhof durchfuhr, wurde mir beim nächsten Halt auf freier Strecke bewußt. Während ich in der Sonne auf einer Wiese lag, konnte ich zahlreiche Flugzeuge beobachten, die diese wichtige Stadt der Ölfelder pausenlos bombardierten. Schwarze Rauchwolken standen noch über Ploesti als der Zug nach Bukarest weiterfuhr.

Am 5. Mai 1944 war ich dann in Bukarest und meldete mich auf einer Frontleitstelle. Derartige Frontleitstellen gab es an allen größeren Bahnhöfen. Dort erfuhr der suchende Soldat, wo seine Truppe gerade stationiert war und wie er zu ihr finden konnte. Am nächsten Tag fuhr ich mit einem Personenzug – jetzt als Einzelreisender fast wie im Frieden – wieder nach Ploesti zurück, denn die Fahrt sollte nach Bacau gehen. In einem 4. Klasse-Abteil saß ich mit Bauern, Zivilisten und rumänischen Soldaten zusammen. Ein entsetzlicher Knoblauchgestank machte die Eisenbahnfahrt durch eine Gegend ohne Krieg zur Qual. Der Zug fuhr im Bummeltempo von Station zu Station, über Mizil, Buzau, Rimnicu-Sarat, Focsani, und bei jedem Halt verließ ich sofort den Zug und legte mich in die nächste Wiese. In Marasesti stand ich am 6. Mai 1944 wieder vor einem bereits bekannten Bild: Die gesamten Wände des kleinen Bahnhofs waren mit neuen, aber im Tenor alt- und wohlbekannten Urteilen des General Schörner tapeziert. Ich wußte wieder, wo ich war. Bei längeren Aufenthalten auf den Bahnhöfen sah ich überall die recht ärmlich gekleidete rumänische Bevölkerung, so daß das Hinweisschild »Soldaten, auf Plündern steht Todesstrafe« wohl zu Schörner, aber weniger zu den Realitäten paßte. Was sollte man dort plündern? Allerdings erkannte ich bei einzelnen Rumänen an ihren grauen Wehrmachtssocken mit weißen Streifen oder an Uniformteilen, daß sie mit Soldaten gehandelt bzw. getauscht hatten.

Nach einer unglaublich langen Reise, die insgesamt 25 Tage dauerte, erreichte ich mit dem Zug über Adjut, Bacau und Roman und weiter per Anhalter mit einem Lkw am 12. Mai 1944 meine Truppe. Erstaunlicherweise erwartete mich dort bereits ein Luftpostbrief, den meine Mutter nach meiner Abreise geschrieben hatte!

Mitten im Leben sind wir mit dem Tod umfangen.
(Luther, nach dem alten Kirchenlied:
Media vita in morte sumus).

DIE SCHWERSTE ZEIT: ANGRIFFSKÄMPFE BEI JASSY

Während meiner Urlaubsreise bekam die Division neue Fahrzeuge zugeteilt. Die 12. Schwadron war in einem Kampfgebiet zwischen Pruth und Jassy eingesetzt, nachdem der Russe nördlich von Jassy vorgestoßen war. Gleich beim Troß traf ich auf einen reparierten Panzer und stieg sofort ein. Wieder bei der 12. Schwadron, begannen nun schlimme Tage, wo aus deutscher, wie auch aus russischer Sicht stets der Sensenmann im Panzer mitfuhr. Nach der langen Zeit des Zusammenseins kannte man sich natürlich ganz genau; man war mit dem einen mehr und dem anderen weniger befreundet. Am Abend meines ersten Angriffs in diesem Kampfgebiet hörte ich vom Tod eines Funkerkollegen, mit dem ich oft zusammen gewesen war. Ein Durchschuß durch das »Unterhaus« des Panzers hatte gleichzeitig Funker und Fahrer tödlich getroffen. Und dann ging es Schlag auf Schlag, wie bei der Geschichte der zehn kleinen Negerlein, jetzt aber in brutaler Realität. Am nächsten Abend saßen noch sechs oder sieben Panzersoldaten um einen Tisch. 24 Stunden später waren fünf davon gefallen, von einer Besatzung allein vier Soldaten. An einem Tag waren am Morgen noch 17 Panzer und am Abend nur noch sechs von 22 Panzern einsatzbereit. So konnte man sich ausrechnen »wann die Stunde schlagen« würde.

Am Abend spielten viele Soldaten in ihren Quartieren das Kartenspiel 17 und 4. Da man mit der Löhnung, die in Kreditgeld (eine Art Besatzungsgeld, das für die Bevölkerung und im

Reich verboten war) ausgezahlt wurde, nichts anzufangen wußte, stiegen die Geldeinsätze in ganz ungewöhnliche Höhen.
Eines Abends lagen weit mehr als 10.000 RM in Kreditgeld-
scheinen auf dem Tisch. Ein noch sehr junger Soldat, der erst
ein paar Tage bei der Schwadron war, gewann mit einer richtigen Karte den ganzen Geldhaufen und stopfte sofort die vielen Scheine in seine Tasche. Aber er hatte zum letzten Mal in
seinem Leben gewonnen. Als man ihn zurückbrachte, ragten
aus seinen vollgestopften und ausgebeulten Taschen noch die
Geldscheine heraus.

Das Kampfgelände von Jassy galt als Malariagebiet, und pro-
phylaktisch mußten wir täglich Atebrintabletten schlucken.
Im Kampfgebiet selbst herrschten während der Angriffstage
hochsommerliche Temperaturen. Die Hitze war oft unerträglich. Wir schwitzten und hatten unentwegt Durst. Die Sonne
heizte dabei die Panzerplatten wie einen Herd auf, und die
Erzählungen, man könne sogar ein Spiegelei darauf braten,
waren durchaus realistisch. Nur besaßen wir leider keine Eier,
dafür plagte uns immer wieder der furchtbare Durst. Die zwei
Feldflaschen, die am Morgen mit Kaffee (ohne Milch) gefüllt
wurden, waren schnell ausgetrunken. Wir besaßen noch einen
italienischen Beutekanister, der mit 10 l Wasser gefüllt war,
auch er war schnell ausgetrunken. Am Mittag fragten wech-
selseitig die Besatzungsmitglieder. »Gibt es denn nicht noch
irgend etwas Trinkbares?« Ein 20 l Benzinkanister, mehrmals
mit Wasser gespült und danach mit Wasser gefüllt, lag während der ganzen Zeit bei großer Hitze auf unserem Panzer. Er
wurde unsere allerletzte Trinkreserve. In der Not tranken wir
auch dieses Wasser, brühwarm und mit dem Geschmack nach
Benzin. Es sei noch erwähnt, daß die kämpfende Truppe während der Angriffstage wesentlich bessere Verpflegung erhielt.
Zusätzlich wurden diese Tage mit Bohnenkaffee und einem
kleinen Päckchen für Frontkämpfer (mit Schoko-Kola) »ver-
süßt«. Eine große Bedeutung hatten Zigaretten (hergestellt von

den Firmen Reemtsma, Austria u.a.). Vor allen Dingen auch im Einsatz wurden Zigaretten mit jeder Verpflegung verteilt. Fast jeder Soldat rauchte, und nicht wenige waren geradezu nikotinsüchtig. Sie rauchten nicht nur in den Pausen, sondern auch während eines Angriffs; sie brauchten eine Art Nikotinrausch, um »tapfer« sein zu können.

An einem der folgenden Abende informierte uns unser Schwadronchef über einen Großangriff für den nächsten Tag (Unternehmen Sonja 30. Mai 1944): »Zuerst wird die Artillerie schießen, dann kommt die Luftwaffe mit ME 109, Stukas (von Rudels Geschwader), die das Gelände für unseren Panzerangriff vorbereiten und uns unterstützen werden. Und dann fährt die 12. los, und nichts mehr wird uns aufhalten, bis an den Pruth vorzustoßen.« Wir legten uns für die Nacht auf unsere Decken neben dem Panzer, als uns aus dem tiefen Schlaf ein Feuerinferno blitzartig aufweckte. Wir hatten übersehen, daß unmittelbar neben unserem Panzer ein Nebelwerfer Stellung bezogen hatte, der jetzt mit gewaltigem Feuerstrahl und fürchterlichem, langgezogenem Abschußknall mitten in der Nacht seine Raketen abschoß.

Ein gutes oder schlechtes Vorzeichen? Am Morgen um vier Uhr schoß – wie erwartet – die Artillerie schweres Feuer, und die deutschen Flugzeuge kamen zu unserer Unterstützung. Wir standen im Hinterhang und warteten mit den Grenadieren, die neben uns in Gräben standen. Dann verschwanden sie in den Gräben, und wir begannen den Angriff nach dem Befehl »Panzer marsch!« Bereits nach kurzer Fahrt jedoch stockte alles, weil sich um unsere Panzerketten Draht gewickelt und derart verknäult hatte, daß die Panzer nicht mehr richtig liefen. Wir mußten wieder heraus, um den Draht von den Ketten zu entfernen. Bis wir die Ketten mit nur einer Drahtschere wieder frei hatten, war wertvolle Zeit verlorengegangen, und da das Gelände auch noch vermint war, konnte von einem zügigen Fortkommen jetzt keine Rede mehr sein. Gegenüber erstreck-

111

te sich eine leichte Anhöhe. Die Russe konnte aus einer erhöhten Position schießen, er schoß aus allen »Knopflöchern« auf uns Angreifer. Wir schossen zwar zurück, sahen aber die russischen Soldaten nicht, und so konnten wir nur auf aufblitzendes Mündungsfeuer zielen. Wir kamen nicht weiter, sondern blieben in einer sehr ungünstigen Position stehen. Dann schlugen die russischen Granaten immer dichter bei uns ein.

Mein Panzer erhielt zwei Pak-Treffer in eine Laufrolle unterhalb der Wanne. Der Russe hatte zu unserem Glück nicht sehr gut getroffen. 80 m schräg vor uns sahen wir dann einen getroffenen Panzer der 12. Schwadron. Auf ihm lag ein Besatzungsmitglied, halbnackt in völlig zerfetzter Uniform, mit blutendem Oberschenkel, getroffen von einem Explosivgeschoß. Mit entsetzlichen Schmerzen schrie und wimmerte er. Sein Bein war an der Rückseite des Durchschusses durch die explosive Wirkung dieses mörderischen Geschosses blumenkohlartig auseinandergequollen. Ich sprang aus unserem Panzer, um diesen verwundeten Kameraden zu holen, und zusammen mit einem Besatzungsmitglied des getroffenen Panzers trug ich den Verwundeten zurück und legte ihn auf eine Decke auf unseren Panzer. Trotz der Unterlage spürte er die kochendheiße Panzerplatte und schrie jetzt erneut auf. Wo aber hätten wir ihn hinlegen sollen? Mit dem abwechselnd schreienden und dann wieder wimmernden Soldaten auf unserem Panzer fuhren wir jetzt bei einer Gluthitze möglichst schnell in eine Hinterhangstellung zurück. Durch Funk gerufen, eilte unser Arzt in seinem Spezialpanzer herbei und untersuchte den Verletzten, gab ihm aber keine Chance mehr. Gleichzeitig kam ein anderer Panzer mit einem Schwerverwundeten zurückgefahren, auch er getroffen, ja abgeknallt von einem Gegner, den wir in diesem Gefecht gar nicht sahen. Sein Rücken zeigte ein großes Loch. Eine Granate hatte ihm ein großes Stück Fleisch, etwa so groß wie zwei nebeneinandergelegte Hände, herausgerissen. In seinem grüngelben bleichen Gesicht lag die unendliche Qual des Todes auf

Teilansicht der Dachsbergkaserne in Sagan: Auf dem Rondell der heute von der polnischen Armee genutzten Kaserne steht jetzt als einzige Veränderung ein T 34 als Denkmal. Der Adler mit dem Hakenkreuz über der Eingangstür ist natürlich auch entfernt.

Die Brücke zur Freiheit: Sagan mit Boberbrücke. Die Brücke wurde 1945 zerstört.

Wachtmeister mit Orden.

Traditionsregimenter des Reiter-Rgt. 2, Angerburg/Ostpreußen, späteres Panzer-Rgt. 24

Mit dem Schulfranzösisch ein Flirt: Verkäuferin in einem Samenge-
schäft in Brionne.

Besetztes Paris: Deutsche Soldaten am Triumphbogen (1943). Nicht
ohne Erregung schauten wir uns das Grabmal des unbekannten Soldaten an, mit der berühmten Inschrift: »Ici repose un Soldat Français mort
pour la Patrie«.

Ausgang nach Magdeburg: 1943 herrscht noch friedensmäßiger Betrieb in der Stadt.

Heynco trägt am Ringfinger der rechten Hand einen kleinen Verlobungsring mit einem kleinen Diamanten und zwei kleinen Saphiren,
den später, nach seiner Verwundung, ein weiblicher russischer Offizier
neben seinem Zigarettenetui im Lazarett entwendet hat.

Kontakt zur Heimat als wichtigste Freizeitbeschäftigung: Armin Böttger beim Briefeschreiben mit Federhalter und blauer Tinte.

Bordhund Tapsi: Unser kleiner Beutehund steht keß auf dem Turm von 1241.

In den Straßen von Bologna: An einem Feldgendarm vorbei zum Übungsschießen in die Berge. Im Vordergrund eine deutsche leichte Feldhaubitze 18/40.

Heckseite des Chefbegleitpanzers 1252: Der Panzermann hinter dem Panzer in Afrika-Uniform mit kurzen Hosen und Schnürschuhen.

Wohin? An einer Straßenkreuzung ohne Wegweiser bei Bologna unterhalten sich etwas ratlos zwei Panzermänner.

Auf der Straße von Bologna nach Bazzano: Ein ziviler Fiat-Pkw mit weißen Streifen (Verdunkelung!) fährt der Schwadron entgegen.

Panzer IV (Ausf. G) ohne Schürze: Am Bugpanzer sind zusätzliche Kettenglieder befestigt. An der Stirnwand links die Kugelblende mit MG 34 des Funkers. Die Lampen auf den Abdeckblechen haben Schlitzblenden.

Leutnant S. vor der 12. Schwadron: Funker B. hat bei der Instruktion anläßlich eines Übungsschießens bei Bologna auf den Auslöser gedrückt. Im Hintergrund die Wachtmeister der 12.

Pz.-Rgt. 24 auf Geländefahrt: Sturmgeschütz 943 der 9. Schwadron Pz.-Rgt. 24 mit Tarnnetzen in Italien.

Funkerseite des Panzer IV: MG- und Kugelblende, daneben die Fahrgestellnummer und die geöffnete Fahrerluke, darüber die Kanone und das MG im Turm.

Machtdemonstration: Pz.-Rgt. 24 in den Straßen von Bologna (1943).
Kommandant trägt Afrika-Uniform.

Konsequenzen der Kapitulation der Badoglio-Regierung: Die 12.
Schwadron fährt von Bologna über das Apenningebirge in den Raum
Florenz-Prato-Pisa-Livorno.

Auf der Suche nach italienischen Badoglio-Soldaten: Die 12. Schwadron Pz.-Rgt. 24 auf der Fahrt zum Apenningebirge.

Doppeltes Auftanken: Zum Auftanken sind zwei Panzerschürzen abgenommen und ein 20 l-Kanister zwischen Kette und Metallgestell geklemmt. Das Benzin läuft über einen Einfallstutzen in den Tank. Gleichzeitig füllt der Unteroffizier – ein grüner Streifen am Hemd der Afrikauniform – sein Feuerzeug mit Benzin.

Richtschütze und Kommandant von 1241 in Tropenuniform: Gefr. Bär und Lt. Schmidt (gefallen als Oberleutnant am 30. Mai 1944).

Noch ist der Krieg weit weg: Strandpromenade in Viareggio.

Eine heiße Freizeitbeschäftigung: Am leeren Strand von Viareggio ein letzter Flirt vor dem Einsatz in Rußland.

Uffz. Graf Posadowski am Strand von Viareggio 1943 – Deutlich ist die Pistolentasche zu erkennen.

Eine Art Demonstration der Männlichkeit: Der noch so junge Obergefreite trinkt aus einer Flasche Marsala.

Auf der Fahrt nach Rußland: Durchfahrt durch Wien, im Hintergrund das Riesenrad. Auf dem Abdeckblech ist das Divisionszeichen zu erkennen. Der Panzer ist mit Tarnnetzen bedeckt.

Dampflokomotiven für den Transport nach Rußland: Deutsche Kriegslok 527066 bei einer Fahrt durch Österreich.

Während eines Panzertransportes von Italien nach Rußland. Panzer IV und Troßfahrzeuge. An den Panzer sind Tarnnetze aufgehängt.

dem Schlachtfeld. Er war ein sehr lustiger Junge gewesen, manchmal auch ein Rabauke. Jetzt aber wimmerte er nur noch: »Mutter hilf, Mutter hilf mir doch.« Der Arzt sah ihn sich an und wußte, daß auch er in Kürze sterben würde.

Ihnen fehlte jetzt in der Stunde des Sterbens Trost. Aber von wem? Zuerst hätten wir Panzersoldaten, während wir um die Sterbenden und den Arzt standen, beruhigend mit ihnen sprechen können. Bereits ein tröstendes Wort hätte Angst und Entsetzen vor dem Sterbenmüssen lindern können. Mit Körperkontakt, jedes Sterbenden Hand haltend, hätten wir sie beruhigen, ja aufmuntern können, daß alles nicht so schlimm ist, daß es weitergeht, um so den Schmerz zu dämpfen und die Stunde des Sterbens zu verdrängen. Wir jedoch standen, vom Tode umgeben, unfähig daneben. Vielleicht hätte ein Feldgeistlicher tröstend zusprechen können. Er war nicht da. Gab es ihn denn überhaupt in unserer Einheit? Die älteren Kameraden erzählten zwar von einem eindrucksvollen Gottesdienst bei Gomel 1941. Ich selbst habe während meiner Einsätze keinen Geistlichen gesehen. Hätten Pfarrer meiner evangelischen Kirche, die in den Gottesdiensten während meiner Schulzeit und vor allem im Konfirmandenunterricht stets und zuerst davon sprachen, daß wir im Tode seien, und unentwegt von Sterben, von der Auferstehung und vom ewigen Leben predigten, Trost spenden können?

Daß mein Panzer sich bei der schnellen Rückfahrt wieder einmal einen Motorschaden geholt hatte, worauf der Kommandant ausgestiegen und kurz darauf fiel, habe ich bereits ebenso erzählt, wie auch die Abfahrt von Rudi Lotze und seinem Panzer zur Kampflinie in Richtung der weißen Schloßruine Stanka, wo auch er fiel. Immer, wenn ich an diese Erlebnisse zurückdenke, steht das Grauen dieses schrecklichen Krieges vor meinen Augen.

Vor einem anderen Angriff am 2. Juni 1944 hörte ich über Funk einen Hilferuf nach dem Arzt für unseren ehemaligen

Schwadronchef, der mittlerweile zum Regimentsadjutanten aufgerückt war. Während er auf seinem Panzer saß und einen gerade angekommenen Brief seiner Frau las, explodierte in seiner Nähe eine Granate. Ein kleiner Splitter drang durch das Auge in das Gehirn und genügte zum (Helden)-Tod! Er hatte kurz zuvor noch die Ehrenblattspange zum Eisernen Kreuz erhalten, einen neu geschaffenen Orden vor dem Ritterkreuz, das er sicher verdient hätte. Bei der Ordensverleihung gebrauchte der Regimentskommandeur die bekannte Formulierung: »Diese Auszeichnung wird Ihnen auch für die Verdienste der von Ihnen befehligten Einheit – das waren wir alle von der 12. Schwadron – verliehen«. Nach der Ordensverleihung versammelte sich die Schwadron zum letzten Mal um diesen vorzüglichen Soldaten zu einem kleinen Fest in einem Obstgarten. Die strenge, aber gute Panzerausbildung wurde bereits erwähnt. Im Kampf war er ein erstklassiger Chef, der die Panzer seiner Schwadron sehr umsichtig führte: »1232 passen Sie auf, zwei Uhr steht eine russische Pak. 1224 fahren Sie weiter nach links, dort ist das Gelände besser«.

Ein weiteres Ereignis in meiner militärischen »Karriere« fand wenig später am 30. Juni 1944 statt. In einer Ruhepause bei einem Schwadronsfest lagerte die Truppe im Gras, davor standen ein Unteroffizier, ein weiterer Landser und ich. Jeder der Truppe hielt ein Gefäß oder ein Kochgeschirr in der Hand, gefüllt mit 38prozentigem Nordhäuser Schnaps. Uns dreien gab man zuerst eine Knoblauchzwiebel mit einem großen Loch, vollgefüllt mit Salz, die wir sofort aufessen mußten und danach ein kleines Bierglas voll mit dem Schnaps zum Extrinken. Mit diesem Zeremoniell erlebten wir einen Akt der Beförderung. Der Unteroffizier war zum Wachtmeister und ich mit meinem Nebenmann zum Unteroffizier befördert worden. Nun begann ein Schwadronsfest, bei dem nur Schnaps ausgeschenkt wurde und alle Soldaten den Schnaps wie Wasser tranken. Während der folgenden zwei Tage drehte sich bei mir unablässig der Kopf. Noch dreißig Jahre danach konnte ich keinen derartigen Schnaps riechen, geschweige denn trinken.

Bevor man mich volltrunken zu meinem Nachtlager schleppte, erlebte ich noch die Rückkehr eines Sanitätsgefreiten aus dem Urlaub, der unter »besonderen Vorkommnissen« seine Verlobung meldete. Man füllte ihn so schnell mit Alkohol, daß er fast augenblicklich wie ein gefällter Baum umfiel. Flugs organisierten ein paar Landser ein weißes Tuch, deckten ihn damit zu und zündeten am Rande des Tuches sechs Kerzen an. Symbolisch war er beerdigt. So eng lagen manchmal Spaß und Wirklichkeit zusammen.

Kurz nach dem 20. Juli 1944 erfuhren wir in einem Tagesbefehl von dem mißglückten Attentat auf Hitler. Der Krieg hätte vielleicht beendet werden können. In der Spannung von Pflicht und Gewissen stand jetzt bei einigen wenigen der Haß gegen das Regime, das uns immer noch fest im Griff hatte, im Vordergrund. Da aber dieser Anschlag mißlungen war, und wir mitten im dichten Kriegsgetümmel standen, zeigte sich schnell die bittere Situation des einfachen Soldaten. Das Kriegsgeschehen war bestimmend, und so machte sich schnell wieder Gleichgültigkeit gegenüber der politischen Situation breit. Kaum einer meiner Kameraden kam der Gedanke, daß uns ein Unrechtsregmine in diesen Krieg geschickt hatte, und die meisten waren der Meinung, daß sie nicht das Hitlerregime, sondern das Vaterland verteidigten. Es ging uns, wie G. Benn schrieb: »Ich habe das Schicksal meiner Generation auf mich genommen, ohne zu fragen, ob es gut oder böse ist, ob es Ruhm oder Vernichtung mit sich bringt.« Weit mehr berührte uns die gleichzeitig verkündete Anordnung, daß die Wehrmacht nun auch mit ausgestrecktem Arm zu grüßen habe, also nicht mehr durch Anlegen der rechten Hand an die Kopfbedeckung. Jetzt galt ebenso wie schon immer bei der Waffen-SS auch für uns der »Deutsche Gruß«. Diese Gleichschaltung mit den Uniformierten der Waffen-SS – auch wenn dies nur ein Teilaspekt war – ärgerte mich besonders, denn ich war stolz auf den Gruß der preußischen Soldaten, so wie ich ihn gelernt hatte und vor mir Generationen von Soldaten sich grüßten.

Nach den geschilderten schweren Kämpfen wurde unsere Schwadron an den Ortsrand von Jassy verlegt. Hier fuhr sogar noch die Straßenbahn, und man konnte mit dem öffentlichen Verkehrsmittel fast bis an die Front fahren. Umgekehrt fuhren wir direkt von der Front mit dem Panzer nach Jassy hinein und hielten vor einem Soldatenheim. Erschöpft und dreckig sprangen wir aus dem Panzer, um im Soldatenheim mehrere Glas Bier zu trinken. In den Pausen zwischen den Einsätzen konnten wir Bauern beobachten, die unbeeindruckt vom Kriegsgeschehen ihre Felder bestellten. In dieser kurzen Ruhepause kam ein in vielen Angriffen bewährter und mit dem EK I dekorierter Oberwachtmeister, der kurz vor seiner Kommandierung zur Kriegsschule (um Offizier zu werden) stand, mit der Frage zu mir, ob ich ihm nicht ein wenig Nachhilfe in Geschichte geben könne. Jetzt avancierte der Abiturient, der aufgrund seiner Schulbildung während des Rekrutendienstes sich als minderwertiger Soldat so oft hinlegen mußte, befreit vom täglichen Formaldienst, zu einem Geschichtslehrer.

Nach dem Tode des ehemaligen Schwadronchefs kommandierte man mich zum Fotografieren der Gräber unserer gefallenen Schwadronsangehörigen, die auf dem Heldenfriedhof bei Jassy begraben lagen. Ein Maler war noch dabei, die schlichten Holzkreuze zu beschriften. Er hielt eine lange Liste mit Namen in der Hand. Sauber schrieb er sie auf die Kreuze, die dann am Kopf der Gräber in den Boden gesteckt wurden. Dann fotografierte ich die Gräber mit den schlichten Holzkreuzen und mit Blumen geschmückt. Nur zwei Filme meiner vielen Soldatenbilder sind im Krieg verlorengegangen. Ich bedaure sehr, daß dieser Film dazugehört.

Nach dem Fotokommando kam ich als Ausbilder zu einer rumänischen Einheit. Während acht Tagen mit anschließender

Übungsfahrt schulte ich mit ein paar anderen Kameraden von der Division die rumänischen Soldaten, die zu jener Zeit an der Seite der Deutschen kämpften bzw. kämpfen sollten, im Funkverkehr für einen Panzereinsatz.

Hier in der Etappe Jassy warfen dann die alliierten Flugzeuge über eineinhalb Stunden in der Nacht ihre Bomben auf uns. Während pausenlos die Bomben fielen, suchten wir Schutz in einem Splittergraben und fluchten, daß es nicht einmal in der Etappe Ruhe gab. Durch diesen Schulungskurs verlor ich wieder einmal meine Truppe, die zwischenzeitlich auf die Eisenbahn verladen worden war, um in Ostpreußen die Heimat der 24. Panzerdivision zu verteidigen. Sie blieb jedoch in Polen, wo das Kriegsfeuer noch stärker brannte. Mit einem Transportzug fuhr ich etwas später der 12. Schwadron hinterher. Ich wußte, daß es wieder zum Einsatz ging. Aber das Zugehörigkeitsgefühl zu meiner Panzerschwadron war größer als mein Bedauern, die rumänische Truppe in der Etappe verlassen zu müssen.

ORDENSVERLEIHUNG

Das Eiserne Kreuz entwickelte sich im Verlauf des Krieges zu einer der wichtigsten Triebfedern für kämpferische Einsätze. Vom einfachen Soldaten bis zum Offizier wollte man einen Orden tragen, um sowohl im Verhältnis von Vorgesetzten zu Untergebenen, als auch unter gleichen Dienstgraden als besserer Soldat, sogar als Privilegierter zu gelten. Dem Wachtmeister ohne EK I fehlte zu dem Wachtmeister mit EK I eine wichtige Dekoration. In meiner Schwadron gab es einen Unteroffizier, der später zum Wachtmeister befördert, als Kommandant im Panzer bereits das EK I und nach fünf Verwundungen das silberne Verwundeten-Abzeichen trug. Er erzählte ganz locker, aber allen Ernstes, daß er noch eine leichte Verwundung anstrebe, damit er mit dem goldenen Verwundeten-Abzeichen an seiner Brust jedem erkenntlich machen könnte: »Hier steht ein Held«. In diesem Zusammenhang ist die Antwort von J.C. Fest auf die Frage, was den Deutschen 1933 bei Hitler auffiel von Interesse: Er hatte das Eiserne Kreuz I. Klasse, eine für einen Soldaten im Mannschaftsdienstgrad hohe Auszeichnung.

Während die Panzerkommandanten im Angesicht des Feindes in den Panzer verschwanden, um durch die Luken der Kommandantenkuppel einen Angriff zu führen, ließ der besagte Unteroffizier seinen Kopf außerhalb der Kommandantenkuppel. Der Feind oder auch sein Kriegsgott hatte den Wunsch eines Kriegswahnsinnigen erhört: Durch Splitter am Kopf getroffen, aber nicht schwer verwundet, erhielt er das ersehnte goldene Verwundeten-Abzeichen. Jeder konnte jedermann an der auffallenden goldenen Medaille an seiner Brust erkennen, daß hier ein Panzermann in langwährenden Einsätzen sich »heldenhaft bewährt« hatte. Dieser Unteroffizier war zwangsläufig bei seiner Veranlagung, wie ich selbst miterlebt habe, ein sehr mutiger Soldat. Er erhielt später das Deutsche Kreuz in Gold und bei Kriegsende auch noch das Ritterkreuz. Letzteres konnte er nicht mehr tragen, denn nach dem 8. Mai 1945 mußte jeder Soldat seine Auszeichnungen verstecken, damit sie nicht von den Besatzungssoldaten als Souvenir oder Mitbringsel für daheim entwendet wurden.

Ein verliehener Orden hatte bei einer Reihe von Soldaten mit wirklich mutigen Kampfhandlungen zu tun. So hat – nur als Beispiel – von unserer Division v. Langen-Steinkeller die Höhen und Tiefen der Feldzüge in Frankreich und Rußland als Kavallerist und später bei der Panzer-Division immer in vorderster Linie als Zugführer, Schwadronchef, Abteilungs- und Regimentsführer verantwortungsbewußt und entschlußfreudig gekämpft.

Nachdem er im Frankreichfeldzug das EK II. und I. Klasse erhalten hatte, bekam er in Rußland das Deutsche Kreuz in Gold und als Regimentskommandeur das Ritterkreuz. Da er immer in vorderster Front gekämpft hatte, wurde er mit dem Infanterie-Sturmabzeichen und der Nahkampfspange ausgezeichnet und erhielt für die während der verschiedenen Angriffe erlittenen Verwundungen das goldene Verwundeten-Abzeichen.

Jedoch hatte nicht immer nur ein Orden mit wirklich mutigen Kampfhandlungen – wie eben geschildert – zu tun. Wenn ein Panzerkommandant mit guten Augen bzw. scharfem Blick durch sein Fernglas vor dem Feind sein Ziel erkannte und ein erstklassiger Richtschütze dann auch sofort das Ziel traf, dann waren Voraussetzungen für einen Orden gegeben bzw. gestiegen. Bevorzugt waren bei derartigen durchaus mutvollen Einsätzen Kampf- und Jagdflieger und U-Boot-Kommandanten. Der infanteristische Soldat oder Grenadier hatte wesentlich geringere Chancen. Er mußte bei jeder Witterung und in jedem Gelände zum Teil Auge in Auge kämpfen.

In meiner Schwadron hatte ein Wachtmeister das »Glück«,

am Rand einer Waldschneise zu stehen, als plötzlich russische T 34 dieses Waldstück passierten. Zielsicher schoß der Richtschütze jetzt acht Panzer ab. Der Lohn bestand in der Ehrenblattspange (Meldung im Ehrenblatt des Heeres) an den Kommandanten, und der Richtschütze erhielt das EK I und wurde zum Unteroffizier befördert. Auch dieser Wachtmeister erhielt kurz vor Kriegsende noch das Ritterkreuz.

Ein dramaturgisch besonders spannendes Erlebnis um ein Ritterkreuz beschreibt G. Koschorrek in seinem Buch »Vergiß die Zeit der Dornen nicht« mit der Schilderung »Vom Ritterkreuz zum schlichten Holzkreuz«. Da hatte der Soldat Gustav vom Panzergrenadierregiment 21 der 24. Pz.-Div. ein Kommando über zwei Maschinengewehre. Plötzlich hatte er mit seinem Kameraden den Anschluß an die leichten Züge verloren. Dieser Kamerad berichtete weiter:

»Als ich mit meinen Schützen II fast aus dem Wäldchen heraus war, standen am Waldrand drei T 34, deren Besatzungen ausgestiegen waren und sich mit einem Offizier lebhaft unterhielten. Wir brachten sogleich beide Gewehre hinter den Bäumen in Stellung, und Gustav und ich ballerten in die Russen hinein. Zwei waren sofort tot, und den Rest nahmen wir gefangen. Wir stellten fest, daß die Panzer die Flanke der Sowjets sicherten und sogar ein VB (Artilleriebeobachter) dabei war, der das russische Sperrfeuer lenkte.

Was dann geschah, war für uns ein richtiges Freudenfest. Wir konnten vom Waldrand genau in die feindlichen Gräben hineinballern, was das Zeug hielt. Dadurch kam der Angriff unserer Kampfeinheiten, der ins Stocken geraten war, wieder in Bewegung und das Regiment konnte die russischen Gräben mit nur geringen Eigenverlusten aufrollen. Ja – und das war's auch schon, was es dazu berichten gibt«.

Wegen der drei erbeuteten Panzer und der Ballerei in die Gräben erhielt Gustav das Ritterkreuz, ich das EK I, schloß er seinen Bericht.

»Tolle Sache!« freute sich der Zuhörer. »Aber eigentlich ein richtiger Zufallstreffer, nur weil Gustav den Anschluß verpaßte, nicht wahr?«

»Klar!, aber danach fragt hinterher niemand, der Erfolg zählt.«

»Wo ist Gustav jetzt?«

»Keine Ahnung. Seit er wegen des Ritterkreuzes zum Regimentskommandeur beordert wurde, hat ihn hier niemand mehr gesehen. Man erzählt sich, daß er zum Unteroffizier befördert worden ist und einen Lehrgang absolvieren soll. Mehr hört man nicht von ihm.«

Später erzählte der Kamerad, der Dekorierte sei jetzt bei jedem Himmelfahrtskommando dabeigewesen. Am 10. November 1944 sei er bei der Erstürmung einer feindlichen Stellung zusammen mit seinen Männern gefallen. »Armer Freund! Dein Ruhm mit dem Ritterkreuz hat nur einige Monate gedauert, bis das unerbittliche Schicksal entschieden hat, daß sich das stolze Ritterkreuz in ein einfaches, schlichtes Holzkreuz verwandeln soll. Zurück blieb nur noch die Erinnerung an einen guten und geschätzten Kameraden, der absichtslos zum Held wurde und deshalb schneller sterben mußte als jene, die ihn rücksichtslos verheizt haben.«

Soweit G. Koschorreks Schilderung.

Zur Geschichte des Eisernen Kreuzes ist zunächst interessant, daß es sich bei der Stiftung bzw. Erneuerung des Eisernen Kreuzes von 1813, 1870 und 1914 um ein preußisches Ehrenzeichen, hingegen bei dem 1939 erneuerten EK um einen gesamtdeutschen Orden handelte. 1939 fiel bei der Erneuerung auch der Unterschied zwischen dem EK als Auszeichnung für persönliche Tapferkeit und für Verdienste um die Kriegführung weg. Davor wurde der Unterschied durch verschiedene Bänder für Kämpfer und Nichtkämpfer verdeutlicht. Somit konnte man einen Ritterkreuz-Träger des Zweiten Weltkrieges nicht ansehen, ob er seinen Orden für einen besonderen Einsatz im Kampfgetümmel oder für die erfolgreiche Führung einer Truppe erhalten hatte.

Nur durch den Dienstgrad ließ sich in den meisten Fällen erkennen, wofür der Orden verliehen war. Ein Obergefreiter konnte beispielsweise nicht für eine erfolgreiche Führung ausgezeichnet worden sein und demgegenüber ein General oder höherer Offizier – mit Ausnahme einiger Luftwaffenoffiziere – nicht für den kämpferischen Einsatz mit der Waffe in der Hand. So trug auch kein Gefreiter oder Unteroffizier das Ritterkreuz des Eisernen Kreuzes mit dem Eichenlaub mit Schwertern am Hals.

Eine gewisse Ordenshierarchie war durchaus erkennbar. Der Unteroffizier erhielt unter der Voraussetzung, eine gewisse Anzahl von Einsätzen erfolgreich durchgestanden zu haben, das EK II, der Wachtmeister wie auch Offiziere der niederen Ränge das EK I und vom Schwadronchef aufwärts nach erfolgreichen Einsätzen die Ehrenblattspange oder das Deutsche Kreuz in Gold oder gar das Ritterkreuz. Später folgte das Eichenlaub und wenn ein General längere Zeit als Armeeführer erfolgreich war, kamen noch die Schwerter hinzu. Gemessen an Mut und Kampfeinsatz muß man dagegen eine Silberne oder Goldene Nahkampfspange (für 50 bzw. 75 Kampfeinsätze) oder auch ein Panzerkampfabzeichen mit der Zahl 50 oder 75 als eine besondere Auszeichnung bewerten. Sie gelten zu Recht als höchste Tapferkeitsauszeichnungen.

Auch eine Ordensverleihung als Abschiedsgeschenk gab es. Als Hitler den OB der Heeresgruppe Süd, Generalfeldmarschall v. Manstein auf den Obersalzberg beorderte, teilte er ihm mit, daß die Zeit der Angriffe vorbei sei und deshalb den Oberbefehl jetzt Feldmarschall Model übernehmen würde. Dann überreichte er ihm gewissermaßen zum Abschied die Schwerter zum Ritterkreuz mit Eichenlaub, das er bereits am Hals trug.

Und schließlich berichtete Generalfeldmarschall Keitel, daß

Hitler ihn abwechselnd beschimpft und erniedrigt hätte, um ihn dann mit dem Ritterkreuz und Marschallstab zu ehren. Jedes Mal fühlte er sich unwohl, da er sich keinerlei Führungs- und Tapferkeitsverdienste erworben habe.

Mein Schwadronchef Rittmeister Hupe – bereits mit dem EK I dekoriert – hat für seine umsichtige Führung der 12. Schwadron, die während der Einsätze bei Nova Praga 45 Panzer abschoß, die Ehrenblattspange (ein goldenes Hakenkreuz, das als Spange am Band des EK II getragen wurde) erhalten. Ich denke, er hätte das Ritterkreuz verdient. Mein späterer Schwadronchef Oblt. Wenzel erhielt für die 27 Feindpanzer, die die Schwadron an einem Angriffstag im Brückenkopf Nikopol abgeschossen hatte, das Ritterkreuz. Auch Wenzel ist kurz nach der Ordensverleihung gefallen.

Nach den schweren Kämpfen bei Jassy erhielt mein Divisionskommandeur, General eines Panzerkorps, jetzt als Reichsfreiherr Maximilian von Edelsheim am 23. Oktober 1944 als 105. Soldat der Deutschen Wehrmacht das Eichenlaub mit Schwertern zum Ritterkreuz des Eisernen Kreuzes. Hierzu schrieb der Kriegsberichterstatter Kurt Scheit:

»Die hohe Auszeichnung wurde Generalleutnant Reichsfreiherr v. Edelsheim für die hervorragenden Taten im Ringen um den russischen Raum verliehen, da in den Monaten des ausgehenden Winters und des beginnenden Frühjahrs 1944 sein Name geradezu ein Begriff des deutschen Widerstandswillens wurde. Damals stand Generalleutnant Reichsfreiherr v. Edelsheim an der Spitze einer Division, mit der er schon 1939 ins Feld gerückt war, der er als Abteilungskommandeur und dann als Regimentskommandeur angehört hatte, einer Panzerdivision, deren Namen unter den ruhmreichen Verbänden einen besonderen Klang nicht nur für uns, sondern auch für die Ohren des Gegners besitzt.«

Doch jetzt zurück zum Obergefreiten. Wie war es mit mir? Zuerst erhielt ich, wie bereits berichtet, nach meinem sechsten

Panzerangriff das Panzerkampfabzeichen in Silber. Ich war sehr stolz auf diese Auszeichnung, die besonders attraktiv auf dem schwarzen Tuch der Panzeruniform verdeutlichte, daß dieser Panzermann bereits Kampfeinsätze hinter sich hatte und sich somit als Soldat bewährt hatte. Und jetzt wünschte ich mir das Eiserne Kreuz II. oder sogar I. Klasse.

Während unseres Zwangsaufenthalts vor dem Kessel von Tscherkassy flogen über unser Quartier immer wieder russische Beobachtungsflugzeuge und sog. »Nähmaschinen«, ohne unseren in dem kleinen Dorf neben einem russischen Haus liegengebliebenen Panzer zu erkennen. Eines Tages setzte ich mich auf den Richtschützenplatz und richtete die Kanone auf ein russisches Flugzeug, das aufreizend langsam über unserem Dorf kreiste. »Den müßte man doch leicht abschießen können!« Mein Blick ging zum Ladeschützen, der auf seinem Platz saß. »Leg doch mal eine Sprenggranate in den Verschluß.« In meine Überlegung, wieviel ich wohl den Zielstachel des Zielfernrohrs vorhalten müsse, um die Bewegung des Flugzeuges zu berücksichtigen, platzte der Ruf meines Kommandanten: »Armin, laß den Scheiß! Du ziehst mit dem Geballere nur die russischen Flugzeuge auf unser Quartier«. Ich hatte bereits von der Belohnung für das abgeschossene Flugzeug geträumt: das Eiserne Kreuz, vielleicht sogar I. Klasse. Der Zwischenruf meines weisen Kommandanten hatte mich gerade noch rechtzeitig zur Vernunft gebracht.

Drei Monate später folgten die schweren Einsätze, die meine Schwadron bei Jassy 1944 zu bestehen hatte. Am Morgen des 3. Juni standen unsere Panzer nach pausenlosen Angriffen während eines ganzen Tages und der folgenden Nacht endlich beim Troß. Wir tankten auf, trugen die Munition und holten die Verpflegung vom Küchenwagen ab. Da kam ein Wachtmeister, den ich schon lange duzte und der später als Kommandant in meinem Panzer gefallen ist, auf mich zu. Ich begrüßte ihn noch mit einem lockeren Spruch, doch als er begann: »Im

Namen des Führers«, nahm ich Haltung an. Er knotete mir das schwarz-weiß-rote Band mit dem EK II ins Knopfloch meiner Drillichjacke, die wir anstelle der schwarzen Uniform an diesen heißen Tagen trugen. »Mein Gott, du bekommst das Eiserne Kreuz wirklich mit der Verpflegung«, dachte ich noch. Aber gefreut habe ich mich doch. Das EK hatte man mir nicht für eine gewisse Anzahl abgeschossener russischer Panzer verliehen, sondern für meinen Samariterdienst durch einen Sprung aus dem Panzer in das unter Feindbeschuß liegende Gelände, um den getroffenen Kameraden aus dem kampfunfähigen Nachbarpanzer zu retten. Die zugehörige Urkunde erhielt ich später.

IN EINEM MYSTERIÖSEN LAGER

Eine lange Eisenbahnfahrt führte mich über Ungarn, die Tschechoslowakei und eine kurze Strecke in Polen bis nach Debica. Bei der Suche nach meiner Einheit stand ich dann plötzlich vor einem Lager, von dem ich auch heute noch nicht den Namen weiß, aber annehme, daß es sich um ein Konzentrationslager, vermutlich ein kleineres Lager, das zum Auschwitz-Komplex gehörte, handelte. Ich sah etwa 200 Menschen, die an dem Stern als Juden erkennbar, von Wachsoldaten über die Felder geführt wurden. Das Lager selbst schien schon geräumt worden zu sein, denn die Gebäude waren leer, man sah keine Gefangenen, und die Tore waren geschlossen. Auch wenn immer wieder bezweifelt wird: meine Kameraden und ich wußten nichts von der systematischen Vernichtung der Juden.

Als Schüler hatte ich in Freiburg zwar bereits den Judenstern auf der Brust mancher Bürger gesehen. Ich hatte auch im Schwimmbad das Schild gelesen: »Eintritt für Juden nicht gestattet«. Ebenso waren mir die zerschlagenen Fensterscheiben von jüdischen Geschäften in Freiburg nicht verborgen geblieben, wie natürlich auch die SA-Leute, die davor standen. Besonders erschrocken war ich gewesen, als ich die zerstörten Fensterscheiben des Hemdengeschäftes Lichtenstein sah, in dem mein Vater oft Hemden gekauft hatte. Ich hatte Sympathien für den jüdischen Ladenbesitzer und gleichzeitig Angst vor den SA-Leuten, die Gefühle absoluter und alles überdeckender Macht auslösten. Gedanken, die Juden seien schuldig und verdienten eine derartige Strafe, und so sei es richtig, was die SA-Männer machten, war mir vollkommen fremd.

Am Morgen des 9. November 1938 nach der »Kristallnacht« hatte ich auch von unserem Klassenzimmer des Berthold-Gymnasiums aus die Synagoge brennen sehen. Im Klassenzimmer

lärmten die Schüler, besonders als ein Mitschüler ein Gebet-
buch zeigte, das er – herausgeschleudert aus der Synagoge –
auf der Straße gefunden hatte. Dann kam der Lehrer zur Klasse herein, mit Parteiabzeichen am Revers und brüllte um Ruhe.
Wir waren sofort still und mußten uns den Fragen griechischer
Grammatik zuwenden. Als erneut eine Explosion zu hören war,
lachten einige Schüler und sofort wurden sie von unserem Lehrer zurechtgewiesen. Wir Jugendlichen dachten aber kaum weiter über das Geschehene nach. Zwar erinnere ich mich noch
genau, wie die Mitschülerin Fraenkel, Tochter eines hochan-
gesehenen Universitätsprofessors, der mit seiner Familie nach
England emigrierte, plötzlich verschwunden war. Ich hatte meinen Klassenplatz zwei Jahre lang unmittelbar vor ihrem in der
vorletzten Reihe des Klassenzimmers. Fassungslos reagierte ich
auf die Mitteilung eines Klassenkameraden und sah jetzt mit
anderen Augen, daß der Platz plötzlich leer war und das lusti-
ge, pausbackige und sommersprossige Mädchen mit der Brille nicht mehr zurückkommen würde. Ich wußte zwar um die
Diskriminierung der Juden, man hörte von Konzentrationslagern, aber man hatte von den Vorgängen dort, geschweige denn
von der planmäßigen Ermordung der Juden keine Kenntnis.
Hatte denn nicht im Radio der Komiker Weißferdl erzählt,
daß er, gerade aus einem KZ entlassen, sich heute keinen neu-
en Witz leisten könne, damit er nicht wieder dorthin zurück
müsse? Und hatten wir nicht von dem Tennisspieler Gottfried
von Cramm gehört, er sei wegen Homosexualität in ein KZ
eingeliefert worden, um dort als Gefangener einen Arbeitsdienst
zu leisten? So dachten wir bei einem Konzentrationslager eher
an ein Gefängnis besonderer Art. Man weiß ja, daß die Juden
selbst nichts von dem Schicksal gewußt haben. Wir dachten
eher daran, daß man die Juden in den Osten schicken würde.
In der Zeitung stand zu lesen, daß im Osten der Raum zur
Umsiedlung wartete, und daß die Reichsregierung gefordert
habe, dort eine breite Grundlage von lebensfähigen Bauernhö-

fen mit festem Besitz zu schaffen. Und hatte ich nicht selbst als Soldat wie ein Zwangsarbeiter mit Juden zusammen Kartoffeln gesammelt?

Vor kurzem hat mich ein junger Amerikaner gefragt, ob ich denn als Soldat nichts vom Holocaust gewußt hätte. Ich verneinte. Auf mein »nein« fragte er ein wenig ungläubig weiter, was ich denn gemacht hätte, wenn ich darum gewußt hätte?

Ich antwortete: »Nichts, nicht das geringste hätte ich getan und zwar nicht nur, weil es für den Landser nicht die geringste Möglichkeit gab, sondern weil ich und meine Kameraden sich ausschließlich mit uns selbst beschäftigen mußten, um zu überleben, was wohl nicht verwerflich sein kann«. Wie intensiv, zeigen die Ereignisse ein paar Tage später.

Die neugierigen aber ahnungslosen Augen des Landsers sahen in diesem Lager nichts besonderes, zumindest nichts, was den Fotografen interessiert hätte. Ich habe so viele Aufnahmen im Krieg gemacht, warum dort nicht? Weil ich nichts wußte und weil ich nichts fand! Da waren Wasserbecken für Luftschutzzwecke, und das wenige, das man durch die Fenster sah, erinnerte an die Entlausungsanlage von Brest-Litowsk. Das einzige Interesse galt einer avantgardistischen großen 8-Zylinder-Limousine Typ 87 des tschechischen Automobilherstellers Tatra mit SS-Nummer, die vor einem Haus stand. Hätte ich die furchtbare Wahrheit gewußt, dann hätte ich selbstverständlich das Lager fotografiert und nicht nur das SS-Auto.

Uniformwechsel: In Frankreich trägt der Panzermann (1943) die schwarze Uniform mit dem goldgelben Paspel an Schulterklappen, Kragenspiegel und Mütze.

Das letzte Bild in Rußland (1944) im Quartier bei Novo Archangelsk. Der Panzermann mit Zigarette trägt zur schwarzen Hose ein schwarzes faschistisches Beutehemd aus Italien.

In der leichten Afrika-Uniform in Italien 1943:
Mit kurzer Hose, Schnürschuhen und Ringel-
socken. An der Uniformjacke ebenfalls das goldgelbe Paspel.

In der Mitte des Krieges: Das unzerstörte Freiburg vor dem Martinstor. Unter dem Reichsadler als Inschrift eine der großen Lügen dieses Jahrhunderts. Sub umbra alarum tuarum protege nos (Unter dem Schatten deiner Flügel beschütze uns).

Freiburg Oberlinden mit dem Lindenbaum: Die typischen »Bächle« sind wegen der Verdunklung mit Gestellen gesichert. Links der »Goldene Bär«, das Gasthausschild des ältesten Gasthauses von Deutschland. Im Hintergrund das Münster.

Urlaub in Freiburg:
Ein Soldat wartet vor dem Schwabentor.

Aufenthalt in Ulm:
Durchblick auf das Münster.

Stillstand des Transportsystems: Bei einem Aufenthalt in Wien. Besuch des Praters mit Riesenrad.

Soldat mit Unterleib: Ein Soldat hält seine im Nachttopf sitzende Freundin auf dem Kettenkarussell fest.

Offizier ehrenhalber:
Verleihung des Verdienstordens der italienischen
Republik mit dem Titel Commentatore.

Vorbild für eine japanische Publikation: Blick auf Panzerkastenober-teil und Turm zur Stirnwand ist links die Kugelblende des Funker-MG34.
Rechts Fahrersehklappe. Am Turm neben der Walzenblende rechts die (geschlossene) Sehklappe des Richtschützen. Links das MG. Deutlich die Fahrgestellnummer.

50 Jahre liegen zwischen diesen beiden Aufnahmen. Die Menschen –
werden sie sich jemals ändern? Die spielenden Kinder an der Ketten-
absperrung vor dem Triumphbogen in Paris zeigen 1943 und 1993
dasselbe Spielverhalten!

12.5.44

Liebe Mutter!

Ich bin noch in R. und warte darauf, daß
irgend ein LKW kommt und mich weiterbefördert.
Es ist immer noch herrliches Wetter, richtiges Frühlingswetter, es blüht alles so herrlich, die Obstbäume, Flieder, Maiglöckchen. Du brauchst dir ja
denken, daß ich da am liebsten daheim wäre und
den Mai im Frühling dort genießen würde. Vor allem
zum 21. Mai, zum Muttertag, möchte ich die ganze unru-
higen, ... Blumenstrauß von Wiese und Garten
überreichen, aber so kann ich dies nur in ein paar
... kleinen Blümchen tun. Ich wünsche dir alles
Gute zu diesem Tag, ... (soweit dies möglich
ist) und mache mit Manfi einen kleinen Spaziergang.
Ich kann mir richtig vorstellen wie es in unserem ...
alles so schön grün ist und über den ... die
Blümlein blühen. Dazu die Mädchen in netten Frühlingskleidern, ach wie kann doch das Leben schön
sein! Ich möchte dir da nochmal für meine Urlaubstage danken, die du vor allem durch deine Mühen für das
leibliche Wohl recht richtig schön gemacht hast. Denn
... ist doch erst der Mensch zufrieden, wenn er ...
... ist. — Ich lese des öfteren in meinem kleinen
Taschenbuch I, es ist eine wunderbar, wertvolle Sache.
Es war auch sehr schön, daß ganz ... meiner'

Urlaubs haben gegeben wird. Nämlich in einem Fronttheater spielten wir Mädchen einen Auszug aus Traviata,
der nur bei der Erinnerung an die wirklich gute
Aufführung im geliebten Freiburger Theater de.
Wie froh sind shygene Herzen jung! Und wie lange
muß ich nun wieder warten bis ich so etwas erleben
kann? Ua, hoffentlich fällt dieses Jahr die Entscheidung. Herrlich wird es sein, wenn ich wieder zu
Hause bin und ich dort studieren kann! Man kann
sich garnicht mehr richtig vorstellen, daß solch eine
schöne Zeit wieder kommt. Aber einmal wird ja auch
dieser Krieg sein Ende gefunden haben. —
      Nun sende ich dir ganz viele liebe, und
      herzliche Grüße und Küsse
                  dein Hermann

mit unseren Händen nichts machen können
und dauernd irgend ... haben für
... viele herzliche

Grüße und Grüße auch an Marie

Dein Hermann

, und 2 Tage später waren wir in Maner-
Öhring. Arzt und Schwestern geben sich zwar
große Mühe aber das Lazarett an und für
sich ist nicht ganz das richtige ich frug
schon den Arzt ob ich nach Freiburg verlegt
werden könnte. Er meinte ja aber wenn ich
erst marschfähig wäre trotzdem soll man
mal deswegen Professor Schilling fragen —
mein Befinden geht soweit, nur habe ich
zeitweise tolle schmerzen in den Armen im
Gesicht bin ich nicht arg verbrannt,
es war auch gut, daß ich seine Brille
auf gehabt so habe ich blos Negerlippen,
gegen die Schmerzen esse ich Anti in Masse
und bekomme jeden Abend 5 um Novalgin
aber der Schmerz dieser Spritze steht in garkein
verhältnis zu ihrer Wirkung, nun habe ich einige
Bitten gehe mal zu Noch und frage wegen einer
Brille, da bei mir nun sämtliches Gepäck verbrannt
ist brauch ich zuerst ein neues Waschzeug (Rasier
gerät, Zahnbürste Seife Kamm und Schwamm)
wenn die Bilder fertig sind, schicke sie bitte, da
ich meinen Foto um den Hals und die Uhr um
halte so habe ich wenigstens das gerettet. gelegentlich soll Mausi auch nach Leica Filme sehn
dann schicke bitte meine geschliffene Sonnenbrille,
es wird natürlich einpaar Woben dauern bis
ich wieder soweit bin aber das weißt Du ja
selbst der Arzt hier hat uns großzügig die Auf=
stellung des Küchenzettels selbst überlassen, an
ständigen Bohnenkaffee bekommen wir auch die
Schwestern sind natürlich sehr geplagt, da wir

und rief nach den Kameraden der Panzer
brannte garnicht so stark und ich ging
noch mal zurück, die Kameraden waren
aber schon alle weg nur mein Kommandant
hatte beide Beine verloren und war tot,
ich suchte nun meine Brille welche ich
beim herausspringen verloren hatte, ich
fand aber blos noch meine Mütze übrigens
brannten nebenan zwei weitere Panzer
lichterloh nun fing ich an zurück
zu laufen ich hatte zwar Brandwunden
an den Händen Unterarm und Gesicht, aber
die Schmerzen waren nicht so stark, nach
etwa 1 km hatte ich so genug, dass ich
aufstand aufrecht weglief bald traf
ich auf die deutsche Infanteriespitze die
mich verband, ich lief dann weiter und
wurde etwas später von unseren Arzt Pan-
aufgenommen der mich sofort zum Haupt-
verbandplatz fuhr dort traf ich die Kameraden wieder, von der anderen Besatzung
hatten alle Brandwunden an Gesicht
und Händen während von meiner Besatzung
lediglich der Fahrer einige Splitter im Unter
arm hatte, bei uns ging der Treffer in den
Turm während bei dem Panzer der Benzin-
tanker traf wir wurden nun mit Brandkompressen verbunden, wo Blasen aufgeschnitten und bekamen Tetanusspritze
dann wurden wir mit einen Sanka 65 km
weiter nach Tornow gebracht dort gewaschen
dann ins Bett gelegt in der Nacht wurden wir
in einen schneidigen Lazarettzug gebracht

Mauer-Öhling den 9. VIII. 44

Liebe Mutter!

Das hat anscheinend nicht geklappt, mit dem Telegraphieren, am Sonntag wurde ich hier eingeliefert und Telegraphierte gleich und Du solltest mich anrufen, von hier aus, kann ich nämlich nicht Telefonieren; ich hatte da schon krach mit den Schreibstubenbullen ich will Dir nur erzählen wie das ausgegangen ist, nachdem ich wieder eingestiegen war und zwei Tage Angriff gefahren hatte, griffen wir in den Morgenstunden des 4. VIII. ein Dorf an, bei uns auf der anderen Debica an, wir waren blos noch ein Handvoll Panzer meine Schwaaron war mit 2 Stück beteiligt zuerst ging alles glatt und wir wirkten ganz anständig unter der russischen Infanterie schließlich bekamen wir einen Sacktreffer in den Turm mein Fahrer setzte gleich weitschießend zurück nach 19 m hatten wir noch zwei Treffer in den Turm, ich versuchte mich auszubeulen; aber da sich meine Luke verklemmt hat kann ich da nicht raus und hinter mir brannte der Panzer lichterloh, ich faßte nun den Entschluß an einer Turmluke auszusteigen, in Sekundenschnelle war ich an der Luke um raus zukommen nur hing ich aber noch an der Kopfhörerstrippe, ich sprang im "Hecht-sprung heraus und riß so die Strippe ab zuerst etwas kopflos rappte ich etwa 20 m weg dann schaute ich mich um

Virtuti in bello.

ABGESCHOSSEN UND VERWUNDET BEI DEN ABWEHR- UND ANGRIFFSKÄMPFEN ZWISCHEN SAN UND WEICHSEL

Nachdem ich die 12. Schwadron gefunden hatte, meldete ich mich auf der Schreibstube, die transportabel neben einem Lkw-Halbkettenfahrzeug (Maultier) aufgebaut war, zurück und stieg wieder in den Panzer ein. Flachsend begrüßte mich der Fahrer. »Du bekommst jetzt auch den neuen Ärmelstreifen für Rußlandkämpfer – immer dieselben!« Die 12. Schwadron besaß noch drei und kurz danach noch zwei Panzer. Die noch vorhandenen Panzer standen mit ein paar anderen des Regiments auf einem ebenen Gelände. Die Weite erinnerte mich an die unendlichen Felder der Ukraine, allerdings ohne Sonnenblumen. Über Nacht stand als Wache immer ein Besatzungsmitglied zweistündig im Wechsel im Turm, die übrige Besatzung schlief sitzend im Panzer. In der Morgendämmerung des 4. August 1944 fielen mir während meiner Wachstunden immer wieder die bleischweren Augenlider zu.

Dann kündigte der bekannte Befehl: »Panzer marsch« einen neuen Angriff an. Es sollte mein letzter werden. Wir sollten mit vier Panzern und sieben Sturmgeschützen in zwei Schwadronen gegliedert (komplett aufgestellt bestand ein Schwadron aus 22 Panzern) die Rollbahn bei Milec freikämpfen. Unser Panzer fuhr eine weite Strecke an einer Straße zwischen Dibica und Milec entlang. Die Orientierung während der Fahrt mit geschlossenen Luken unterblieb weitgehend, weil es dem Funker viel zu lästig war, einen Blick durch das Zielfernrohr am MG zu werfen. Ich sah nur kurz Felder, begrenzt von einigen

Pappeln, und eine Baumreihe neben einer Straße, als der Befehl zum Feuern kam. Sehr starkes Artilleriefeuer aus nächster Nähe verriet unüberhörbar schwerste Kampfhandlungen. Ich hatte noch die Hand am MG, als mit ohrenbetäubendem Krach und Feuerblitzen der erste Treffer im Turm einschlug. Der Fahrer versuchte im Rückwärtsgang und in schneller Zick-Zack-Fahrt aus dem Trefferbereich zu gelangen, aber so schnell der Panzer auch fuhr, er lief nicht schnell genug. Die russische Pak traf und traf, und nach mehreren Treffern im Turm war der Panzer schließlich manövrierunfähig. Im Kontrast zu dem Donner der eingeschlagenen Granaten empfand ich nach dem Verstummen des Motorengeräuschs plötzlich eine eigentlich gar nicht vorhandene Stille.

Mein Blick ging zur Fahrerseite und machte mich für einen Augenblick ziemlich mutlos, denn der Platz war leer, und die Luke darüber stand offen. »Du mußt raus«, war der nächste Gedanke. Ich wollte meine Luke öffnen, aber sie klemmte und ging nicht auf. Die Funkerluke, wie auch die des Fahrers, besaß für den Fall, daß sie sich nicht öffnen ließ, eine sinnvolle Konstruktion. Ihre Scharniergelenke (wie bei einer Tür) saßen nicht fest am Panzer, sondern steckten mit Bolzen in Bohrungen. Von der Innenseite wurden die Bolzen und damit die Scharniere mit einer Metallschiene und Feststellschraube gehalten. Obwohl ich die Schraube und damit die Schiene lösen konnte (um die Luke schließlich seitlich wegzuschieben), klemmte die Luke durch die erhaltenen Treffer und ließ sich nicht einen Millimeter bewegen. Hinter mir hatte sich die Dunkelheit des Turminneren in ein gleißendes Feuer verwandelt. Einen Moment dachte ich daran, im Panzer verbrennen zu müssen, und wieder überkam mich Todesangst.

Jetzt stemmte ich, mit dem Rücken auf meinem Sitz liegend, mit aller Gewalt meine Füße nach oben gegen die Luke. »Die muß doch endlich aufgehen«, dachte ich, aber auch jetzt bewegte sie sich nicht. Der folgende Gedanke und seine Ausführung liefen blitzschnell und fast synchron. »Du mußt durch den brennenden Turm!« In diesem Augenblick stand die Kanone auf 12 Uhr, das heißt, sie war geradestehend. Dies war das größte Glück meines Lebens. Bei einer 11-Uhr-Position hätte das mächtige Metallgestell des Granatabweisers den Weg zum Turm versperrt. Da ich wegen der Aufhängevorrichtung der Funkgeräte mit dem Sender und den beiden Empfängern auch nicht zur Fahrerseite wechseln konnte, hätte ich im Panzer verbrennen müssen. Ich spürte beim Sprung durch den brennenden Turm sofort die Hitze des Feuers im Gesicht, an den Händen und Armen. Während der heißen Angriffstage hatten wir die Hemdsärmel aufgekrempelt, und so verrutschten die Ärmel der Drillichjacke über dem Hemd bei dem Griff nach oben zur Luke des Ladeschützen. Jetzt waren die Unterarme entblößt. Aber dieser Sprung durch den brennenden Turm rettete mein Leben, wenngleich er mir Verbrennungen ersten und zweiten Grades im Gesicht, an den Armen und den Händen einbrachte.

Mein Kopf befand sich bereits außerhalb der Luke im Freien, als ich an einem Ruck am Hals spürte, daß mich mein Panzer noch nicht freigeben wollte. Ich war mit den Strippen von Kopfhörer und Kehlkopfmikrophon immer noch mit meinem Funkersitz verbunden. Jetzt befreite ich mich mit einer Hechtrolle endgültig aus der Turmluke und landete wie ein abgeworfener Sack neben dem Panzer; der Kopfhörer war dabei weggeflogen und die Schnur zum Mikrophon abgerissen. Auch mein Mützchen war verloren, aber schwerer wog, daß ich auch meine Brille verloren hatte. Anstelle der Pistole um den Hals trug ich immer meinen Fotoapparat. Er war bei dem Sprung vom Panzer am Hals geblieben, während meine Pistole in meinem Notgepäck neben dem Sitz im Panzer verbrannte. In der Eile hatte ich nicht mehr an meine Nottasche gedacht. Ich hatte sie in dem Augenblick der Lebensangst im brennenden Panzer völlig vergessen, obwohl ich nur meine Hand nach ihr hätte ausstrecken müssen. Dabei hatte ich oft daran gedacht, wie es wohl sei, einmal aus dem Panzer aussteigen zu müssen. Ich war sicher, daß ich nach einem Treffer mit nur einem einzigen Handgriff meine Tasche mitnehmen könnte. Aber die Wirklichkeit, im Kampf aus einem getroffenen, lichterloh brennenden Panzer aussteigen zu müssen, war ganz anders. Im Freien fiel mein Blick gleich auf meine Armbanduhr. Sie zeigte genau sechs Uhr (morgens). Dann robbte ich, so schnell ich konnte, in der Spur der Panzerketten, die sich im Boden eingeprägt hatten, nach hinten. Ich bewegte mich in völliger Widerstandslosigkeit rückwärts, mit dem Ziel, nur herauszukommen aus dem Inferno, zudem waffenlos! Aber auch eine Pistole anstelle des Fotoapparates hätte die Situation nicht ändern können. Unter einer niederdrückenden Verlassenheit, weit und breit ohne Kameraden, allein auf dem Schlachtfeld, suchte der abgeschossene Panzerfunker voll Todesangst und mit nachlassender Kraft seinen Fluchtweg.

Nach einer kurzen Strecke aber meldete sich das Gewissen: »Du bist Unteroffizier und mußt nach deinen Kameraden schauen«, und robbte wieder zurück. Da sah ich meinen Panzer stehen, lichterloh brennend. Er war eingerahmt von zwei weiteren Panzern, die ebenfalls getroffen waren und brannten. Von deutschen Truppen konnte ich nichts sehen. Beim Anblick dieser vernichteten Panzer wurde mir klar, daß das wohl das Ende war, daß dies mein Waterloo bedeutete. Ich lag jetzt genauso verwundet und geschlagen auf dem Schlachtfeld, wie jene besiegten Franzosen nach der letzten Schlacht Napoleons und wie schon vor und nach ihnen ungezählte Soldaten in den ungezählten Schlachten der Geschichte. Wo war jetzt mein Napoleon? Vermutlich irgendwo in einem sicheren Bunker, um Krieg auf der Landkarte zu spielen. Der Landser aber lag geschlagen und ganz verlassen auf dem Schlachtfeld, während der Kampf unentwegt weitertobte.

Trotz meiner Verwundung dachte ich sofort daran, dieses Schlachtenbild mit einem Foto festzuhalten, aber es ging nicht.

Die Arme und Hände schmerzten so sehr, daß ich nicht einmal die Tasche des Fotoapparates öffnen konnte. Als die Granaten im Innern des Panzers immer häufiger zündeten, war ich dabei, umzukehren. Dann explodierte mein Panzer. Ich preßte den Kopf auf die Erde und robbte schleunigst zurück. Zu diesem Zeitpunkt wußte ich noch nichts vom Tod meines Kommandanten (des Wachtmeisters A.), der durch die Treffer im Turm beide Beine abgeschossen, keine Chance gehabt hatte. Auch die anderen Besatzungsmitglieder waren nirgendwo zu sehen. Ich hatte sie noch gesucht, aber keinen gefunden. Zunächst robbte ich in der vom Panzer eingegrabenen Spur durch ein Kartoffelfeld weiter nach hinten. Dann begann ein Streifen eines abgemähten Getreidefeldes.

In der Kaserne hatte ich gelernt, daß man bei Feindbeschuß ein Feld ohne Tarnung durch wechselseitiges Aufspringen, Laufen und wieder Hinwerfen überwinden könnte. Ich sprang also, wie in der Kaserne gelernt, mit »Sprung auf, Marsch-Marsch« auf, rannte über das gemähte Feld und warf mich wieder auf den Boden. Aber auch hier war alles anders als auf dem Kasernenhof. Neben mir rauschten die auf mich abgefeuerten MG-Geschosse, über mir trommelte in dem von Granaten grau gefärbten Morgenhimmel das Inferno der Artillerieschlacht, und vor mir lagen im Wechsel Kartoffelfelder und gemähte Getreidefelder, die rechtwinklig zur Straße verliefen. Neben der Straße war eine Baumreihe, deren Verlauf ich beim letzten Blick durchs Zielfernrohr als Straßenbegrenzung erkannt hatte. Ich robbte und sprang immer weiter, bis ich schließlich mit meinen Kräften völlig am Ende war. In dieser Phase der Erschöpfung wurde ich plötzlich ganz gleichgültig und stand einfach auf, um aufrecht und ungedeckt in Richtung Straße weiterzulaufen, so, als ob der Krieg mich nichts mehr anginge. Die Angst war gewichen. Die Entfernung zum Feind war mittlerweile auch größer geworden, und so erreichten mich die feindlichen MG-Geschosse nicht mehr. Neben der Straße verlief ein tiefer Straßengraben; in ihm ging ich weiter zurück und war hier natürlich weit mehr geschützt als auf dem freien Feld. Trotzdem war die Situation nicht ungefährlich, und als ich nach längerem Marsch im Straßengraben auf eine deutsche Pak-Stellung traf, brüllten die Soldaten hinter der Pak-Kanone fast befehlend: »Geh doch in Deckung, da hinten steht russische Pak!« Gerade den Kugeln des Feindes entronnen, beeindruckte mich die gut gemeinte Warnung überhaupt nicht.

Dann aber sah ich einen Panzer der 24. auf mich zukommen. Es war unser Arztpanzer, auf dem der Rest meiner Besatzung saß. Sie begrüßten mich. »Mensch, Armin, du bist ja raus aus dem Panzer. Wir dachten, du wärst verbrannt!« So schnell ist man vergessen, wenn ein Panzer brennt! Und ich war wegen der Kameraden noch einmal zum Panzer zurückgerobbt! Natürlich freuten sich meine Kameraden, daß ich noch lebte. Keiner von ihnen hatte daran gedacht, daß ich noch im Panzer sein könnte und Hilfe brauchte, wie vielleicht auch die Besatzungsmitglieder der danebenstehenden Panzer Hilfe gebraucht hätten! Es hätten nur noch die Begrüßungsworte gefehlt: »Du lebst ja, das kann doch nicht wahr sein!« Ja, ich lebte, zwar mit Verbrennungen und nur noch einer angebrannten Drillichjacke am Leibe. Aber jetzt zählte nur das Leben, das Durchkommen.

Ausgerechnet über jenen Kampftag bzw. jene Kampftage teilte der OKW-Bericht ergänzend mit: »In den seit Ende Juli andauernden Kämpfen an San und Weichsel hat sich die bereits vielfach bewährte ostpreußische 24. Pz.-Div. unter Führung von Generalleutnant Reichsfreiherr von Edelsheim erneut in Angriff und Abwehr hervorragend geschlagen.« In Schriften zur militärischen Geschichte des Zweiten Weltkriegs findet man bei H. Wagenheimer den Hinweis, daß das zwischen Weichsel und den Karpaten neu eingesetzte AOK 17 mit der 24. Panzer-Division den sowjetischen Angriff erfolgreich verzögerte, und E. Bauer schreibt zu jenen Kampftagen, »daß man nach dem Fall von Rzeszow am 3.8.1944 – an meinem vorletzten Angriff –

von dem russischen Pz.-Korps Marschall Konjews große Ereignisse erwartete: »Aber nichts geschah, und vielleicht muß man den plötzlichen Stillstand der Schlacht dem Eingreifen der 24. Pz.-Div. zuschreiben.« Nachdem jedoch die 24. Pz.-Div. bereits einmal im Wehrmachtsbericht zu einem Zeitpunkt erwähnt wurde, als die gesamte Ausrüstung im Schlamm steckengeblieben und verlorengegangen war[3], kam mir damals der Gedanke, daß eine derartige Erwähnung in der umschriebenen Sprache des Wehrmachtsberichtes bedeuten könnte: »Diese Truppe wurde vollkommen vernichtet.«

Die 17. Armee erließ folgenden Tagesbefehl: *8. August 1944*

Soldaten der 24. Panzer-Division!

Mit dem heutigen Tage scheidet die 24. Pz.-Divison inmitten einer entscheidenden Angriffsaufgabe aus dem Verband der 17. Armee aus. Getreu ihrer reiterlichen Tradition hat die 24. Pz.-Division bei *Landshut* und *Reichshof* in vorbildlicher beweglicher Kampfführung den Aufmarsch der 17. Armee gedeckt und damit das Bilden einer festen Front zwischen Karpathen und Weichsel ermöglicht. Seit 10 Tagen steht die Division nunmehr zunächst ostwärts der *Wisloka*, jetzt nördlich der Weichsel in schweren Angriffs- und Abwehrkämpfen gegen den über die Weichsel gegangenen Feind. Durch ihren schwungvoll vorgetragenen Angriff auf *Majdan*, anschließend durch die hartnäckige Verteidigung des Brückenkopfes *Szcuzsin*, konnte die Division die Grundlagen für den Angriff schaffen, zu dem sie am Tage ihres Ausscheidens aus dem Verbande der Armee abgetreten ist.
Für diese in vorbildlichem Geiste und Haltung durchgeführten Kämpfe spreche ich der Division und deren Führern meinen Dank und meine Anerkennung aus und wünsche Euch, Soldaten der 24. Panzer-Division, Glück und Erfolg.

Gez. Schulz
General der Infanterie.

3 Wehrmachtsbericht vom 21.02.1944: Im Südabschnitt haben sich ... die ostpreußische 24. Pz.-Div. unter Führung des Generalmajors und Reichsfrhr. v. Edelsheim besonders ausgezeichnet.

Mit dem Arztpanzer brachte man mich zum Hauptverbandsplatz, der in einer Scheune hinter einer Pappelreihe und ein paar Baumgruppen, ganz in der Nähe des Schlachtfelds (am Rande des Dorfes Rzyska) untergebracht war. Trotz des Hochbetriebes, der hier herrschte, kam der Truppenarzt schnell zu mir, untersuchte mich und gab mir eine Injektion gegen Tetantus. Dann schnitt eine russische »Hilfswillige« Brandkompressen zurecht und legte sie auf die verbrannten Hautbereiche, wodurch die Schmerzen etwas nachließen. Sie waren jedoch nur dann einigermaßen erträglich, wenn ich die Arme hochhielt und hin- und herbewegte. Recht erschöpft saß ich mit vielen Kameraden vor der Scheune und wartete, was nun geschehen würde.

Unter den Verwundeten stellte man eine Gruppe Transportfähiger zusammen, und mit ihnen gelangte ich mit einem Sanitätskraftwagen in ein Feldlazarett bei Tarnow. Auch dort waren die Ärzte sofort zur Stelle. Sie legten neue Verbände an und wollten meinen Bericht, daß der Russe bereits vor Debica stand, gar nicht glauben. Mit den frischen Verbänden versorgt, legte man mich ins Bett, und erklärte einem Sanitäter die Handhabung meines Fotoapparates, den ich noch immer um den Hals trug. Mit seiner Hilfe entstand eine Fotografie des verbundenen Panzermannes im Feldlazarett.

In der Nacht lag ich bereits in einem Lazarettzug, der aus neuen, hochmodernen Eilzugwagen bestand, mit zweistöckig angeordneten Betten, die in Längsrichtung standen. Der Arzt und der Sanitäter dieses Zuges kümmerten sich ebenfalls sofort um die Verwundeten; mir gab man die Anweisung, möglichst viel zu trinken. Dann hörte ich aus dem Bett unter mir eine Stimme des Widerspruchs. »Ich bin Offizier und habe Anspruch auf ein Lazarettabteil für Offiziere.« Noch eine Kriegserfahrung, die mich belehrte, daß es Offiziere gab, denen die Güte eines Lazarettzuges weniger wichtig war als das Klassenschild an ihrem Eisenbahnwagen. Während der Zug im Bahnhof Krakau hielt, trug man den meckernden Offizier aus dem »eleganten« Lazarettwagen hinaus.

Die am 4. August 1944 erlittene Verwundung markierte den Wendepunkt in meinem Soldatenleben. Bis hierher hatte ein langer Zickzack-Weg geführt, von hier aus sollte ein ebenso kurvenreicher, aber wesentlich kürzerer Weg von nur acht Monaten bis zur Erlösung durch das Ende des Krieges führen. Mein Freund bei der 12. Schwadron Uffz. Armin Stolze hat ein Tagebuch geführt. Da war zu lesen: 1. 8. – 3.8.1944, Pz.-Besatzungen werden abgelöst; 4.8.1944, Pz 1241 Totalschaden Kommandant Wachtm. Schmah verwundet; 1211 Oberwachtm. Assmann gefallen, Uffz. Armin Böttger starke Verbrennungen (Gesicht und Hände) Lazarett.

IM RESERVELAZARETT

Der Lazarettzug fuhr auf seinem Weg zu dem Bestimmungs-
bahnhof Mauer-Öhling in der Nähe von Amstetten (Österreich)
über Oberschlesien und die Tschechoslowakei. Durch die große Schleife, die der Zug auf seiner Fahrt zog, erreichte er zweimal damaliges deutsches Gebiet; da es bei jedem Überschreiten der alten deutschen Grenze für Fronturlauber ein Paket gab,
händigten mir auch zweimal Rotkreuz-Schwestern ein Front-
urlauberpaket aus. In Mauer-Öhling hielt der Zug, und durch
mein Abteilfenster sah ich auf dem Bahnhofsgelände eine größere Anzahl von Rotkreuz-Schwestern und im Hintergrund
einige Sankas stehen. Nach einer gewissen Wartezeit wurde ich
mit weiteren Verwundeten ausgeladen und in das dortige Reservelazarett transportiert. Es war in verschiedenen Gebäuden
einer ehemaligen Nervenheilanstalt untergebracht und in einem
Parkgelände sehr hübsch gelegen. Grüne Wiesen, dazwischen
Wege mit Sträuchern begrenzt, und viele Bäume sorgten bei
schönstem Sommerwetter für eine ländliche Atmosphäre. Ich
war an einem Ort der Ruhe und des Friedens angelangt, ein
Ort, der mir für eine baldige Genesung sehr gut geeignet schien.

Ich hatte auch wieder Zeit zu lesen: Bücher aus der Lazarett-
bibliothek sowie Tageszeitungen. In einer lokalen österrei-
chischen Zeitung konnte ich dann einen Bericht des SS-Berich-
ters Achim (Joachim) Fernau lesen, der mich furchtbar aufregte.
Auf der einen Seite die absolut realistische Schilderung der
Rückzuge an allen Fronten, die Aufzählung der sich unaufhör-
lich aneinanderreihenden Niederlagen und auf der anderen
Seite als Schlußfolgerung der baldige Sieg. Er schrieb unter der
Überschrift

29. August. In einem halben Jahr spätestens werden wir wissen, was heute noch wenige wissen, daß diese letzte Kriegsphase, die am 16. Juni 1944 anbrach, ein Geheimnis gehabt hat, und daß die drei Monate Juni, Juli und August in Wahrheit ein ganz anderes Gesicht hatten, als wir alle glaubten.

Diese Zeit, die wir jetzt, unmittelbar jetzt, durchmachen, ist das Dramatischste, was die moderne Weltgeschichte jemals erleben kann. Spätere Zeiten werden einmal klar und deutlich sehen, daß es auf Millimeter und Sekunden ankam und daß es auszurechnen gewesen sein mußte, warum Deutschland siegte.

Es ist ein phantastischer Gedanke, sich vorzustellen, daß es so sicher ist, denn im Augenblick sieht die Welt für uns ja ganz anders aus. Charkow fiel, Stalino, Dnjepropetrowsk, Uman, Smolensk, Pleskau, Witebsk fielen, die Sowjets kommen immer näher, immer näher. Kiew ist gefallen. Lemberg ist gefallen, sie stehen vor Warschau, vor Krakau, vor Ostpreußen, Divisionen werden ihnen entgegengeworfen und müssen zurück, ununterbrochen zurück, Regimenter gehen zugrunde, unendliches Material versinkt im russischen Schlamm, Flieger fehlen oder Artillerie oder Panzer, irgend etwas muß sie doch endlich zum Stehen bringen. Aber der nächste Tag bringt auch nichts. Langsam, aber ständig kommen die Sowjets heran.

In Italien bricht das Nettuno-Geschwür auf. Rom fällt, die Engländer marschieren, marschieren, marschieren, ziehen ihre wahnsinnigen Mengen von Artillerie und Fliegern nach und stehen nun in Florenz. Am 8. Juni beginnt die Invasion mit einem wütenden Inferno von Bomben und Granaten, die Engländer und Amerikaner treffen sich fest in der Normandie, die Gegenstöße scheitern. Und ohne Unterbrechung rollt die englische Bomberwaffe über Deutschland und zerschlägt unsere Städte. So sieht der Juni und der Juli aus.

Mit diesen kalten Worten muß man es einmal sagen, denn das ist die Wahrheit, und das ist die Ehre unserer Soldaten. Es ist ein schreckliches Gemälde. Aber dieses Bild ist falsch. Wenn wir es selbst nicht wüßten und beweisen könnten, könnte uns Churchill selbst am besten belehren, und er würde auch nicht zögern, denn für ihn sieht dieses Bild wesentlich anders aus. In einem halben Jahr wird es ohnehin jeder wissen

England und Amerika beginnen 1939, in einem Jahr, das denkbar ungünstig war, den Krieg. Beide Staaten sind noch nicht fertig. Die USA sind noch nicht einmal soweit, offiziell in den Krieg eintreten zu können. Die deutsche Überlegenheit ist eindeutig. Das weiß auch England, nur kennt es den ganzen Umfang nicht. Seine Rechnung war nämlich eine in Wahrheit geniale und geht auf staatsmännische Erkenntnis bis zu den Pitts zurück, man muß von vornherein verhindern, daß es durch Strategie, Waffe oder Tapferkeit zu einer frühen Entscheidung kommt, der Krieg muß unter allen Umständen die Phase der allgemeinen Erschöpfung, des Endkampfes also, erreichen. Dann hat er den Charakter angenommen, den England und die USA brauchen: Die Wellenbewegung, die Schaukel. Ich komme auf diesen Begriff, den wir nicht vergessen wollen, gleich zurück.

Der Führer hat das genau gewußt. Er hat versucht, diesen Plan zu durchkreuzen, die ganzen von England zu diesem Zweck vorgeschobenen Länder schnell zu besiegen und eine strategische Entscheidung 1940 zu erzwingen. Wir waren sehr nahe daran. Aber es mißlang, weil die Sowjetunion die beispiellose Tat beging, sich mit dem Kapitalismus zu verbünden und in den Krieg einzutreten. England atmete auf.

Das war die Situation 1943. Der Engländer und die Amerikaner hielten praktisch die Hände im Schoß und ließen den Krieg laufen. Sie errangen die See- und Luftüberlegenheit, zerschlugen Deutschland langsam aber sicher und hielten sich selbst vom Kriegsschauplatz fern. Mit dieser Ruhe hätten sie den Krieg nun bis zum Ende abwarten können. Es geschah jedoch etwas ganz Merkwürdiges!

1944 begann ein ungeheurer Ansturm gegen Deutschland. Kein Mensch zweifelte daran, daß dies äußerster Kraftüberschuß sei. Die Engländer kamen nicht mehr mit hundert Bomben, sondern mit tausend. Sie landeten in Nettuno, sie schossen 200.000 Schuß auf einen Abschnitt an einem Tage, sie machten am 6. Juli Generalinvasion. Zum Osten griff Stalin mit allen Reserven an. Es war imponierend für die Welt. Keiner merkte, daß dies alles höchst merkwürdig war und daß diese Opfer vor Torschluß gänzlich unnötig gewesen waren, wenn sich wirklich alles so verhalten hätte. Aber es verhielt sich ganz anders!

Ein Jahr vorher wußte Churchill bereits etwas von uns, was nicht einmal wir selbst ahnten. Der englische Innenminister Morrison hat es vor wenigen Tagen im Unterhaus noch einmal ausgesprochen. Er sagte auf die Frage, was mit Deutschland los sei, wörtlich: »Ich weiß von furchtbaren Dingen.« Der riesenhafte Ansturm 1944 ist nicht Kraftüberschuß, sondern höchste Not und panische Angst.

Ich erinnere mich noch sehr gut, daß die Terroristen in Frankreich im vergangenen Jahr folgende Zeichen an die Wände schrieben:

»1918–1943« 1943 sollte unser 1918 werden. Heute weiß ich, das war keine Propagandatheorie, es war ein Programm, es war bitterste Notwendigkeit, Churchill kann nämlich rechnen! Er kannte Termine, die nicht einmal wir selbst kannten und heute noch nicht kennen. Wir fanden bei einem Gefangenen eine einige Jahre alte englische Zeitschrift, in der die »V 1« abgebildet war, falsch, aber immerhin ungefähr. Als ich das sah, war mir alles klar, es beweist:

1. Churchill hat von den kommenden Waffen frühzeitig gewußt.

2. Er hat den Bau nicht verhindern können.
3. Er hat sie nicht vor uns konstruieren können.
4. Er hat keine Abwehr gefunden.
5. Er wußte damit, daß es einen Termin geben würde, an dem eine dritte Kriegsphase beginnt und an dem nun Deutschland genau wie er im Jahre 1942, den Krieg noch einmal von vorn anfangen würde. Und in dieser Phase würde dann Deutschland oben sein.

So wie er von »V 1« wußte, wird er auch von anderen »schrecklichen Dingen« wissen. Und er weiß noch etwas, für ihn viel Grauenhafteres. – Er kennt den Termin.

Deshalb schrieb er »1918–1943«, deshalb hätten das Ende – unser errechnetes Ende aus Erschöpfung – unbedingt 1943 kommen müssen. Das Jahr ging vorüber. Wir selbst ahnten nicht, was das für Churchill und Roosevelt bedeutete. Jetzt gab es nur noch einen Versuch für sie: in den letzten Minuten ihrer Kriegsphase einen verzweifelten Gesamteinsatz zu wagen, und den erleben wir jetzt.

Wenn es für diese Gedankengänge noch eines letzten Beweises bedurfte, dann hat ihn Churchill selbst in einem Interview vor einigen Tagen erbracht. Er sagte: »Wir müssen den Krieg bis zum Herbst beenden, sonst«, und dann schwieg der alte Herr, der Brandstifter.

Bis zum Herbst, damit wissen wir, wofür wir die letzte große Kraftanstrengung machen müssen. Sie geht auch nicht über unsere Kräfte. Wir haben in diesem Krieg noch nie in einer kritischen Lage aufgegeben. Wir werden den letzten Preis, den wir noch zu bezahlen haben, eben bezahlen. Mit allen Mitteln und mit allen Kräften. Der Sieg ist wirklich ganz nahe.«

Zynisches Glanzstück der NS-Propaganda? So »verarschte« uns der Propagandatäter Joachim Fernau, der nach dem Krieg vielgelesene Bücher schrieb (wie z. B. Von Arminius bis Adenauer, Rosen für Apoll).

Die ersten Tage waren allerdings von der Schwere meiner Verbrennungen bestimmt; ich litt unter starken Schmerzen. Am dritten Tag kam noch eine Kreislaufkrise hinzu. Auch der erste Verbandwechsel bereitete mir solche Schmerzen, daß die Ärzte zuerst einmal ein starkes Schmerzmittel (ein Gemisch aus Skopolamin, Eukodal und Ephetonin) injizierten. Jeden Morgen begrüßte mich die Oberschwester mit der Frage nach meinem Essenswunsch. Ich bekam Wunschkost und konnte somit aus dem Vorrat der Küche mein Essen auswählen, außerdem erhielt ich täglich ein Glas Wein und Bohnenkaffee. Bei allem, was ich wegen meiner verbundenen Hände und Arme nicht selbst tun konnte, wurde ich von einer Schwester unterstützt. Diese hervorragende Pflege der Schwestern hatte allerdings zur Folge, daß mich eine »KV-Maschine« schon nach drei Wochen aus dem schönen Lazarett wieder hinauswarf. Unter einer KV-Maschine verstand man einen Arzt oder eine Ärztekommission, die die nicht einsatzfähigen Soldaten untersuchte und sie soweit als irgend möglich »frontverwendungsfähig« schrieb.

Die frühzeitige Entlassung aus dem Lazarett hatte dann aber auch ihr Gutes, denn der nächste Arzt, der mich in der Ersatzeinheit untersuchte, fand die Heilung noch nicht befriedigend. Nachdem mich dieser Arzt untersucht hatte, sprach er den befreienden Befund: »Sie sind noch nicht einsatzfähig.« Er schrieb mich bedingt KV 2, was so etwas ähnliches wie GvH – »Garnisonsverwendungsfähig-Heimat« – bedeutete und mich also zunächst einmal vor der sofortigen Rückkehr an die Front bewahrte.

Aus dem Lazarett entlassen, fuhr ich direkt zu einem Genesungsurlaub nach Freiburg. Hier konnte ich dann in der täglichen Begegnung mit der Bevölkerung selbst die Privilegien eines verwundeten Frontsoldaten erleben, beispielsweise durfte ich mich immer sofort an die Spitze einer großen Menschenschlange vor der Kasse eines Kinos stellen. Nach dem Ende dieses

Urlaubs marschierte ich nach eineinhalbjähriger Abwesenheit durch das wohlbekannte Kasernentor der Panzerkaserne in Sagan. Dort traf ich auch meinen alten Freund Graf P. wieder, der mittlerweile Offizier geworden und mehr oder weniger ungewollt in der Hierarchie der Wehrmacht aufgestiegen war. Bei diesem Wiedersehen spürte ich sofort eine Distanz und eine nicht für möglich gehaltene Kluft zwischen dem Grafen und mir. Er hatte durch die Beförderung den Landser ganz abgeschüttelt, während ich als Unteroffizier immer noch ein Landser geblieben war. In der langen Zeit, in der wir befreundet und gemeinsam durch dick und dünn gegangen waren, er als Unteroffizier und ich als Gefreiter bzw. Obergefreiter, waren wir in der Wehrmachtshierarchie weit bzw. ganz unten angesiedelt. Jetzt gehörte jeder von uns einer verschiedenen Kaste an, und so war auch die innere Entfremdung wohl unvermeidlich. Bei unserem Wiedersehen wechselten wir erst ein paar belanglose Sprüche, dann sagte er mit dem Blick auf seine Uhr nur noch einen Satz, der uns sofort wieder trennte: »Ich muß zu meinem Oberst.« Jetzt hatte er weder Zeit für mich, noch ein Ohr für meinen Wunsch, doch etwas für mich zu tun, damit ich in Sagan stationiert bleiben könnte.

KURIER IN OSTPREUSSEN

Statt einer Stationierung in Sagan brachte ein Befehl die Verlegung nach Zinten in Ostpreußen, ganz in der Nähe von Königsberg. »Warum muß ich als Südbadener ausgerechnet am anderen Ende einer Diagonalen quer durch Deutschland landen?« dachte ich unzufrieden bei der Fahrt über Posten nach Zinten. Ich wußte ja noch nicht, daß in Ostpreußen die Glücksgöttin ihre Flügel schützend über mich ausbreiten würde. Ihren ersten Flügelschlag spürte ich, nachdem ich gerade in Zinten bei der Panzereinheit 10 angekommen war. Ich erhielt die Chance, Kurier zu werden. Diese Gelegenheit, eine »ruhige und auch angenehme Kugel zu schieben«, ließ ich mir natürlich nicht entgehen, und so fuhr ich in der Folgezeit täglich mit dem Zug wie ein Zivilist um 10 Uhr morgens von Zinten entweder nach Königsberg zum stellvertretenden Generalkommando I.A.K. oder zur Wehrmachtskommandantur oder über Königsberg, Wehlau nach Insterburg zum Kommandeur der Panzertruppe I. Meist hatte ich Briefe und Befehle in der Tasche, die die Aufschrift »geheim« oder »geheime Kommandosache« trugen. So war ich nun eine Art militärischer Briefträger, allerdings mit dem Privileg, mehr Freiheit und Freizeit als die übrigen Soldaten der Zintener Ersatzeinheit zu haben. Das begann schon beim Wecken, wo ich nicht aufstehen mußte, wenn um sechs Uhr der Ruf »Aufstehen« durch die Kaserne hallte, sondern noch gut zwei Stunden weiterschlafen konnte und mich erst gegen neun Uhr am Morgen beim Kommandanten der Ersatzeinheit melden mußte.

Das übrige ergab sich aus dem Zielort. Da zwischen Zinten und Königsberg ein lebhafter Zugverkehr herrschte, blieb die Gestaltung des jeweiligen Tages weitgehend mir überlassen. Die Zugfahrt selbst war auch recht angenehm. Nach Ankunft des

Zuges im Bahnhof Zinten, wie auch in den übrigen Bahnhöfen, bestieg ich das gesonderte Kurierabteil. Führte der Zug kein Kurierabteil, dann stieg ich mit dem Kurierausweis und einem Dauerfahrschein 3. Klasse in der Tasche in das Dienstabteil der Zugschaffnerinnen ein. Da ging es immer sehr lustig und manches Mal auch recht locker zu. Als Verpflegung erhielt ich wechselweise an einem Tag Marschverpflegung und am nächsten Tag Lebensmittelmarken. Durch geschicktes Taktieren mit den Bedienungen der Eßlokale erhielt ich oftmals ein Essen ohne Marken oder mit weit weniger Marken als auf der Speisekarte gefordert. Besonders erfolgreich war ich bei einer Verkäuferin eines Bäckerladens in Zinten. Diese Verkäuferin war weit weniger hübsch als ihre Kollegin aus Sagan, dafür setzte sie aber noch einen drauf: ich reichte ihr meine Brotkarte über die Theke und mit dem Brot gab sie mir nicht nur meine Brotkarte ohne Marken abgetrennt zu haben zurück, sondern steckte mir auch noch zusätzliche Brotmarken zu.

Königsberg selbst hatte durch Fliegerangriffe, besonders im August 1944, als 600 britische Bomber Stadt und Hafen in Trümmer legten, bereits sehr gelitten, für den Landser gestaltete sich der Aufenthalt in dieser Stadt jedoch ohne große Einschränkungen, und mit genügend Lebensmittelmarken gab es ausreichend Gelegenheit, sich statt am Kasernentisch in einem Gasthaus verpflegen und bedienen zu lassen. Als sich die russische Armee dann Insterburg näherte, verlegte man meine Anlaufdienststelle nach Allenstein, und so pendelte ich jetzt zwischen Zinten und Königsberg und Zinten und Allenstein hin und her.

SONDERURLAUB IN DAS ZERBOMBTE FREIBURG MIT RÜCKBESINNUNG AN DIE SCHUL- UND HITLERJUGENDZEIT

Freiburg im Breisgau, bis dahin von Flugzeugangriffen weitgehend verschont geblieben, hatte am 27. November 1944 einen furchtbaren Bombenangriff erlebt. Ich beantragte Sonderurlaub und konnte sofort in meine Heimat fahren und mich selbst von dem schrecklichen Ergebnis dieses Bombenangriffs überzeugen.

Dieser Kurzurlaub war neben dem Wiedersehen mit meiner gottlob gesunden Mutter und meiner Schwester in der unversehrten Wohnung in der Möslestraße bedrückend von der Zerstörung des Stadtkerns von Freiburg bestimmt. Viele bekannte Gebäude der Stadt und ganze Straßenzüge wie die Salz- und Kaiserstraße waren zerstört und bestanden nur aus Trümmern mit schmaler Fahrrinne. Von vielen Häusern standen nur noch die Wände, teilweise waren auch diese aufgerissen, und davor lag ein riesiger Trümmerhaufen. Es roch nach Brand. Aus dem Meer der Trümmer ragte nur noch das Münster wie durch ein Wunder ungetroffen mit seinem wunderbaren gotischen Turm hervor. Von der Zahnarztpraxis am Stadtgarten, in der meine Schwester gearbeitet hatte, war ebenfalls nur ein Trümmerfeld übriggeblieben. Meine Schwester war bei dem Bombenalarm Richtung Schloßberg gerannt und hatte gerade noch vor dem Beginn des Angriffs einen Luftschutzbunker in den dortigen Felsgewölben erreicht. Mein Weg über und zwischen den Trümmern führte mich zu meiner Schule, dem Berthold-Gymnasium, jetzt ebenfalls in einen Trümmerhaufen verwandelt. Das Stadttheater gegenüber stand dagegen in seinen Grundmauern. Die Gedanken gingen zurück an die Schulzeit und an die vielen Jahre mit Höhen und Tiefen in diesem Gymnasium. Ich

147

erinnerte mich an vieles, auch an meine erste Begegnung mit dem Nationalsozialismus als Schüler der Quinta. Während des ersten Jahres 1933 in der Sexta war noch ein katholischer Geistlicher Direktor dieses humanistischen Gymnasiums, den man aber bereits ein Jahr später durch einen Lehrer mit Parteiabzeichen ersetzte. Dieser kam eines Tages in die Klasse und ließ alle aufstehen, die noch nicht im Jungvolk waren. Da stand auch ich zusammen mit der überwiegenden Zahl der Schüler, und der strenge Direktor, unübersehbar das Hakenkreuz des Parteimitgliedes auf seinem Revers, baute sich der Reihe nach vor jedem von uns auf. Wer so aussah und sich so benahm, der mußte ein Nazi sein, dachte ich jetzt in der Erinnerung. Während das Schuloberhaupt groß und militärisch gerade wie ein preußischer Offizier vor den Schülern stand, bekamen wohl die meisten von uns Angst, und die kleinen Herzen rutschten in die Hosen. Gleichzeitig erweckte der Auftritt des Direktors das Gefühl, etwas falsch gemacht zu haben. Dann fing er an. »Warum bist du noch nicht im Jungvolk?« Stotternd kamen unsere Antworten, die wie faule Ausreden klangen.

»Ein Schüler des Berthold-Gymnasiums muß wie jeder deutsche Junge Angehöriger des Jungvolkes sein, also tritt sofort ins Jungvolk ein!« Mit dieser Mahnung verließ das strenge Schuloberhaupt das Klassenzimmer. Aber nicht für lange, denn bald kam er wieder, und dann wiederholte sich das ganze. So blieb es schließlich keinem erspart, Angehöriger des Jungvolks zu werden.

Ich erinnerte mich auch sehr gut an die Bevormundung und den Zwang, der mit dem Eintritt in das Jungvolk begann. Dieser Zwang und später auch noch Angstgefühle begleiteten mich während der eigentlichen Kriegszeit. Bereits im Jungvolk wurde er schikaniert, der kleine Pimpf, den man zunächst vom Hermann zum Armin machte, weil die Jungvolkschar bereits einen Hermann hatte! Dann erlebte ich während der wöchentlichen Geländedienste eine vormilitärische Ausbildung. Wir lernten uns im Gelände zu orientieren und das Gelände auszunutzen, um als Spähtrupp »feindliche« Stellungen zu erkunden und zu erobern, wir konnten mit einem Kompaß umgehen, kannten das Morsealphabet und vieles mehr. Mir war dieser Jungvolkdienst mehr als lästig. Viel lieber wollte ich als begeisterter Tennisspieler und Mitglied der 1. Juniorenmannschaft des Freiburger Tennis- und Hockeyclubs in meiner Freizeit Tennis spielen oder beim Kartenspiel (Skat) mit Gleichgesinnten oder auch mit Freundinnen die Freizeit verbringen.

Ich wollte frei in meinen Entscheidungen sein und litt unter dem Zwang, ohne daß mir – wie auch den anderen – bewußt geworden wäre, in einer von Hitler eingesetzten Organisation Mitglied zu sein, und ohne daß ich verstanden oder auch nur geahnt hätte, was Hitler wollte und wohin Hitlers Organisationen uns führen würden. Ohne Frage begeisterten sich viele, insbesondere patriotisch eingestellte Jungvolkpimpfe, an Wanderungen, die über Tage oder Wochen mit feldmarschmäßig gepacktem Tornister, auf dem eine Decke, Zeltplane und Kochgeschirr nach Vorschrift befestigt waren, durch den Schwarzwald führten.

Am Ziel angelangt, galt es dann eine Jungengemeinschaft zu bilden. Ich war zu sehr Individualist, um Freude an diesem Wander- und Lagerleben zu finden. Außerdem hat mich die durch die Mitgliedschaft im Jungvolk (und später in der Hitlerjugend) bedingte Einordnung in die Macht- und Befehlsgewalt von Klassenkameraden und anderen Jugendlichen, die gleichaltrig oder nur wenig älter waren, gestört und belastet. Das fing an mit Befehlen und Ermahnungen, die neben der Strenge mit dem völlig neuen Vokabular des Nazistaates wie – Volksgemeinschaft, Ziele der nationalen Revolution, Einheit, Opferbereitschaft und Opfergeist der Jugend mit stolzem deutschen Blut, dienendem Führer, Ehrfurcht, Treue und Gehorsam, Hinauswurf aller Störenfriede und anderer Sprüche einer weltanschaulichen Schulung – gespickt war. Mein unmittelbarer Jungvolkführer hatte mich während einer Fahrradfahrt zur Schule überholt und angehalten. Aus welchem Grund?

Ich trug damals noch die Schülermütze meines Gymnasiums, eine Schirmmütze aus farbigem Tuch, die den Träger nicht nur als einen Schüler des renommierten Berthold-Gymnasiums auswies, sondern durch die Mützenfarbe auch die Klassenzugehörigkeit anzeigte. So trug der Schüler der Sexta eine grüne Mütze, der Quinta eine blaue usw. von rot bis gelb, schwarz und weinrot. Die Schüler der Oberprima trugen sogar einen Stürmer, also die Mützenform von Studenten-Bewegungen. Eine derart individuelle Kopfbedeckung paßte nicht in die uniforme Landschaft der Nazi-Organisationen. Ich hatte diese Schulmützen bis zu diesem Tag 1935 sehr gerne getragen. Jetzt wurde mir befohlen, nie mehr eine derartige Mütze aufzusetzen.

Entsprechend der Führerlosung »Hart wie Krupp-Stahl, zäh wie Leder« spielte die Härte in der Ausbildung eine große Rolle. Denn nur aus einem harten Pimpf wird ein harter Soldat. Die Betonung der Härte nahm gelegentlich entwürdigende Formen an. So mußte ich auf einer Wanderung erleben, wie Pimpfe meiner Jungenschaft mich plötzlich zu Boden warfen und festhielten, worauf ein Pimpf sich auf meine Nase setzte und losfurzte. Voll von Ekel und Wut war ich mehr als deprimiert.

Ich ahnte damals noch nicht, daß derartige Vorgänge auch eine Vorstufe der Ausbildung bei der Wehrmacht war, wobei wie bei allen Organisationen des Dritten Reiches menschliche Eigenschaften der Vorgesetzten wie Befriedigung ihrer Machtgefühle eine grundsätzliche Rolle spielten. Nach diesem Ereignis weigerte ich mich bei der nächsten Wochenendwanderung mitzugehen. Der Fähnleinführer schrieb daraufhin einen Brief an meinen Vater, ich solle doch bei der nächsten Wanderung teilnehmen, um in der Gemeinschaft und Kameradschaft am Lagerfeuer das Schönste was ein Jugendlicher erleben kann, nicht zu versäumen.

Neben dem erwähnten Geländedienst spielten Ordnungs-übungen, Schulungen und sportliche Wettbewerbe (»Schnell wie die Windhunde«) eine große Rolle. Bei einem Wettkampf des Jungvolkes im Freiburger Universitätsstadion gewann meine Jungenschaft den Wettbewerb Zeltbau. Wir hatten als schnell-ste Truppe aus Zeltplanen ein Zelt geknüpft und korrekt auf-gestellt. Mein Vater verfolgte diesen Wettbewerb und war sehr stolz, seinen Sohn in einer siegreichen Mannschaft zu sehen.

Der Jungvolk- bzw. der Hitlerjugenddienst beeinflußte auch den Schulunterricht, denn jetzt war für die Angehörigen des Jungvolks »Die Pimpfe« der Samstag als »Staatsjugendtag« schulfrei. Und im Einklang mit den Zielen der Jugendorgani-sationen wurde in der Schule verstärkt die Leichtathletik mit 60m-Lauf, Weitsprung und Ballweitwurf betont und Boxen als Pflichtfach eingeführt. Hitler selbst war der Meinung, es gäbe keinen Sport, der wie Boxen den Angriffsgeist fördere und der »junge, gesunde Knabe« solle durch Boxen lernen, Schlä-ge zu ertragen.

Durch das Boxen erlebten wir schnell einen besonderen Knock out. Unser Klassenprimus – ein klassischer Primus mit stets über-durchschnittlichen Leistungen in sämtlichen Fächern, mit Aus-nahme von Sport – da schaffte er nicht einmal einen 50m-Lauf – bezog in der ersten Boxstunde massiv Prügel. Am nächsten Tag meldete er sich ab und verließ dieses humanistische Gymnasi-um. Im Zuge der Zeit wurden die Bemühungen der Lehrer ihren Schülern die altgriechische und römische Kulturwelt zu erschlie-ßen, ohnehin durch geänderte Gewichtungen der Fächer immer weiter zurückgedrängt. Dafür konnten die Lehrer mit den Par-teiabzeichen und die Sportlehrer jetzt verstärkt auf das Gym-nasium im antiken Griechenland, das als eine Einrichtung für Gymnastik betrieben wurde, verweisen.

Während ich weiter durch die von Trümmern umgebene Bert-holdstraße ging, erreichte ich den Bahnhof. Auch hier ein Trümmerfeld. Das schöne Hotel »Zähringer Hof«, in dem wir unseren Tanzstundenabschlußball gefeiert hatten, war ebenfalls dem Erdboden gleichgemacht. Beim zerstörten Bahnhof gingen Gedanken und Erinnerungen wieder zurück zur Jungvolkzeit. Beim Jungvolk war es mir nach zweijährigem Dienst gelungen, aus der vormilitärischen und zwangsgeführten Jungenschaft mit dem immerwährenden Geländedienst auszubrechen. Ich war Trommler geworden; kein Geländedienst mehr, dafür mußte ich mit einer großen Landsknechttrommel – »Bum-Bum, Bum-Bum-Bum« – den Takt für die hinter dem Musikzug marschierende Jungvolktruppe schlagen.

Mit dieser Trommel als erstem Attribut eines Landsknechts begann der Landser unbewußt und entfernt Kontur anzunehmen. Neben dem einfältigen Taktschlagen lernte ich auch den Rhythmus des Yorckschen Marsches und einen Trommelwirbel schlagen. Vor dem zerstörten Bahnhof erinnerte ich mich an jenen Tag, als ich mit dem Jungvolktrommlerzug auf dem Hauptbahnhof die Trommel geschlagen hatte, während ein Zug mit den aufgebahrten Särgen von 32 jungen Engländern einfuhr, die mit ihrem Lehrer auf dem Schauinsland den Frühling im Schwarzwald erleben wollten, jedoch bei einer Wanderung in kurzen Hosen durch einen Schneesturm den Tod fanden. Es sei noch erwähnt, daß ich während der Jungvolkzeit auch am Konfirmandenunterricht teilnahm, den der evangelische Pfarrer mit dem Hitlergruß begann und mit »Heil Hitler« beendete. Zur Konfirmation erhielt ich einen Druck von Dürers Reiter mit einem Spruch aus dem ersten Petrusbrief – »... seid nüchtern und setzt Eure Hoffnung ...« Obwohl der Wandel vom Konfirmanden zum Landser damals noch kaum zu ahnen war, hatte Dürers Reiter mit »nüchtern« und »Hoffnung« doch etwas gemeinsam mit dem Soldaten des Reiter-(Panzer)-Regiments 24.

Mit 14 Jahren kam ich automatisch in die Hitlerjugend. Das Trommeln mit der Landsknechttrommel war zunächst beendet, und ich war wieder beim Geländedienst. Aber auch bei der Hitlerjugend konnte ich aus diesem Dienst ausbrechen; zur Motor-Hitler-Jugend überwechselnd, erwarb ich den Führerschein Klasse 4 für Motorräder bis 250 ccm. Motorradfahren wurde für den 14jährigen Hitlerjungen zu einem faszinierenden Erlebnis. Zugleich war es der erste Schritt, um im Alter von 16 Jahren mit einer Sondergenehmigung den Führerschein Klasse 3 erwerben zu können. Während der Fahrschulzeit war ich mit dem Pkw durch die meisten Straßen gefahren, die jetzt in Schutt und Asche lagen. Bei Kriegsbeginn erfolgte dann noch mit zu Kolonnen zusammengefaßten Personenkraftwagen und Fahrern eine Schulung für eine möglicherweise notwendige Evakuierung der Stadt Freiburg. Hierfür gab es, soweit ein Pkw vorhanden und nicht requiriert war, eine bescheidene Benzinzuteilung und auf den Kfz-Kennzeichen einen roten Winkel sowie ein P-Schild auf der Frontscheibe. Der Besitz des Führerscheins hat dann später eine Zeitlang meinen Einsatz bei der Wehrmacht bestimmt.

In dem riesigen Trümmerfeld der Altstadt von Freiburg waren neben dem Münster auch das Schwaben- und Martinstor stehengeblieben. Am Martinstor erkannte ich unter dem 1902 angebrachten Reichsadler, der sowohl das badische als auch das Freiburger Wappen in seinen Klauen hielt, eine Inschrift als eine der großen Lügen eines Jahrhunderts: »Sub umbra alarum tuarum protege nos« (Unter dem Schatten deiner [Heeres]-Flügel beschütze uns!) Weder der Adler des Kaiserreiches noch der des NS-Staates haben uns beschützt. Vielmehr hat der jeweilige Adler uns Leid und Zerstörung und für viele den Tod im Krieg gebracht.

WIEDER IN OSTPREUSSEN

Nach dem Sonderurlaub wieder nach Zinten zurückgekehrt, ergaben sich zunächst große Probleme, wieder die Kuriertätigkeit auszuüben. Es gelang mir nur mit Mühe, meinen Urlaubsvertreter als Kurier aus dieser Position wieder herauszudrängen, um meine »angestammte« Kuriertätigkeit wieder aufnehmen zu können. Auch meinem Vertreter gefiel die Kuriertätigkeit sehr gut, und so wollte er nicht freiwillig in die Gruppe der anonymen Kaserneninsassen zurücktreten. Als ich mich bei dem zuständigen Hauptmann meldete und ihn erinnerte, daß ich der »Richtige« und der auf den verschiedenen Dienststellen bekannte und längst eingeführte Kurier sei, brachte mich seine positive Entscheidung wieder in meine ehemalige Position.

Auch in Zinten gab es natürlich KV-Maschinen, aber als Kurier, der täglich unterwegs war, mußte ich zu diesen Untersuchungen nie erscheinen. Auf meiner Stube lag ich zusammen mit einem Unteroffizier, der im Einsatz ein Auge verloren hatte und bis zur Anfertigung eines Glasauges eine schwarze Schutzbinde trug. Er tat auf der Schreibstube Dienst, und da ich mich mit ihm sehr gut verstand, konnte er zu meinem Glück meine Papiere, ohne daß mich ein Arzt zu Gesicht bekommen hatte, weiterhin mit dem entscheidenden Vermerk »nicht kriegsverwendungsfähig« versehen. Durch die Hilfe dieses Stubennachbarn und seine ungesetzliche Freundlichkeit konnte ich auch die nächste Zeit täglich als Kurier mit den Geheimkommandobefehlen hin und her fahren. Zum letzten Mal kam ich am 21. Januar 1945, einem Sonntag, in einem Pkw nach Allenstein, da der Zugverkehr zwischen Zinten und Allenstein bereits nicht mehr funktionierte. Ein paar Stunden später hatte der Russe mit sieben Panzern, die zudem kaum noch Sprit im Tank hatten, Allenstein eingenommen. Die russischen Truppen kamen Zinten und Königsberg immer näher, und als sie auf Elbing losmarschierten, wurde der Ring immer enger, so daß eines Tages meine Kuriertätigkeit zwangsläufig zu Ende war. Mit dem Zustrom ungezählter Soldaten, die alle auf dem Rückzug waren, füllte sich die Kaserne von Zinten bis an den Rand. Niemand wußte etwas über seine Zukunft, und man mußte sogar befürchten, daß schließlich alle noch Einsatzfähigen bis hin zu den Krüppeln und Prothesenträgern doch wieder an die Front geschickt und dort verheizt würden.

Am 27. Januar 1945 schrieb ich meiner Mutter einen Brief, der, am 9. Februar 1945 in Danzig abgestempelt, noch ankam: »In Elbing toben bereits Straßenkämpfe, und wir wissen nicht, ob wir die Zintener Kaserne verteidigen müssen. Allerdings liegt noch ein hoher Stab (des hitlertreuen Generalobersten Rendulic) mit seinen ›Blitzfrauen‹ hier, und wo diese Herren sitzen, ist doch meist hinten«. (Einen Panzerverband kann man nicht von der Spitze aus führen – Zit. nach A. Stahlberg). Ich wußte damals auch nicht, daß meine ostpreußische 24. Panzer-Division zur Verteidigung ihrer Heimat in Ostpreußen vor Zinten eingesetzt war. Sie mußte sich während ihres Endkampfes um Ostpreußen an die Südküste des Haffs, am Strande zwischen Balga und Rosenberg zurückziehen. Von ca. 4000 Überlebenden der Division wurden etwa 500 Mann ausgewählt. Sie konnten nach Schleswig-Holstein gelangen, während die zurückbleibenden einer mehr als dunklen Zukunft entgegengehen mußten. Der Kommandeur des III.Pz.Rgt. 24 hat dann nach der Kapitulation noch eine recht merkwürdige Bescheinigung zum Tragen des Divisionszeichen ausgestellt.

Der Wachtmeister Konrad G a i d a

erhält auf Grund seiner Zugehörigkeit zum Panzer-Rgt. 24
vom 1.4.43 bis zum Waffenstillstand die Berechtigung, das
Traditionsabzeichen der24. Panzer-Division zu tragen.

O. U., den 11. Mai 1945

Kuls

Rittmeister u. Abteilungskommandeur

Sinnvolle Bescheinigung nach der Kapitulation? Der letzte Abteilungskommandeur des Pz.Rgt. 24 Ritterkreuzträger Rittmeister W. Kuls
erteilt die Berechtigung zum Tragen des Abzeichens der 24. Pz.-Div.
(an der schwarzen Panzermütze)

In dieser recht bedrückenden Stimmung suchte eines Tages während eines Appells der Hauptfeldwebel einen Unteroffizier als
Wachhabenden sowie Soldaten für eine Wachtruppe. Er fragte jeden nach seinem Leiden, und als ich von meinen Verbrennungen berichtete, im Grunde genommen aber ganz gesund
aussah, bekam ich den Befehl, als Wachhabender mit der Wachtruppe zu dem Benzinlager außerhalb von Zinten zu marschieren und es für 24 Stunden zu bewachen. In der Situation der
Unsicherheit, die vor allem dadurch überschattet war, daß täglich, ja stündlich ein Befehl zum Infanterieeinsatz an die Front
und damit zu einem hoffnungslosen Verteidigungskampf kommen konnte, erfüllte mich dieser Auftrag mit wenig Freude;
aber Befehl war Befehl, und ich mußte zum Benzinlager loszie-
hen. Als ich 24 Stunden später zurückkam, empfingen mich
meine Kameraden: »Hast du ein Schwein gehabt, während du
den Wachhabenden gespielt hast, war eine KV-Maschine hier«.

Sie berichteten, daß diese »KV-Maschine« viele von den Soldaten, die in der Kaserne stationiert waren, kriegsverwendungsfähig geschrieben und sofort zur Front beordert hatte. Ich hatte Glück gehabt, daß ich über das Wacheschieben wieder einmal nicht anwesend gewesen war und so als ein »Vergessener« weiter beim Krüppelhaufen in der Kaserne bleiben konnte.

Die Auswahl zum Wachhabenden war aber auch in anderer Hinsicht von großer Bedeutung. Konnte ich doch nachdenken, warum der Spieß gerade mich zum Wachhabenden bestimmt hatte und vor allem, ob ich mich vielleicht falsch verhalten hatte. Diese Wache schieben wurde zu einem Schlüsselerlebnis; ich war um eine, wie sich zeigen sollte, entscheidende Erfahrung reicher.

Am nächsten Tag wurden alle Insassen der Kaserne, zu denen auch Frauen in Uniform gehörten, nach Heiligenbeil verlegt und erhielten dort eine Unterkunft in einer ebenfalls total überfüllten Kaserne. Die Unteroffiziere bezogen geschlossen direkt unter dem Dach Quartier. Wie bereits in Zinten hörte man auch hier während des ganzen Tages Artilleriefeuer, und alle wußten, daß der Russe ganz nahe vor Heiligenbeil stand. Die Rote Armee hatte zwischenzeitlich Elbing erreicht, und so saßen wir in einem Kessel, der lediglich in Richtung des Frischen Haffs und über die Frische Nehrung noch offen war.

DER MARSCH
AUS DEM KESSEL OSTPREUSSEN

Die Stimmung unter den mürbe gewordenen Soldaten in der Kaserne von Heiligenbeil sank nun vollkommen auf den Nullpunkt, da die Lage jetzt wirklich alles andere als rosig war. Als Beispiel für die allgemein desolate und deprimierte Stimmung sei nur die Reaktion auf ein Lied geschildert, das ein Unteroffizier gefühlvoll zu den umstehenden Kameraden auf dem Dachboden sang: »Du darfst mir nie mehr Rosen schenken.« Brutal antwortete sofort ein daneben stehender Unteroffizier: »Du brauchst dir keine Sorgen zu machen, dir wird niemand mehr rote Rosen schenken.«

Am 6. Februar 1945 schlug die Stunde der Entscheidung. Alle mußten zur Untersuchung zu einem jungen Standortarzt. In einer langen Reihe standen die Unteroffiziere und Soldaten vor einem Tischchen, hinter dem der Arzt Platz genommen hatte. Jeder einzelne berichtete mit mehr oder weniger Bangen dem Arzt über seine Leiden, dann erfolgte eine flüchtige Untersuchung, und der Arzt teilte das Ergebnis mit. Es lautete entweder »einsatzfähig« oder »nicht einsatzfähig«. Als die Reihe an mir war, wußte ich, gewitzt durch die Befragung des Hauptfeldwebels, die mir die Wache am Benzinlager eingebracht hatte, worauf es jetzt ankam: Du mußt diesen Arzt überzeugen, daß du nicht frontverwendungsfähig bist! »Was fehlt Ihnen?« Im Brustton der Überzeugung und wissend, daß dieser Arzt keine großen Möglichkeiten der Untersuchung besaß, antwortete ich: »Verbrennungen Gesicht und beide Hände, zwei Drittel Sehkraft eingebüßt und einen Myocard-Schaden.« Letzter Befund konnte gravierend sein, war aber während einer flüchtigen Untersuchung nicht feststellbar. Der Arzt zog sein Stethoskop aus der Tasche, horchte mich ab, setzte sich langsam wieder hinter seinen Tisch und schaute mich durchdringend, vielleicht ein wenig unsicher, von unten nach oben an. Ich schaute ihm voll in die Augen. Dann murmelte er immerhin noch so verständlich, daß nicht nur ich, sondern auch der Spieß, der neben dem Tischchen stand, hören konnte: »nicht einsatzfähig«. Mit der Hand schrieb er auf einen vorgedruckten Zettel das entscheidende »nicht« vor das mit Schreibmaschine geschriebene Wort »einsatzfähig«, und ich war entlassen.

Ein Stein war von meinem Herzen gefallen, hatte ich doch gerade durch mein Auftreten und sehr viel Glück dieses wichtigste Papier für die letzten drei Monate des Krieges erhalten. Ich kehrte auf den Dachboden der Kaserne zu meinen Kameraden zurück, und mein »nicht einsatzfähig« auf die Frage nach dem Ergebnis der Arztuntersuchung löste bei denjenigen, die mit sichtbar schweren Verwundungen einsatzfähig geschrieben waren, Mißverständnis, ja Wut und sogar Haß aus. Wieso konnte ein Soldat, dem man keinerlei Leiden ansah, nicht einsatzfähig sein? Gemessen an den vielen zu Krüppeln verstümmelten Soldaten, die jener Arzt einsatzfähig geschrieben hatte, war sein ärztliches Urteil nicht nur falsch, sondern auch ungerecht; aber auch solche Ungerechtigkeiten gehörten zum Krieg. Und welches Schicksal mußten die »Einsatzfähigen« erleiden? Man faßte sie zu einer infanteristischen Kampftruppe zusammen, die bei den folgenden Einsätzen nach schweren Kämpfen vernichtet wurde. Zuvor hatte die Wehrmachtsverwaltung dieser Truppe noch eine neue Feldpostnummer zuerkannt, obwohl der Briefverkehr bereits vollkommen zusammengebrochen war und die Truppe keinerlei Chance hatte.

Am nächsten Tag entließ man die Nicht-Einsatzfähigen mit dem Befehl, über das Frische Haff und die Frische Nehrung nach Danzig zu marschieren. Ich war also dabei, und am Morgen des 7. Februar 1945 gingen wir von Leysuhnen aus auf das Eis des zugefrorenen Frischen Haffs. Es war ein neblig-trüber Regentag, und der Blick vor uns auf das Eis war mehr als trostlos. Wir sahen Hunderte, ja Tausende von Flüchtlingstrecks auf dem Eis, auf dem bereits das Wasser stand. Das Elend der Flüchtenden war unbeschreiblich, und die Wagen der Trecks boten ein Bild des Jammers. Geschlagen von dem Schicksal, die Heimat verlassen zu müssen und nun auf der Flucht über das Eis, saßen Frauen oder alte Männer und Kinder auf den vollgeladenen Fuhrwerken, vollgepackt mit ihrem letzten Hab und Gut, mit Geräten, Nähmaschinen und Bratpfannen. Der Regen peitschte unablässig in die Gesichter der Flüchtlinge, während man deutlich das Artilleriefeuer vom nahen Elbing hörte. Trotz meiner umgehängten Zeltplane lief das Wasser durch den Mantel und die Uniform bis auf die Haut durch. Da ich gleichzeitig im Wasser lief, waren vor allem Schuhe, Socken und Hose bis über die Knie vollkommen durchnäßt. Auch meine Kameraden, die hinter einem Pferdefuhrwerk liefen, waren völlig durchnäßt. Wenn der Himmel kurz aufklarte, waren sofort russische Jäger und Jagdbomber über den Flüchtenden und warfen kleine Bomben ab. Sie trafen entweder die flüchtenden Menschen direkt oder ließen Flüchtlingswagen in Bombenlöchern und brechendem Eis versinken. Meinen Tornister, der ähnlich wie die Ladung der Trecks in den Flüchtlingskolonnen mit persönlichen, aber letzten Endes unnützen Dingen, sehr schwer geworden auf den Rücken drückte, hatte ich nach einigen Kilometern auf einen Wagen geworfen, neben dem ich herging. Einige Zeit später sah ich ihn plötzlich nicht mehr. Es traf mich wie ein Schlag: »Dein Tornister mit den letzten Habseligkeiten ist weg«. Dann entdeckte ich ihn erleichtert im Wasser hinter dem Wagen auf dem Eis nachgezogen. Er war zwar heruntergefallen, hatte sich aber mit einem Riemen an der Achse des Wagens verhakt und wurde auf diese Weise mitgeschleift. So war er doch nicht verloren, wenn auch mit völlig durchnäßtem Inhalt.

Die Schreibstube ist nach vorne gekommen: Der VW-Kübelwagen mit dem Schreiber im Brückenkopf Nikopol, auf dem Kotflügel der springende Reiter. Im Hintergrund Panzer IV der 12. Schwadron in »Hinterhangstellung«. Das Nummernschild WH-1477510 ist erkennbar.

Der Pkw Steyer 1500 A alter Bauart des Schwadronchefs: Kübelwagen mit Kommandoflagge (12. Pz.-Rgt. 24).

Warten auf den Feind: Eingegrabenes Sturmgeschütz.

Chefpanzer 1251 in einer Kampfpause (Brückenkopf Nikopol): Bei grimmiger Kälte pfeift ein bitterkalter Wind über die Steppe. Die Besatzung trägt Tarnwendeanzüge (weiß-grau-grün). Deutlich ist der Zimmerit-Zement-Pastenanstrich – damit Haftladungen nicht hielten – an den Schürzen zu erkennen.

Neben uns die Aufklärer: Angriff am 14.1.1944 Panzerbefehlswagen (Funkpanzerwagen Sd.Kfz 251/3) mit zwei Sternantennen zwischen den Panzern (zusätzliche Funkausrüstung). Es fehlt ein Bord-MG im Schutzschild (allgemeiner Mangel an Bordwaffen).

Straßen unter Wasser: Quartier in Dniprowka.

Bombentreffer: Russische Flugzeuge haben unseren Tankwagen getroffen.

Der Küchenwagen (Opel Blitz) als Mittelpunkt für die Soldaten: Der Spieß überwacht den Essensempfang.

Zusatzverpflegung für Frontsoldaten im Einsatz: Der Spieß (mit tarn-farbigem Wendeanzug) teilt an einem Einsatztag besondere Verpflegung und Zigaretten für die Soldaten im Einsatz aus.

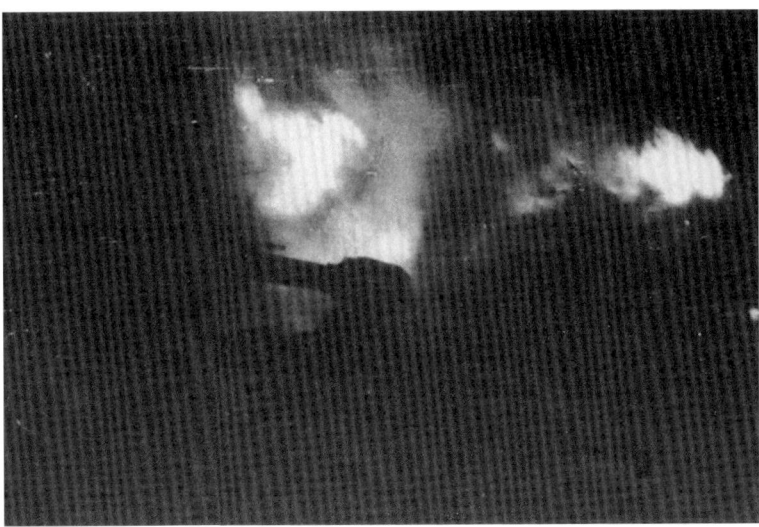

Panzerkanone vor Feuer und Tod: Silhouette der Kanone eines Panzers IV beim Nachtgefecht am 15.1.1944.

Fahrt zum Angriff: Die 12. Schwadron als vollständige und schlagkräftige Einheit.

Uniformvielfalt im Einsatz: Die Kommandanten mit schwarzen, grünen oder weißen Jacken, Filzstiefeln und Schnürschuhen und unterschiedlichen Kopfbedeckungen. Schwadronchef Oblt. Wenzel (später erhielt er das Ritterkreuz) 6. von rechts.

Auseinandergezogen zum Angriff: Die schlagkräftige 12. Schwadron fährt nach vorne. Am rechten Bildrand ein Panzerspähwagen der Aufklärer – mSPW-Fahrzeug des Artilleriebeobachter.

Panzer 1244 auf seiner letzten Fahrt am 03.02.1944 im Brückenkopf Nikopol: Deutlich sind die Spuren der Einsätze zu erkennen. Schürze und Panzerkette am Bug sind verlorengegangen, Schwarzerde und Schlamm auf dem Panzer.

Der Instandsetzungstrupp kommt nach vorne: Das 1-t-Halbkettenfahrzeug (Sd. KFZ. 10) auf der Rollbahn.

Ständige Reparaturarbeiten am Panzer: Fahrer und Kommandant spannen beim Pz. 1244 die Ketten nach. Die gepanzerte Motorabdeckplatte mit Kühlergrill und Luftgebläse sind aufgeklappt. Auf dem Abluftgebläse sind zwei Panzergranaten in einem Holzgestell abgelegt. Der Panzer ist deutlich von der Schwarzerde der Ukraine gezeichnet.

Silhouette eines VW-Kübelwagen vor der Weite Russlands.

Panzer der 12. Schwadron in einer Ruhepause nach einem Angriff im Brückenkopf Nikopol.

Unteroffiziere mit und ohne Portepee als Kommandanten der 12. Schwadron. Der Oberwachtmeister in der Mitte (Blonski) war als Zugführer des 1. Zuges bei einigen Einsätzen mein Kommandant. Links von ihm, mit Pelzmütze, war der kampfeswillige Uffz. Bachor, der später als Wachtmeister das Deutsche Kreuz in Gold und das Ritterkreuz erhielt.

Nachschubfahrzeuge: Auf der Rollbahn nach Novo Archangelsk bei Tischkowka fahren Versorgungs-Lkw in beiden Richtungen. Links ein Renault AHR, rechts ein Renault AGK.

Nicht einsatzfähig: PZ. 1244 ist vor dem Quartier Tischkowka eingeschneit. 14 Tage später hat ihn der Kommandant gesprengt.

Abfahrt vor dem Soldatenheim: Der Oberbefehlshaber der 8. Armee, General d. Inf. Wöhler, im dicken Pelzmantel, besteigt vor dem Soldatenheim Novo Archangelsk sein Cabriolet. Die Oberschwester des Soldatenheims trägt einen Pelzmantel gleicher Machart.

Heil Hitler, Herr General: Der Bursche des Generals strahlt mit erhobenem Arm.

Ein namenloser Held: Kommandant im Turm von 1244 (gefallen am 30.05.1944 bei dem Unternehmen Sonja vor der weißen Ruine Stanca). Er trägt eine Tarnjacke mit der ursprünglich weißen Seite nach außen sowie eine Panzermütze und Ohrenschützer, darüber den Kopfhörer. Neben dem Fernglas der Schalter des Kehlkopfmikrofons. An der Kommandantenkuppel zwei geöffnete Sehschlitze.

Reitertradition: Etwas verkommen, der Reiter und das Pferd (bei Novo Archangelsk).

Bild Mitte:
Rückzug: Alles was deutsche Uniform trägt, muß zurück! Hilfstruppen und Lkw auf der mit Schwarzerde und Schlamm bedeckten Straße.

Bild unten:
Perwomaisk am Bug: Fragen nach dem weiteren Weg bei einer Frontleitstelle.

Opernhaus von Odessa: Prachtbau mit Elementen klassischer Architektur, erbaut von den Wiener Architekten Fellner und Helmer, die bereits die Mailänder Scala und das Deutsche Volkstheater in Wien erbaut hatten. Daneben eine griechisch-orthodoxe Kirche. Auf der Straße ein alter Ford und ein DKW-Cabrio mit »CC-Schild«.

Mit Troß und Wagen, so hat sie Gott geschlagen: Die 12. Schwadron als geschlagener Haufen bei einem Appell in Güldendorf bei Odessa. Die Panzer gingen im Schlamm verloren; an einen Teil der Soldaten sind Karabiner ausgegeben. Mit weißer Hose und den typischen beiden Ärmelstreifen der Spieß.

Schnell in die Heimat: Mit einer viermotorigen Ju 90 vom Flugplatz Odessa über Bukarest, Mühldorf in den Urlaub (25.03.1944) nach Freiburg.

Erlebnis Heimat: Wanderung im Urlaub vom Schauinsland bei Freiburg nach Hofsgrund und Rast mit einem Gedicht von Goethe: Über allen Gipfeln ist Ruh, in allen Wipfeln spürst du kaum einen Hauch, die Vöglein schweigen im Walde, warte nur, balde ruhest du auch.

Langsam zurück an die Front: Aufenthalt in Wien, Opernhaus mit teilweise zugemauerten Fenstern und zwei Reiterstandbildern. Ein Jahr später lag die Staatsoper in Trümmern.

Wunden des Krieges: Doppelschenkelamputierter in seinem Rollstuhl im Park von Schönbrunn.

Durch das schlechte Wetter, die langsam sich bewegenden und völlig überlasteten Fahrzeuge und die Umwege um Bombenlöcher im Eis, das Wasser auf dem Eis, auf dem wir mit unseren nassen Klamotten nur mühsam marschieren konnten, und durch den Abstand zwischen den Fahrzeugen und Soldaten bildeten sich endlose Schlangen. Es kam vieles zusammen, warum wir für den Marsch über die zugefrorenen Nehrung fast einen Tag benötigten. So wie mir ging es Tausenden von Flüchtlingen. Das Eis wurde in den folgenden Tagen immer brüchiger und das Wasser auf dem Eis stieg an. Am Abend des ersten Tages nach dem Marsch übers Eis kam ich in ein Dörflein (Strauchbucht), das vollkommen von Flüchtlingen überfüllt war.

Nirgends gab es Unterkunft. Da es immer noch regnete, wollte ich nicht im Freien übernachten, und so mußte ich mich mit einem Quartier in einem Taubenschlag zufriedengeben, in den ich mühsam hineinkroch. Mir folgte sofort eine Mutter mit ihren beiden Kindern, die hungrig und wegen der Kälte und ihrer nassen Kleider weinten und schrien. Die Mutter selbst konnte ihre Kinder kaum beruhigen; auch ihre Hinweise: »Eure Mutter hat auch nur nasse Kleider an und friert«, halfen nichts. Meine Kleidung war ebenfalls durchnäßt, wie auch meine zwei Decken, auf die ich mich legte, und mein Mantel, mit dem ich mich zudeckte. Soweit war es gekommen: einem preußischen Unteroffizier auf der Flucht blieb in völlig durchnäßten Klamotten nur ein Taubenschlag als Nachtlager. Jedem normalen Soldaten mußte längst klar sein, daß wir uns in der Endphase befunden haben, aber es gab sie immer noch, die siegreichen Endkämpfer.

Am nächsten Tag ging es weiter, immer das schreckliche Elend der Flüchtlinge vor Augen. Einmal sah ich vor einem Haus ein Fahrrad angelehnt. Es war nicht abgeschlossen und hätte mir ein leichteres Fortkommen ermöglicht. Den inneren Schweinehund zu überwinden und ohne Fahrrad mit meinem schweren

Tornister weiter zu Fuß zu laufen, fiel mir nicht leicht, aber ich brachte es nicht übers Herz, das Fahrrad eines Flüchtenden zu stehlen.

Am vierten Tag kam ich an die Weichsel. Über den großen Fluß spannte sich hier eine recht stabil gebaute Holzbrücke. Der Zugang aber war von einem Hauptmann versperrt, dem ich meine Bescheinigung der »Nicht-Einsatzfähigkeit« vorzeigte. »Geben Sie mir Ihr Soldbuch!« Ich war recht unruhig, während er darin blätterte, und es mir auch noch abnahm. »Gehen Sie in die Baracke, dort hinten!« befahl er mir. »Jetzt ist alles aus«, dachte ich, und zwar nicht nur, weil ein Soldat ohne Soldbuch kaum mehr als ein »NICHTS« darstellte, sondern weil der Hauptmann mir trotz meines Attestes den Übergang über die Weichsel verwehren konnte. In kurzer Zeit füllte sich die Baracke mit weiteren Soldaten, denen der Hauptmann genauso wie mir das Soldbuch weggenommen hatte. Alle schauten angesichts der Lage recht pessimistisch drein. Nach einer guten halben Stunde wurde ich aufgerufen und mußte mich bei dem Offizier melden. Er drückte mir mein Soldbuch in die Hand mit dem Befehl, mich mit zwanzig Soldaten am selben Abend um 18.00 Uhr in Danzig in der sowieso (den Namen habe ich vergessen) Kaserne zu melden, und übergab mir zwanzig weitere Soldbücher.

Ich las die zwanzig Namen vor und führte die Soldaten an dem Hauptmann vorbei auf die große Brücke, die ohne seine Genehmigung nicht zu überwinden gewesen wäre. Auf der anderen Seite der Weichsel sah ich einen Lkw, der gerade im Begriff war anzufahren. Ich sprang zum Fahrer und fragte: »Fährst Du nach Danzig?« – »Ja.« – »Können wir mitfahren?« – »Ja« – »Warte noch einen Augenblick, ich komme sofort.« Schnell las ich die Namen der mir anvertrauten zwanzig Soldaten vor, drückte jedem sein Soldbuch in die Hand, und jetzt war ich es, der befahl: »Sie sollen sich in Danzig bis 18.00 Uhr in der bestimmten Kaserne melden.« Daraufhin schwang ich mich mit den mir folgenden Soldaten auf den bereits anfahrenden Lkw. Mein Gott, war ich froh, den letzten Teil der Reise nicht mehr zu Fuß, sondern per Lastwagen machen zu können. In Danzig hielt der Lkw im Zentrum. »Herzlichen Dank«, und mit dem Tornister auf dem Buckel ging ich in das nächste Café. In dem Wechselbad der Ereignisse saß ich jetzt fast wie im Frieden in diesem Café. Die Situation hatte sich für eine kurze Zeit schlagartig geändert. Bei einer Bedienung, die mir nach vier Tagen des Fluchtmarsches als besonders hübsch und begehrenswert erschien, bestellte ich eine Tasse Kaffee. Es dauerte nur einen Augenblick, bis ich mit anderen Soldaten ins Gespräch kam und erfuhr, daß es sich bei der Kaserne, in der ich mich laut Befehl des Hauptmanns an der Weichsel um achtzehn Uhr melden sollte, um ein Auffanglager für Frontsoldaten zum Einsatz handelte. Die Kameraden nannten mir auch gleich eine andere Kaserne, wo statt dessen die Chance für einen Transport für Panzersoldaten nach dem Westen wesentlich größer wäre. Recht dankbar hielt ich mich erneut nicht an den Befehl des Hauptmanns und ging zu der empfohlenen Kaserne. In der Tat wurden hier die ankommenden Panzerleute für einen Transport in den Westen zusammengestellt und in einem Güterwagen zuerst nach Neuruppin und dann weiter nach Groß-Glienecke bei Berlin verfrachtet. Im weitläufigen Kasernengelände warteten wir wiederum mit Bangen auf eine KV-Maschine oder auf eine Versetzung zur Front. Nach ein paar Tagen aber verlegte man uns nach Erfurt.

MUT STATT GEHORSAM. GEHORSAMSVERWEIGERUNG UND KURZES GASTSPIEL BEIM PZ.-KORPS »FELDHERRNHALLE« IN DER TSCHECHOSLOWAKEI

Nach dem Eintreffen in Erfurt hatten wir vor allem die Hoffnung, nun endgültig dem Russen entkommen zu sein und hier in amerikanische Gefangenschaft zu gelangen. Leider kam der Amerikaner nicht schnell genug, und nach ein paar Tagen bekam ich und ein weiterer Unteroffizier doch noch den Befehl, uns zusammen mit zehn Soldaten nach Schlesien zur Kampftruppe Schörner in Marsch zu setzen. Zu diesem Zeitpunkt schloß sich der Ring um Deutschland immer enger – und da sollte ich die letzten Tage ausgerechnet bei Schörner verheizt werden? »Wie könnte ich diesen Befehl umgehen?« dachte ich unentwegt. Vielleicht sich Richtung Westen absetzen. Das aber schien mir jetzt noch zu gefährlich. Also blieb zunächst nur der Abmarsch wie befohlen. Aber bereits auf dem Bahnhof kam ich mit einem Unteroffizier ins Gespräch, der mir erzählte, daß es in der Nähe von Prag eine Auffangstelle der 24. Panzer-Division gäbe. Im Zug informierte ich dann den anderen Unteroffizier. »Du, ich gehe nicht zu Schörner, den kenne ich von Nikopol her zu gut; ich habe gehört, es gibt eine Auffangstelle in der Nähe von Prag, ich werde also in Chemnitz umsteigen und nach Prag fahren. Kommst du mit?« Er verneinte wie auch die Mehrzahl der uns übergebenen Soldaten. Nach einer kurzen Beratung erklärten sich lediglich zwei Soldaten bereit. »Wir gehen mit Ihnen.« Die anderen hatten wohl nicht den Mut, vom befohlenen Weg abzuweichen.

Soldatischer Gehorsam oder einfach nur Angst? Nach Abschätzung aller Möglichkeiten sah ich in dieser Gehorsamsverweigerung die beste Lösung, um die letzten Tage des Krieges zu überstehen. In Millowitz, in der Nähe von Prag, fand ich dann tatsächlich auch die Auffangstelle der 24. Panzer-Division. Dort begrüßte man mich:»Gibt es deinen Wehrpaß noch?« Ich verstand die Frage überhaupt nicht und antwortete:»Nein, der ist verbrannt.«»Dann kannst du bleiben und mit einem Transportzug zum Panzerkorps Feldherrnhalle, das sich in der Nähe von Znaim befindet, mitfahren.«

Am nächsten Tag saß ich wieder in einem Transportzug und sah zum letzten Mal auf den Fahrzeugen den springenden Reiter, das Kennzeichen der 24. Panzer-Division. Wir fuhren quer durch die Tschechoslowakei, mit einem Aufenthalt in Brünn, weiter zum Bahnhof von Znaim. Dies geschah drei Tage vor der Kapitulation. Als der Zug im Bahnhof einfuhr, standen auf Güterwagen große Kisten. Soldaten, die mit mir im Zug saßen, meinten naiv, aber im Brustton der Überzeugung:»In diesen Kisten sind die geheimen Waffen des Führers. Jetzt werden wir den Krieg noch gewinnen.« Ich konnte nicht verstehen, daß zu diesem Zeitpunkt noch irgend jemand glauben konnte, wir hätten noch irgendeine Chance, den Krieg zu gewinnen. Immer noch trug Erziehung und Nazi-Propaganda Früchte: ein paar lumpige Kisten am Bahnhof genügten bereits für einige Soldaten von unbegreiflicher Ahnungslosigkeit, sich noch an einen Endsieg zu klammern.

Wir meldeten uns bei dem Panzerkorps»Feldherrnhalle« und sahen sofort, daß die Unteroffiziere und Feldwebel neben einem Ärmelstreifen»Feldherrnhalle« zwar das blaue Band mit dem silbernen Adler des Dienstzeitordens, aber keinerlei Frontauszeichnung trugen. Ein Unteroffizier neben mir höhnte.»Guck mal, die haben zwei blaue Vögel, aber sonst eine blanke Brust.« Zunächst ließ man uns in Ruhe. Nur zu einem Morgenappell und einem Nachmittagsappell mußten wir antreten. Dann verschwanden wir in die Quartiere. Ich hatte mich in einem Dorf vier Kilometer von meinem Standort entfernt mit einem Mädchen angefreundet. Sie hatte ein Radio, so daß ich Feindnachrichten hören konnte und genau über die Situation informiert war. Am 8. Mai 1945 erfuhr ich dann von der Kapitulation.

FLUCHT IN DIE AMERIKANISCHE GEFANGENSCHAFT

Der letzte Wehrmachtsbericht

9. Mai 1945

Das Oberkommando der Wehrmacht gibt bekannt:

„Seit Mitternacht schweigen nun an allen Fronten die Waffen.

Auf Befehl des Großadmirals hat die Wehrmacht den aussichtslos gewordenen Kampf eingestellt. Damit ist das fast sechsjährige heldenhafte Ringen zu Ende. Es hat uns große Siege, aber auch schwere Niederlagen gebracht. Die deutsche Wehrmacht ist am Ende einer gewaltigen Übermacht ehrenvoll unterlegen.

Der deutsche Soldat hat, getreu seinem Eid, im höchsten Einsatz für sein Volk, für immer Unvergeßliches geleistet. Die einmalige Leistung von Front und Heimat wird in einem späteren, gerechten Urteil der Geschichte ihre endgültige Würdigung finden.

Den Leistungen und Opfern der deutschen Soldaten zu Lande, zu Wasser und in der Luft, wird auch der Gegner die Achtung nicht versagen.

Jeder Soldat kann deshalb die Waffe aufrecht und stolz aus der Hand legen und in den schwersten Stunden unserer Geschichte tapfer und zuversichtlich an die Arbeit gehen für das ewige Leben unseres Volkes.

Die Wehrmacht gedenkt in dieser Stunde ihrer vor dem Feind gebliebenen Kameraden.

Die Toten verpflichten zu bedingungsloser Treue, zu Gehorsam und Disziplin gegenüber dem aus zahllosen Wunden blutenden Vaterland."

Bei meiner Truppe wollte zunächst niemand wahrhaben, daß Deutschland kapituliert hatte. Am Nachmittag des 8. Mai 1945 mußten wir antreten, und ein Offizier erklärte:»Männer, Deutschland hat in der Tat kapituliert, wir aber vom Panzerkorps Feldherrnhalle werden eine Auffangstellung gegen den Russen beziehen.« Auf der Stube fragte ich sofort meine Kameraden:»Macht ihr das mit der Auffangstellung mit? Ich werde auf jeden Fall nach Westen abhauen.« Die Mehrzahl der Stubenkameraden war jetzt der Meinung:»Wir gehen mit dir nach Westen!« In der Dämmerung mußten wir wieder antreten, man nahm uns unsere Pistolen weg, drückte uns dafür Karabiner in die Hand und gab uns Marschverpflegung. Jetzt gab ich den Kameraden das Kommando: »Los, wir hauen ab.« Von den etwa zwanzig Soldaten, die sich eben noch auf der Stube mit mir einig waren, daß man jetzt, wo Deutschland kapituliert hatte und es keine Fahnenflucht mehr gab, sich gemeinsam nach dem Westen absetzen müßte, gingen noch gerade drei mit. Unser Ziel waren die Amerikaner. Aufgrund der ständigen Propaganda erwarteten wir in russischer Gefangenschaft Gewalt, Schrecken, Erniedrigung, jahrelanges Leiden mit Verbannung meist nach Sibirien und am Ende den Tod. Heute wissen wir, daß dies den Tatsachen entsprach. Die amerikanische Kriegsgefangenschaft sei demgegenüber eine humane im Einklang mit dem Völkerrecht stehende Angelegenheit. Meine Gefangenschaft war es auch tatsächlich. Ich hatte Glück gehabt, denn in vielen amerikanischen und französischen Lagern herrschte auch Terror, Hunger und mangelhafte Hygiene, so daß eine beträchtliche Zahl von deutschen Gefangenen nicht überlebte.

Die Masse der angetretenen Soldaten blieb apathisch und unterwürfig zurück. In dem Dorf hatten wir bereits zuvor einen Pkw in einer Garage gesehen. Mit dem Karabiner brachen wir mit einem wollüstigen Gefühl das Garagentor auf, setzten uns in das »requirierte« Auto und ab ging es Richtung Westen. Obwohl einer meiner Gruppe ein Schirrmeister war, der, für Kraftfahrzeuge zuständig, jetzt am Steuer saß, lief das Auto bereits nach 30 km nicht mehr. Auch Anschieben brachte den Motor nicht mehr zum Laufen, so daß wir jetzt zu Fuß weiter mußten. Nach einer kurzen Wegstrecke warfen wir unsere Karabiner, die uns zu lästig geworden waren, in eine Flußröhre und marschierten waffenlos weiter gen Westen.

Entgegen dem letzten Wehrmachtsbericht vom 8. Mai 1945 haben wir unsere Waffen nicht aufrecht und stolz aus der Hand gelegt und sind auch nicht tapfer und zuversichtlich für das ewige Leben unseres Volkes zur Arbeit gegangen. Weg-

geschlichen haben wir uns aus einer Situation, die wir einfachen Soldaten in keiner Phase unseres Lebens gewollt haben.
Wir wußten auch nicht, ob und wie wir an die Arbeit für unser
eigenes Leben gehen könnten. Nachdem wir unsere Gewehre wie morsche Holzknüppel weggeworfen hatten, trafen wir
eine Truppe mit Pferdewagen, die noch unter dem Befehl eines
Hauptmanns stand. »Können wir mitfahren?«, fragten wir.
Der Hauptmann musterte uns recht kritisch, und man sah
ihm an, daß er nur ungern diese Unteroffiziere, die ganz nach
Deserteuren aussahen, mitnahm. Nach ein paar Stunden
begegneten wir auf einer Kreuzung einem Panzerspähwagen
mit Kanone (Puma), auf dem unser Schirrmeister einen
Bekannten erkannte und ihm sofort zurief: »Nehmt uns mit!«
So konnten wir vier Flüchtlinge zu den Soldaten, die bereits
auf dem Spähwagen saßen, zusteigen. In zügiger Fahrt fuhren wir Richtung Westen und schafften es bei Linz gerade
noch, über die Donau zu kommen, die kurz danach die Grenze zwischen den Amerikanern und Russen bilden sollte. Endlich waren wir auf amerikanischem Gebiet, wo man noch gar
nicht mit der neuen Aufgabe, die hereinströmenden deutschen
Soldaten gefangenzunehmen und in einem Lager unterzubrin-
gen, vertraut war. Die amerikanischen Soldaten wiesen uns
an, in einem Areal zwischen halbfertig gebauten Häusern zu
lagern und zu bleiben. Jetzt konnten wir sicher sein, daß der
Krieg endgültig zu Ende war und wir zu denen gehörten, die
durchgekommen waren. Wir waren auch glücklich darüber,
gerade vor der Donau den nachkommenden Russen entwi-
chen zu sein, obwohl wir noch nicht wussten, was uns bei
den Amerikanern erwartete. Wenn man bedenkt wie schnell
deutsche Soldaten während des Krieges (siehe bei G.F.M.
Schörner), besonders aber in der Endphase in die Maschine-
rie des Terrors durch Nazigläubige, aber auch verfangen im
Netzwerk der Feldgendarmerie mit der Konsequenz erschossen oder aufgehangen zu werden, dann ermöglichte die ame-

rikanische Gefangenschaft letztendlich ein glückliches Durchkommen.

Täglich, ja stündlich kamen neue Soldaten, so daß das
Lager, das nur von ein bis zwei Amis bewacht wurde, bald
Tausende von Insassen zählte. Zu essen bekamen wir zunächst
nichts; also gingen wir zu den Bewohnern der umliegenden
Häuser betteln. Wie aber sollten sie uns noch etwas geben
können, wo sie ja selbst kaum etwas zu essen hatten? Wenigstens das Wetter war sehr schön. Wir errichteten aus dem
umherliegenden Baumaterial unser Lager. Dazu schlugen wir
vier Pfosten in die Erde, legten Bretter darüber und Dachpappe darauf, die wir mit Steinen beschwerten. Dies sollte
zunächst unsere Unterkunft sein, und so warteten wir, was
geschehen würde. Unmittelbar neben uns lagerten SS-Soldaten, die noch eine große Plane besaßen und sie anstelle von
Dachpappe auf die Pfosten legten. Auch noch im Gefangenenlager wollte man bei dieser sogenannten Elitetruppe nicht
auf Befehle und Strammstehen verzichten. Jeden Morgen um
sechs Uhr ertönte ein Pfiff, und die SS-Leute wurden mit dem
Ruf: »Aufstehen« geweckt. Nach dem Appell begann ein Hin
und Her mit Lärm und Geklopfe. Die SS-Soldaten mußten
aus dem herumliegenden Material ein schönes Holzhaus zim-
mern. Der eingefleischte Drill wurde auch in der Gefangenschaft voll aufrechterhalten, und keiner der SS-Soldaten konnte oder wollte sich von ihm befreien. Trotz der Gefangenschaft
machten alle weiter mit. Da war nicht einer, der sich zu uns,
den »Faulen« gesellt hätte. Wir hingegen dösten weiter vor
uns hin, denn ohne Nahrung galt es, die Kräfte möglichst zu
schonen und sich nicht zu viel zu bewegen. Zwar störte uns
das Geklopfe von nebenan, aber wir profitierten auch schon
bald davon. Und das kam so: Nach dem ersten Befehl der US-
Siegersoldaten im Gefangenenlager mußten wir Gefangenen
den entblößten linken Arm hochheben – tätowiert oder nicht?
Diejenigen, mit der tätowierten Blutgruppe wurden als Sol-

daten der Waffen-SS erkannt, und die Amerikaner verlegten sie in ein besonderes Lager nur für Angehörige der SS. Das Haus aber hatten sie gerade fertiggebaut. Als sie abrückten, ergoß sich ein gewaltiger Wolkenbruch über unserem Lagergelände, worauf wir sofort unseren primitiven Unterschlupf verließen und in das stabile Holzhaus einzogen.

ENTLASSUNG – HEIMWEG
MIT ANGST UND GLÜCK

Am 17. Mai 1945 registrierten uns unter Vorlage der Soldbücher die amerikanischen Bewacher. Ein amerikanischer Arzt untersuchte die gefangenen Soldaten des Lagers, die sich hierzu nackt vor dem Arzt aufzustellen hatten. Als erstes forschte er erneut nach einer Blutgruppentätowierung unter dem Arm, die die Angehörigen der SS zuerst privilegiert hatte und jetzt diskriminierte. Dann kam noch ein Fingerabdruck, für den ein Stempelkissen bereitstand, auf das Untersuchungspapier, und so waren wir schließlich bereit zur Entlassung.

Am 21. Mai 1945 bekam ich meinen Entlassungsschein und wurde mit anderen Soldaten auf einen Lkw verfrachtet. Diese Lkw's, meist mit farbigen Soldaten als Fahrer, fuhren nach Stuttgart, Nürnberg oder Frankfurt. Man konnte sich sein Ziel selbst aussuchen. Da ich einen Koffer mit Zivilkleidung in Tuttlingen deponiert hatte, gab ich als Ziel Stuttgart an. Beim Aufsteigen auf die Ladefläche des Lkw's deutete ein amerikanischer Soldat auf meine Uhr. Ich dachte, er wollte sie mir abnehmen und reagierte mit: »No, no Sir.« Die Antwort kam prompt. Er verpaßte mir einen Kinnhaken nach Cowboyart. Verstört hielt ich ihm die Uhr vor die Nase, er aber wollte sie nicht mehr, und so konnte ich als geschlagener Hund, aber mit der Uhr am Arm auf die Ladepritsche aufsteigen. Die Fahrt ging über die Autobahn, wobei weiträumige Umwege wegen gesprengter Brücken die Reise verlängerten.

Am zweiten Tag dieser Reise erreichte der Lkw mit seiner Fracht entlassener Soldaten Stuttgart-Degerloch. »Ich will nach Tuttlingen, wo ich einen Koffer mit Zivilkleidung stehen habe, da brauche ich nicht nach Stuttgart hineinfahren«, informierte ich meinen Nachbarn, »ich werde gleich abspringen, wirf mir meine Tasche nach.« Während der Lkw langsam um eine Kurve fuhr, sprang ich ab und schnappte mir meine nachgeworfene Tasche. Kurze Zeit später saß ich in der Straßenbahn Richtung Echterdingen, die bereits wieder – oder noch – in Betrieb war. Wie alle entlassenen Soldaten hatte ich längst die Insignien dieses Standes wie Totenkopf, Schulterklappen, Hoheitsadler und Ordensband von der Uniform abgetrennt sowie das Panzer- und Verwundetenabzeichen abgemacht. Meine nüchterne schwarze Uniform mit den Überfallhosen glich nunmehr einem Skianzug. Trotzdem sah man mir bereits von weitem den entlassenen Soldaten an. In der Straßenbahn sprach mich sofort ein »Kollege« an, »hast du französische Entlassungspapiere?« – »Nein«, mußte ich antworten. »Du mußt französische Entlassungspapiere haben, sonst nehmen dich die Marokkaner, die ganz üble Burschen sind, sofort in französische Gefangenschaft.« »Wo bekommt man französische Entlassungspapiere?«

»Auf der französischen Kommandantur in Stuttgart.« Natürlich ärgerte ich mich über meine Fahrt in die falsche Richtung und sagte: »So ein Mist, jetzt bin ich voreilig abgesprungen und hätte doch mit meinem Lkw nach Stuttgart hineinfahren können!«

Als die Straßenbahn anhielt, stieg ich in die Gegenrichtung um. Das französische Militärgouvernement fand ich bald, und ein sehr höflicher, deutschsprechender französischer Offizier gab mir auf der Rückseite meines amerikanischen Entlassungsscheines sofort auch den gewünschten Stempel mit dem Zusatz – »Autorisé à rentre à son domicile.« Entschuldigend bemerkte er noch: »Sie können nicht verlangen, daß ein Marokkaner englisch versteht.« Ich nickte zustimmend, und er erzählte mir: »Sie haben Pech, denn gerade ist ein amerikanischer Lastwagen mit entlassenen deutschen Soldaten hier angekommen, und diejenigen, die nach Freiburg wollten, durften in einen französischen Lastwagen umsteigen und nach Freiburg fahren.« Ärgerlich und enttäuscht, daß ich mich durch meine – wie ich in diesem Augenblick noch glaubte – voreilige Initiative um die Chance einer direkten Autofahrt nach Freiburg gebracht hatte, verließ ich das Gouvernement. Ich stieg wieder in die Straßenbahn nach Echterdingen und dann ging es auf Schusters Rappen weiter.

Die schwäbischen Bauern, denen ich auf meiner Wanderschaft begegnete, waren von einer unwahrscheinlichen Gastfreundlichkeit. Fast aus jedem Haus rief man mir zu: »Sind Sie ein entlassener deutscher Soldat?«, worauf ich bejahte und meist aufgefordert wurde, in die Häuser einzutreten. Ich ging hinein und nach einer herzlichen Begrüßung stellte man mir einen Teller voll Essen hin und steckte auch noch reichlich Verpflegung in meine Tasche für die weitere Reise. So konnte ich auch bei einem Bauern übernachten und sah am nächsten Morgen in der Ferne die Burg Hohenzollern. Am Mittag war sie dann noch zu meiner Linken und am Abend konnte ich sie in der Ferne – nun aber immerhin hinter mir – noch sehen. So langsam kam ich vorwärts, und zwar deshalb, weil ich vorsichtig war, da ich trotz meines französischen Stempels nicht sicher sein konnte, ob mich die Marokkaner passieren lassen würden. Ich wollte jetzt nichts mehr riskieren. Da vor jedem Ort Marokkaner auf der Straße standen, mußte ich jedes Dorf und jeden Ort in einem weitgezogenen Bogen umgehen. Einmal sah ich mitten im Wald vor mir zwei Franzosen; ich erschrak, mein Herz begann stark und laut zu klopfen, und ich warf mich seitlich in die Büsche. Sie aber haben mich gottlob weder gesehen noch gehört. Und so ging es weiter bis Tübingen. Dort kontrollierte mich ein französischer Offizier auf der Straße und ließ mich passieren. Am dritten Tag erreichte ich Tuttlingen, fand dort meinen deponierten Koffer und zog Zivilkleidung an. Zum Abschluß der Reise nahm mich dann sogar ein französischer Feldwebel auf einer Dienstfahrt nach Freiburg mit seinem Pkw mit. In Freiburg erfuhr ich, daß die entlassenen Soldaten, die in Stuttgart den Lkw bestiegen hatten, den ich durch mein voreiliges Handeln verpaßt hatte, für ein halbes Jahr nochmals in Gefangenschaft, dieses Mal in französische, gehen mußten. So bekam ich auf der allerletzten Etappe noch einmal meine Glücksgöttin zu spüren. Ich hatte den Krieg überstanden und war glücklich wieder zu Hause!

Nach einer Meldung auf der französischen Kommandantur und bei einer deutschen Dienststelle in Freiburg war nun das Soldatendasein beendet.

Nach dem Ende des Krieges wurde jenem Soldaten, der gesund heimgekommen war, bewußt, daß ihm das Leben neu geschenkt, ja tausend Mal neu geschenkt worden war. Vorbei war der Anblick des Leides, der Zerstörung und des Unrechts, das wir über die Welt gebracht hatten, und worüber Teile der jungen Generation seelisch schier zugrunde gegangen waren und sich geschämt hatten, deutsche Soldaten zu sein.

Der 8. Mai 1945 war der Tag der totalen Niederlage und des Elendes der Besiegten. Ungezählte Vertriebene haben ihre Heimat verloren, und gerade eine Vielzahl meiner Kameraden von der 24. Pz.-Div. konnte nicht mehr in ihre Heimat Ostpreußen zurückkehren. Aber seit dem 8. Mai 1945 waren wir frei vom Druck des Krieges und von den vielfältigen Zwängen der Wehrmacht. Jetzt durfte man endlich wieder sein Schicksal selbst in die Hände nehmen und konnte selbst entscheiden, was man tun wollte. Übermächtig war im Rückblick auf die Kriegserlebnisse vor allem der Wunsch, für sich selbst, wie für die nachfolgende Generation nie wieder eine so schreckliche Zeit durchmachen zu müssen.

Und Peter Bamm schreibt zum Kriegsende: Erinnert man sich heute, nach fast einem Menschenalter, des Waffenstillstandstages von 1945, so ist das erste, was einem einfällt, wie wir, die Besiegten, selig zu einem Himmel aufblickten, von dem keine Bomben mehr herabstürzten. Wir lebten. Der Tyrann war tot.

ÜBERLEBT – WAS NUN?
DER GEGENSATZ ZUM LEBEN IM KRIEG

Nach Kriegsende vollzog sich mit der Stunde Null ein deutlich wahrnehmbarer Wendepunkt im Leben der Menschen in Deutschland. Vor allem die entlassenen Berufssoldaten hatten es sehr schwer. Gestandene Offiziere saßen wieder auf der Schulbank, und der Spieß mit einst so viel Macht, hatte seinen Bauernhof in Ostpreußen verloren und mußte sein Geld auf dem Bau mit harter Arbeit verdienen. Nicht jeder konnte so ganz übergangslos ohne die Privilegien, die die Rangabzeichen und Auszeichnungen auf der Uniform mit sich brachten, in ein einfaches und ganz gewöhnliches Leben ein- bzw. zurücktreten. Aber alle erhielten, wie es Richard von Weizsäcker formuliert hat, die kostbare Chance der Freiheit. Die Sprache des Militärs war vergessen.

Wie war es bei mir? Ein Zurück zu dem Leben während der Schulzeit, auf das ich eigentlich während des ganzen Krieges immer gewartet hatte, konnte es für mich auch nicht mehr geben. Es konnte nicht mehr so sein wie vor dem Eintritt in die Wehrmacht und in den Kriegsdienst, wo Durchstehen, Durchkommen und Überleben mein Denken und Handeln bestimmten und auch prägten. Die Kriegszeit war vorbei, sie war jetzt Vergangenheit, von der man nicht mehr redete, die man vielmehr verdrängte. Jetzt war der Blick auf die Zukunft gerichtet. Alles war anders, man mußte unter einer Besatzungsmacht in der französischen Zone leben. Und wieder herrschte mindestens in der ersten Zeit Angst, diesmal vor den Siegern. Was haben sie mit uns vor, vor allem mit uns ehemaligen Soldaten aus der Armee der Geschlagenen? Vordringlich bedrückte die Frage, wie es weitergehen sollte. Es galt jetzt, mit den Besatzern zu leben und sich von dem Schock als Besiegte zu befreien. Zunächst mußte ich mich behelfsmäßig betätigen, und dann konnte ich unter den damals kuriosen Bedingungen endlich ein Studium aufnehmen.

Die Schule hatte ich mit dem Berufswunsch, Zahnarzt zu werden, verlassen. Bereits während meines Aufenthaltes bei der Panzerersatz-Abt. 15 in Sagan reichte ich am 26. Februar 1943 ein Zulassungsgesuch für das Studium Zahnmedizin an der Universität Freiburg ein. Infolge eines Magenleidens war ich GvH (»garnisonsverwendungsfähig Heimat«) geschrieben, also nicht einsatzfähig.

Dummerweise wählte ich damals das falsche Fach. Zum Medizinstudium hätte ich eine Zulassung erhalten, nicht aber für die Zahnmedizin. Dies erfuhr ich erst später. Und jetzt, 1945, gab es wieder kein Studium für Zahnheilkunde, denn meine Heimatstadt lag in Trümmern. Vor allem war das Institutsviertel mit der Zahnklinik zu einem Trümmerhaufen geworden, so daß an eine Aufnahme des Studiums zunächst nicht zu denken war. Dies war die Situation, als ich am 25. Mai 1945 meine Mutter und meine Schwester wiedersah.

Am Haus meiner Mutter angekommen, ging ich wie gewohnt von der Rückseite des Hauses zur Küchentür, um meine Mutter, die sich meist dort aufhielt, in die Arme zu nehmen. Ich trat in die Küche, blieb aber erst einmal überrascht stehen. Es schauten mich völlig fremde Menschen an, die ich fast stammelnd nach meiner Mutter fragte. »Ihre Mutter wohnt im ersten Stock.« Sie hatte sich mit meiner Schwester zurückziehen müssen, nachdem in den letzten Monaten des Krieges, vor allem nach dem schweren Bombenangriff, Wohnungsnot herrschte und zwei Familien in das Haus einzogen. Nach den ersten herzlichen und innigen Umarmungen meiner Mutter und meiner Schwester wurde mir erst einmal so richtig klar: der Krieg ist aus, du bist wieder daheim. Jetzt war der Augenblick gekommen, den man jahrelang während der langen Zeit in Uniform herbeigesehnt hatte: in Frieden zu Hause zu sein.

Anfänglich war es nicht so leicht, den richtigen Weg für das Leben aus dem Chaos zu finden. Wir Soldaten hatten zwar in den schweren Kämpfen vor dem Tod gezittert, aber, wie sich bald zeigen sollte, nicht vor dem Leben, wie uns die NS-Propaganda 1943 weismachen wollte. Ja, man fieberte geradezu nach einer guten Berufsausbildung. Endlich einen Beruf erlernen! Zunächst mußte man sich an die »neuen Machthaber« gewöhnen. Die französische Besatzungsmacht war wenig freundlich. Sie schikanierte oftmals die Bevölkerung und bestand auf einer scharfen Entnazifizierungspraxis. Häuser und Wohnungen wurden requiriert. Etwa noch vorhandene Kraftfahrzeuge oder Motorräder nahm sich die Besatzungsmacht oder griffen sich ganz einfach französische Soldaten auf der Straße. Unser Pkw war längst eine Beute der Franzosen.

Als ein paar Tage nach meiner Rückkehr ein französischer Offizier vor der Haustür stand und sofort unsere Garage verlangte, waren wir zwar erleichtert, daß er nicht unser Haus requirierte, aber wir mußten sofort die verschiedenen Gartengeräte sowie die ganzen Holzvorräte, die meine Schwester und ich mühsam und ohne ordentlich Nahrung im Rahmen einer städtischen Holzaktion durch Bäumefällen im Sternwald und anschließendem Zersägen in der Garage gestapelt hatten, restlos wieder ausräumen.

Es gab viel zu wenig zu essen. Deshalb war die erste Zeit geprägt von Versorgungstouren. Bei der bescheidenen Lebensmittelzuteilung blieb gar nichts anders übrig, als zum »Hamstern« aufs Land zu gehen, um die Bauern zu »besuchen«. Vielleicht muß man auch sagen: heimzusuchen. So wurde das Anklopfen beim Bauernhaus oftmals zu unangenehmen Bettelgängen. Bekam man mal einen Liter Milch, dann war dies schon ein gutes Ergebnis. Hatte man etwas zum Tauschen anzubieten, dann stiegen die Chancen, ein Stück Butter oder ein

Grundnahrungsmittel wie Kartoffeln und Brot nach Hause zu bringen. Ohne ein Fahrrad waren Hamstertouren fast nicht durchzuführen. Das Hauptproblem war dabei, ein funktionstüchtiges Fahrrad zu besitzen. Mein Schülerfahrrad war noch leidlich in Ordnung, wenngleich sich die »Plattfüße« immer mehr häuften. Flickzeug für Fahrradreifen gab es noch nicht. Ich habe lange Zeit zahntechnischen Kautschuk für Prothesen in Tetrachlorkohlenstoff aufgelöst und damit Gummistückchen, aus einem alten Fahrradschlauch geschnitten, festgeklebt. Bei warmem Wetter oder gar heißen Sommertemperaturen lösten sich diese »Flicken«. In jener Zeit gehörte zum Radfahren, routinemäßig tagtäglich einen Plattfuß zu beheben: Fahrrad umdrehen, auf den Sattel stellen, Reifen lösen, Schlauch heraus, Luft aufpumpen und in einem Wasserbecken das alte oder neue Loch an den Luftbläschen zu finden, um es anschließend zu flicken. Man brauchte vor allem auch eine gut funktionierende Luftpumpe.

Da in der ersten Nachkriegszeit überhaupt nicht an ein Studium zu denken war, suchte ich eine Tätigkeit, die in irgendeiner Weise mit Zahnheilkunde zu tun hat. Das war Zahntechnik. Da gab es doch einen Zahnarzt, der mit meinem Vater in der Freimaurerloge gewesen war. Im Stadtteil Herdern besaß er ein Haus, in dem er seine zahnärztliche Praxis eröffnet hatte, nachdem seine bisherige Praxis durch den Bombenangriff am 27. November 1944 vollkommen zerstört war. Im gleichen Haus praktizierte auch sein Vetter, ebenfalls ausgebombt, der als Unbelasteter Präsident der Zahnärztekammer von Süd-Baden geworden war. Ein paar Häuser weiter residierte in einem beschlagnahmten Haus der für Süd-Baden zuständige General Pène.

In einem kleinen, an die Praxis angeschlossenen Labor arbeitete ein Zahntechniker. Hier konnte ich sofort als Hilfskraft beginnen. Ich durfte unter der Anleitung dieses Technikers zuerst Abdrücke mit Gips ausgießen. Da es sehr viel zu tun gab, wurde auch ich mit Arbeiten überhäuft und lernte sehr schnell Kronen und Brücken zu modellieren und zu gießen. Das Ausstopfen der Prothesenform mit kleingeschnittenen Kunststoffstreifen war eine schwierige Tätigkeit. Vor allen Dingen aber lernte ich löten. Goldlegierungen zu löten war relativ einfach, aber mit den damals benutzten Ersatzlegierungen war ein korrektes Löten recht problematisch.

Die Praxen der beiden Vettern waren unterschiedlich geschnitten. Mein Chef, der perfekt französisch sprach, behandelte die Spitze der französischen Besatzungsmacht, von General Penè angefangen über höhere Offiziere bis zu einfachen französischen Soldaten. Der französische Soldat konnte wie seine Vorgesetzten Tauschware als Bezahlung anbieten. In Erinnerung geblieben ist mir jener Marokkaner in französischer Uniform, der die beiden Eckzähne seines perfekten kariesfreien Gebisses mit Goldkronen versehen haben wollte. Er bekam die Kronen, allerdings nicht als Zahngold, sondern aus vergoldeten Konfektionskronen, aus einer silberhaltigen Ersatzlegierung hergestellt. Dies war schlimm. Nicht nur, weil die Kronen unnütz waren, sondern vor allem, weil sie aus einem minderwertigen Metall bestanden. In gewissem Sinne wurde dieser Marokkaner zu einem Besatzungsgeschädigten.

Neben angesehenen Freiburger Bürgern kamen in großer Zahl auch Bauern bzw. Bauersfrauen in die Praxis. Bei diesen Patienten standen die Vorzeichen der Hamstertouren genau umgekehrt. Während ich zu den Bauern fahren und betteln mußte, kamen die Bauern zu meinem damaligen Chef mit einem Sack auf dem Fahrradgepäckträger. Der Sack bewegte sich lebhaft. Somit konnte er nur lebende Tiere, z. B. Geflügel, enthalten, und so führte deren Weg in das zahnärztliche Sprechzimmer nicht über das Wartezimmer, sondern über die Zahnarztküche. Nachdem ich für die Praxis eine wertvolle Kraft geworden war, durfte ich am täglichen Mittagstisch teilhaben und profitierte somit auch von dem Tauschhandel. Anders war die Praxis des Vetters Dr. Hauser. In erster Linie kam die geistige Elite der Universität als Patienten.

Für die Aufnahme eines Studiums der Zahnheilkunde mußten zunächst einmal Voraussetzungen geschaffen werden. Die infolge des großen Bombenangriffs (27. November 1944) fast vollständig zerstörten Vorklinischen Institute mußten zunächst mehr als notdürftig hergerichtet werden. Im Anatomischen Institut diente ein Raum mit Wänden ohne Verputz, vor allem aber ohne Fenster und ohne Heizung, als Hör- und Präpariersaal. Während des Wintersemesters saßen sowohl die Studenten in den Seminarräumen im Wintermantel, wie auch die Dozenten im Mantel ihre Vorlesungen abhielten. Von den Studenten trug ein großer Teil ehemalige Wehrmachtsmäntel weiter, wobei man auch ohne Rangabzeichen die ehemaligen Offiziere unschwer erkennen konnte. Für die Studenten der Zahnheilkunde wurde das ehemalige Gasthaus »Zum kühlen Krug« in Günterstal gemietet und mit neuen Einheitsgeräten zu einer Zahnklinik umgebaut.

Die Zulassung zum Studium war mit großen Schwierigkeiten verbunden. Nicht nur, daß die Zahl der Studienanfänger auf zehn limitiert wurde, sondern die Bewerber mit Kriegsabitur sollten zunächst für zwei Semester ein propädeutisches Ergänzungsstudium absolvieren. Eine Zulassungskommission bestimmte jene Bewerber, die ohne dieses Ergänzungsstudium zum Studium der Medizin bzw. Zahnmedizin zugelassen werden konnten. Es waren in erster Linie Bewerber mit einer sehr guten Abitur-Gesamtnote. Ich gehörte nicht zu diesem bevorzugten Kreis und sollte nach Meinung eines Kommissionsmitglieds, des Physiologie-Professors Hoffmann (als Schüler von Iwan P. Pawlow aus St. Petersburg, des ersten Nobelpreisträgers für Physiologie, hat er den Patellarreflex – bei einem Schlag unter die Kniescheibe streckt sich das Kniegelenk – erforscht) mich erst einmal in diesem Vorstudium bewähren. Aber da waren noch andere Kommissionsmitglieder. Der bekannte Historiker Prof. G. Ritter und ein Oberstudiendirektor waren Patienten bei meinem Chef. Er konnte ihnen im Behandlungsstuhl verdeutlichen, daß ich auf das Geld, das ich als Zahntechniker erarbeitete, angewiesen war und darüber hinaus eine wichtige Kraft für diese Zahnarztpraxis war. Wie konnten diese beiden, klein im Behandlungsstuhl, mit offenem Mund zu dem Zahnarzt, der in dieser Situation die beherrschende Position über ihnen eingenommen hatte, nein sagen?

Ich bekam also ein Schreiben von Prof. Ritter als Vorstand der Kommission mit der Genehmigung, auch ohne propädeutische Ergänzungskurse zum Studium der Zahnheilkunde zugelassen zu werden. Noch ein weiterer Umstand aus meiner zahntechnischen Tätigkeit erwies sich als sehr günstig. Dr. Hauser, mein zweiter Chef, bemühte sich als Präsident der Zahnärztekammer sehr intensiv um den Dozenten Rehm, bis Kriegsende Oberarzt an der berühmten Berliner Zahnklinik. Rehm hatte das Kriegsende in seiner Heimatstadt Konstanz am Bodensee erlebt und erhielt dann auch den Ruf auf ein Extraordinariat, das später in ein Ordinariat umgewandelt wurde. In der ersten Zeit wohnte er im Hause von Dr. Hauser, der mich ihm sehr bald als seinen Zahntechniker vorstellte. Dies führte zu einem ersten Einsatz im Trümmerfeld der ehemaligen Zahnklinik in der Albertstraße, zusammen mit Ärzten und Angestellten, um in den Trümmern nach noch brauchbaren Instrumenten und Geräten zu suchen. Während der ersten Semester gehörte zum Studium ein Arbeitsdienst. Pflichtgemäß mußten die Studenten 56 Stunden im Hauptgebäude und vor allem in den Instituten Trümmer beseitigen, Bruchsteine säubern und vieles mehr, was zu einer Trümmerbeseitigung gehörte.

Im Sommer 1946 schlich ich mich mit Freunden gelegentlich auf die Anlage des Freiburger Tennis- und Hockey-Clubs, die von den Franzosen beschlagnahmt worden war, um ein wenig Tennis zu spielen. Ein französischer Offizier sprach mich an, um mich als Tennis-Trainer zu engagieren. Er versprach mir neben einer guten Bezahlung auch Sonderrationen wie Zigaretten. Ich aber wollte nicht nur, weil ich die zahntechnischen Tätigkeiten als besonders vorteilhaft für den späteren Beruf zum Zahnarzt ansah und ich auch meinen Chef nicht enttäuschen wollte, sondern vor allem, weil ich wenig Würde bei dem Gedanken empfand, für eine Besatzungsmacht tätig zu werden, die, damals von Unversöhnlichkeit geprägt, unfreundlich agierte. So blieb ich weiter bei meinem Zahnarzt als Zahntechniker und übte diese Tätigkeit bis zum Physikum zum Teil in Abend- und Nachtstunden aus. Dann aber fehlte die Zeit, ich mußte mich voll auf das Studium der Zahnheilkunde konzentrieren.

Endlich begannen zum Wintersemester 1946 die Vorlesungen und Kurse für Zahnmedizin. Als mittlerweile ausgewachsenem Zahntechniker gingen mir die geforderten Aufgaben in den praktischen Kursen leicht von der Hand. Nach dem ersten technisch-propädeutischen Kurs war Prof. Rehm von meinen und eines weiteren Kollegen Fähigkeiten so angetan, daß er uns anbot, in den Ferien für die Klinik zahntechnische Arbeiten herzustellen. Dafür sollte uns der zweite technische Kurs erlassen werden. Ich sagte sofort zu und stellte für Prof. Rehm Prothesen her. Am Ferienende, nach Beendigung meiner zahntechnischen Tätigkeit, erklärte Rehm: »Ich war zufrieden mit Ihnen, doch die eine oder andere Arbeit für den zweiten Kurs müssen sie doch noch machen.« »Da haben Sie mich betrogen« – »Wieso betrogen, das können Sie doch nicht sagen!« – »Doch, denn meine Kommilitonen konnten in den Ferien für die theoretischen Fächer lernen, während ich die ganze Zeit in der Zahnklinik hockte.« Meinen Ausbruch hatte er wohl nicht erwartet. Er war ein sehr weicher Mensch, der auf Angriff mit sofortigem Rückzug reagierte. Und so unterbreitete er nach kurzer Überlegung mir folgenden Vorschlag: »Sie arbeiten während des II. Kurses als Hilfsassistent; helfen also Ihren Kollegen bei der Herstellung der verschiedenen technischen Arbeiten.« Und nach einer kurzen Pause: »Ich schenke Ihnen dafür im Physikum den praktischen Teil meines Faches (d. h. Zahnersatzkunde)«, und nach einer weiteren kleinen Pause fügte er noch hinzu: »Mit der Note – sehr gut –«. Wer hätte ein so tolles Angebot nicht angenommen?

Im nächsten Semester arbeitete ich also als Hilfsassistent im zahntechnischen Laboratorium für Studenten. Der eigentliche Leiter dieser Kurse war der langjährige Assistent Dr. Schreiber. Ein eingefleischter Freiburger, der im Friedrich-Gymnasium zur Schule gegangen war, Zahnheilkunde in Freiburg studierte und während des Krieges unabkömmlich als Assistent in der Zahnklinik tätig war. Er war ein sehr guter Zahnarzt und konnte hervorragend praktisch demonstrieren. Als Lehrer hielt er recht originelle und praxisnahe, aber völlig unakademische Vorlesungen. Besonders beliebt war seine »volksverbundene« Sprache und Formulierungen: »Es ist doch egal, ob der Muskel Willi oder Paul heißt!« Die anatomischen Lehrer akzeptierten derartige Formulierungen natürlich nicht, und bei meinem späteren Lehrer Häupl hieß der Mundbodenmuskel Muskulus mylohyoideus und nicht etwa Willi. Manchmal war Schreiber in seinem Freiburger Dialekt recht derb, aber gerade dies mochten wir Studenten. »Telefon, Herr Dr. Schreiber, der Chef isch dran!« Während ein Student den Hörer hielt, kam der Labormeister, souverän, einem Gott gleich, mit seinem Spruch zum Telefon: »Herrgott, ich kann doch nicht gleichzeitig scheißen, Kraut hacken und der Prozession zuschauen!«

Schreiber war ein begeisterter Motor- und Segelflieger; eine seiner Fluggeschichten habe ich später regelmäßig in meiner Vorlesung über Brückenersatz erzählt, erinnert durch das projizierte Bild einer festen Brücke mit ¾-Kronen, die ich als Student hergestellt und eingegliedert hatte. Bei dem betreffenden Patienten handelte es sich um einen Kommilitonen aus der Medizin, mit dem ich sehr befreundet war, und der mir auch bei der Vorbereitung zum Examen in einigen medizinischen

Fächern sehr geholfen hatte. Als Arzt in Bad Dürrheim niedergelassen, besaß er ein Flugzeug, mit dem er zum Einkaufen eben mal schnell nach Freiburg flog. Bei einer Rallye in Jugoslawien ist er leider tödlich abgestürzt. Mit der Mahnung, nie mit einem Privatflugzeug herumzufliegen, erzählte ich dann die Schreiber'sche Geschichte im besten Freiburger Dialekt: »Weisch, mit dem Flugzeug solltest Du nie den Umkreis Deines Flugplatzes verlassen. Ich habe einmal mit einem Kopiloten an einer Rallye nach Ludwigsburg teilgenommen. Beim Start war der Himmel mit schwarz-grauen Wolken verhangen. Der Verstand sagte mir: fliege nicht! Aber dann sah ich im Geiste die Siegespokale in Ludwigsburg stehen und wir starteten doch. Meinem Kopiloten schärfte ich ein: »Paß genau auf die Autobahn als Orientierungshilfe auf!« Plötzlich rief der Kopilot: »Du, die Autobahn ist weg!« »Ha jo, du Arschloch, die geht doch hier in einen Tunnel rein!« Die zuhörenden Studenten brüllten jetzt regelmäßig, und ich konnte kaum zu Ende erzählen, daß dann der Tunnel zu einem wichtigen Orientierungspunkt für die Flieger wurde, denn dreimal hatten sie sich verfranst, mußten jedesmal zum Tunneleingang zurückfliegen, um von dort endlich Ludwigsburg zu finden und dort zu landen.

In den ersten Jahren des Studiums mußte man als Student Hörgeld entrichten. Für die Vorlesungen und Kurse mußte ein Student bzw. mußten seine Eltern je nach Stundenzahl eine unterschiedlich hohe Gebühr entrichten. Die Studiengebühr konnte Bedürftigen, die den Betrag nicht aufbringen konnten, erlassen werden. Außerdem konnte man mit zwei Prüfungen im Semester eine Befreiung vom Studiengeld beantragen. Eine Kommission entschied, ob man ein Drittel, die Hälfte oder die gesamte Studiengebühr erlassen bekam. Da meine Mutter nur eine bescheidene Rente bezog und meine Einnahmen für die Tätigkeit als Zahntechniker nicht gerade üppig waren, bedeutete eine Gebührenbefreiung eine sehr große Erleichterung. Für diese Prüfungen war man gezwungen, sich regelmäßig und intensiv mit diesen Prüfungsfächern zu beschäftigen, was anderseits den Vorteil hatte, daß man für das Physikum gut präpariert war.

Rektor der Universität Freiburg war von 1946 bis 1949 Prof. Constantin von Dietze. Er hat in der heiklen Auseinandersetzung mit der französischen Besatzungsmacht viel geleistet. Im Krieg waren von ihm im Vorfeld des 20. Juli 1944 Fäden zur Bekennenden Kirche, zum Kreisauer Kreis und zu Karl Goerdeler gelaufen. Für von Dietze, der für die agrarpolitischen Wissenschaften neue Dimensionen entdeckt hatte – mit dem großen Eucken war er wissenschaftlich verbunden und befreundet – kam das Kriegsende als von den Nazis Verhafteten wie auch für die Professoren Lampe und Ritter rascher als das mit Sicherheit zu erwartende Todesurteil des Volksgerichtshofes (H.H. Götz).

H.H. Götz mußte als erster Asta-Vorsitzender der Universität Freiburg nach dem Krieg mit v. Dietze besonders vertrauensvoll während des Prozesses gegen Heinrich Tillessen zusammenarbeiten. Die ehemaligen Offiziere des Kaiserreiches H. Tillessen und Heinrich Schultz hatten am 26. August 1921 den Reichstagsabgeordneten und Minister a. D. Matthias Erzberger, der als Zentrumspolitiker am 11. November 1918 den Waffenstillstand unterzeichnet und sich im Gegensatz zu dem damaligen Außenminister Graf Brockdorff-Rantzau für die Annahme des Versailler Friedensvertrages eingesetzt hatte, in der Nähe von Griesbach im Schwarzwald erschossen. Dieser politische Mord konnte in der Weimarer Republik nicht gesühnt werden, da die ehemaligen Freikorps-Kämpfer geflohen waren. Nachdem die Nationalsozialisten an die Macht gekommen waren, wurde beiden Amnestie gewährt, und so konnten sie unbehelligt zurückkommen. Nach dem Zusammenbruch des Hitlerregimes wurden sie von den Amerikanern verhaftet und in die französische Besatzungszone überstellt (H. Faller).

In dem Prozeß der deutschen Justiz hielt der Freiburger

Rechtsanwalt Dr. Drischel ein blendendes Plädoyer, worauf die anwesenden Studenten Beifall bekundeten. Die französische Besatzungsmacht verstand jedoch keinen »Spaß«. Nach dem Freispruch von Tillessen reagierte sie sofort und besonders heftig: Maßregelung der Richterbank mit Amtsenthebung des Vorsitzenden, Wegnahme des Strafverfahrens (Tillessen wurde dann zu 15 Jahren Zuchthaus verurteilt). Verschärfung der Entnazifizierungspraxis und Schließung der Freiburger Universität. Der Rektor von Dietze und der Asta-Vorsitzende H.H. Götze, beide mit einer absolut reinen Vergangenheits-Weste, konnten vermittelnd in mühsamen Verhandlungen erreichen, daß die französische Militärregierung die Universität nicht schließen werde, falls sich die Studenten melden würden, die Beifall bekundet hätten. Sie mußten sich vor einem Gericht verantworten. Die meisten meldeten sich – wobei eine Studentin betonte, daß sie Beifall bekundet habe, dies jedoch mit Gummisohlen – und wurden anschließend von einem deutschen Gericht verwarnt. Durch den Einsatz des Rektors und seines Asta-Vorsitzenden konnte eine schwierige Situation für die Freiburger Universität gemeistert werden.

In der ersten Zeit nach dem Krieg begeisterte von Dietze junge Studenten für einen neuen politischen Anfang. In seinem Haus war ich einige Male eingeladen. Sein Sohn war als Angehöriger der 24. Pz.-Div. schwer verwundet worden. Um seinen Rollstuhl verlassen zu können, erwies sich Reiten als hilfreiche Therapie. Später hat er als Pfarrer in den Gemeinden Niedermoos einer Vielzahl von Behinderten, aus eigener Erfahrung heraus, mit dem Reiten sehr geholfen.

Im Chemieunterricht lernten wir den späteren Nobelpreisträger Prof. Staudinger kennen. Seine Vorlesungen waren gut besucht: Mediziner, Zahnmediziner, Naturwissenschaftler, Forststudenten, Lehramtskandidaten, Lebensmittelchemiker drängten in den großen Hörsaal des Botanischen Instituts. In der Vorlesung kritzelte er kreuz und quer chemische Formeln

187

an die Tafel, die keiner von uns verstand. Dazwischen schnauzte er seinen Institutsdiener an, der lammfromm die verschiedenen Reagenzgläser mit Chemikalien auf den Tisch stellte. Uns gab diese Vorlesung recht wenig. Da war der Physikprofessor Gentner, ein Atompyhsiker, schon ein anderes Kaliber. Er gab griff'ge Beispiele, so daß wir, mit wenig Physikkenntnissen, recht gut mitkamen. Besonders spitzte ich die Ohren, als er den Magnuseffekt beim Tennisspiel erklärte. Da lernte ich, daß ein geschnittener Ball bei Seitenwind eine bogenförmige Bahn durchläuft. Und dann kam er auf Wahrscheinlichkeitsrechnung zu sprechen und sorgte mit dem Beispiel, daß es unwahrscheinlich sei, wenn eine Horde Affen über eine Schreibmaschine gehetzt Goethes Werk schreibe, für unsere Aufmerksamkeit.

Für das Staatsexamen mußten wir wie im Physikum eine große Zahl von Fächern büffeln. Es gab natürlich Prüfungsfächer vor allem im medizinischen Bereich, in denen wir uns nicht besonders stark fühlten. Also suchten wir Assistenten eines betreffenden Institutes bzw. einer Klinik auf, die uns mehr oder weniger auf das Examen einpaukten. Für das Fach Dermatologie fanden wir Dr. Pfister (später Chefarzt in Karlsruhe), der zunächst einmal fragte, wann denn der Termin der Prüfung sei. Als er hörte, in drei Wochen, antwortete er: »Das ist ja noch so lang, ich fahre jetzt erst einmal 14 Tage in Urlaub und dann pauke ich Sie acht Jahre auf ›eins‹ ein.« Da er wußte, was der betreffende Prüfer hören wollte, lernte er mit uns sehr praxisnah und gab auch wertvolle Tips. »Wenn ihr im zweiten Stock in ein Zimmer kommt mit braunen Möbeln, dann ist es das Psoriasis-Zimmer, also Patienten mit Schuppenflechte.« Die Prüfung lief dann auch glatt ab.

Bei der Vorbereitung zur Pathohistologie hatten wir im Pathologischen Institut eine Vielzahl von histologischen Präparaten auf einem Tisch ausgebreitet. Mit einem Assistenten schauten wir uns die Präparate an und mußten dann die Diagnose stellen, um welche Gewebsteile es sich handelte. Wir waren in die Präparate vertieft, als ein Elektriker den Raum betrat. Er kam an den Tisch, nahm ein Präparat auf, hielt es vor das Licht und meinte trocken: »Ist dies Zunge?« Es war Zunge.

Im Fach zahnärztliche Chirurgie prüfte Prof. Eschler, der während des Krieges als Austauschprofessor in Japan tätig war, einen Kommilitonen von mir ausgesprochen bösartig. Ich wurde während dieser Prüfungsstunde unangenehm an die Zeit des kleinen Soldaten, wo keine Kritik geduldet wurde, erinnert. Eschler hat meinem Prüfungskollegen wohl nicht verziehen, daß er in den Vorlesungen lautstark Zweifel an dem Gehörten anmeldete. So, als Eschler in einer Vorlesung über die Wirkungsweise der Funktionskieferorthopädie berichtete und dabei von seinem Sohn erzählte, der durch dauerndes Sitzen im japanischen Schneidersitz deformierte Beine bekommen hätte. Darauf habe er seinen Sohn mit dem Kopf nach unten an den Füßen festgehalten und wie einen Pendel hin und her bewegt. Die Füße seien dann wieder gerade geworden. Sofort meldete sich K. zur Diskussion: »Also Herr Professor, ich will Ihnen mal was sagen, wenn Sie eine Frau mit krummen Beinen heiraten und ich die (damals sehr populäre) Rita Hayworth, dann können Sie mit Ihrem Krampe (Sohn) machen, was Sie wollen, es wird doch mein Kind die schöneren Beine haben.« Er hatte wohl recht, weil neben dem Einfluß die Funktion der genetische Faktor in dieser Frage eine sehr wichtige Rolle spielt. Es ging weiter: Nach der Erläuterung eines Röntgenbildes durch Eschler hob mein Freund wiederum seine Hand. – »Herr Professor, wissen Sie, dies kommt mir genau so vor wie im Krieg! Da war ich Fernaufklärer. Und wenn nach einem Aufklärungsflug die Aufnahmen entwickelt waren, da gab es welche, die erkannten sogar die Besatzungen in den Flugzeugen, die wir aufgenommen hatten.«

Nach dem Examen wurde ich sofort Volontärassistent (ohne Bezahlung) an der Freiburger Zahnklinik bei Professor Rehm.

Er war ein Meister der Vollprothese und konnte überaus eindrucksvoll die verschiedenen Behandlungsphasen, vor allem die verschiedenen Abdruckmethoden, demonstrieren.

In Freiburg zu leben, war faszinierend. Die Stadt war zwar noch im Wiederaufbau begriffen, aber eingebettet in eine gottgesegnete Landschaft, mit einer bedeutenden Universität als geistigem Zentrum, an der hochangesehene Professoren lehrten, einem sehr guten Theater und ungezählten sportlichen Möglichkeiten. Wo gab (oder gibt) es etwas Vergleichbares? Zur Osterzeit morgens Tennisspielen, dann mit dem Motorrad auf den Feldberg zu einer Skiabfahrt ins Fahlerloch, weiter nach Badenweiler zu einem Sprung ins Thermalbad und dann zur Baumblüte am Kaiserstuhl, um abends im Stadttheater Goethes »Faust« zu erleben! Ich wollte nie von Freiburg weggehen, sondern nach einer gewissen Assistentenzeit irgendwann einmal mich als Zahnarzt niederlassen. Aber es kam anders.

Mein Leben änderte sich vollkommen, nachdem mit Prof. Häupl ein Mann in mein Leben getreten war, dem ich entscheidende Impulse und eine weitreichende Förderung verdanke. Häupl war zuerst in Norwegen tätig, dann Direktor der Zahnklinik in Prag und 1943 nach Berlin berufen worden. Infolge der Kriegsereignisse hatte er seinen Lehrstuhl in Berlin aufgegeben und war Ordinarius und Chef der Universitätsklinik in Innsbruck geworden. Hier schrieb er ein bekanntes zweibändiges Lehrbuch der Zahnheilkunde. Aufgrund seines umfassenden Wissens war er der letzte Wissenschaftler der Zahnheilkunde, der in der Lage war, als einzelner noch ein Lehrbuch der gesamten Zahnheilkunde zu schreiben. Einen Ruf nach Freiburg lehnte er zugunsten seines Schülers Rehm ab, der sich in Berlin habilitiert hatte, ebenso einen Ruf nach Hamburg. Den Ruf nach Düsseldorf nahm er 1951 an.

Die damalige Medizinische Akademie wünschte auf dem Lehrstuhl für Zahnheilkunde, der mit der Leitung der berühmten Westdeutschen Kieferklinik verbunden war, einen All-

190

roundfachmann und Wissenschaftler für die gesamte Zahnheilkunde.

Die Kultusministerin des Landes, Ch. Teutsch, berief Häupl am 1. November 1951 zum ordentlichen Professor und Direktor der Westdeutschen Kieferklinik. Im Zuge der Neugliederung suchte er einen Assistenten, dem er gleichzeitig die Leitung der Prothetischen Abteilung anvertrauen konnte. Er fragte bei Rehm in Freiburg an, und dieser schlug mich vor. Bei einem Besuch in Freiburg fand der erste Kontakt statt. Ich hatte gerade meine Mutter als Patientin auf dem Stuhl sitzen, als ich zu Rehm zu diesem Gespräch gerufen wurde: »Mutter, mach erst mal wieder den Mund zu und warte, der große Häupl will mich sprechen!« Häupl ging mit mir spazieren und sprach von den Aufgaben, die mich erwarteten in einer Art und Weise, die mich jungen Menschen sofort faszinierte. »Sie werden Leiter der Prothetischen Abteilung (welche Ehre und Aufgabe!). Sie können wissenschaftlich arbeiten, aber das brauchen Sie auch nicht. Sie können sich habilitieren, wenn Sie wollen. Sie können in meiner Privatpraxis mitarbeiten, wenn Ihnen dies Spaß macht.« Von Häupl wußte ich, daß er große Erfahrungen mit Teleskopkronen für die Befestigung abnehmbarer Brücken und Teleskopprothesen hatte.

Am 1. November 1952 fing ich in Düsseldorf an. Zuvor war ich noch für einige Zeit Gastassistent in Basel bei Professor Spreng, einem sehr bedeutenden Schweizer Prothetiker und Wissenschaftler. Ich lernte bei ihm eine besondere Abdrucktechnik und eine Artikulationslehre[4], die auf den Schweizer Gysi – einer der größten Forscher auf diesem Gebiet – zurückging.

4 Lehre von der Kiefergelenkbewegung und Anwendung eines Gerätes, das die Kiefergelenkbewegungen nachahmt, damit der Zahnarzt den Funktionsablauf der Zahnreihen eines Patienten kontrollieren und beurteilen sowie Kronen, Brücken und Prothesen in der Weise herstellen kann, daß sie genau in das Zahnsystem des betreffenden Patienten passen und ein störungsfreies Kauen ermöglichen.

Die Düsseldorfer Zeit mit Häupl war geprägt von einem ganz besonderen Lehrer-Schüler-Verhältnis. Häupl wurde mein Vorbild, mein Wegweiser und mein väterlicher Freund. Es war eine Freude, mit einem hochgebildeten Forscher und Klinikchef, einem liebenswerten Menschen besonders eng zusammen arbeiten und leben zu können.

In den ersten Jahren in Düsseldorf nahm mich Häupl zu vielen Kongressen mit, zuerst als Zuhörer und später als Vortragenden. Da ging ich dann oftmals, von Zweifeln und Lampenfieber beherrscht, mit wackeligen Beinen zum Podium. Die Kongresse, meist von hohem Niveau, waren Meilensteine in meinem jungen wissenschaftlichen Leben. Bei den kieferorthopädischen Kongressen ging es oftmals recht ruppig zu. Da stritten die Vertreter der verschiedenen orthopädischen Fachrichtungen sehr heftig. Auf einer Tagung in Bonn griff Häupl zu einem mit Angriffen gegen ihn gespickten Vortrag des Kieferorthopäden Dr. Bimler in die Diskussion ein. Er betrat das Rednerpult, um sofort vom Podium auf Bimler zuzugehen, der in der 1. Reihe saß. Indem er ihm ein Buch auf den Tisch knallte, hob er an: »Wo steht das geschrieben? Zu solch einem Thema sollte man eigene Untersuchungen haben!« Nach diesem Diskussionsgewitter herrschte atemlose Stille im Auditorium. Alle dachten, der Bimler ist zerstört. Er aber antwortete in einem kühlen Tonfall und im Gegensatz zu Häupl fast leise: »Ich danke Herrn Prof. Häupl für seine Diskussionsbemerkung, mit der er meinen bescheidenen Beitrag gewissermaßen in den Mittelpunkt dieses Kongresses gerückt hat.« Das war nicht schlecht!

Häupl meldete sich immer bei Kongressen zur Diskussion. Er hatte in den weitesten Bereichen (und nicht nur medizinischen) ein großes, umfassendes Wissen, so daß es nach seiner Diskussionsbemerkung in der Regel nichts mehr zu sagen gab. Bei einer Tagung für zahnärztliche Prothetik war er ganz und gar nicht mit einem Beitrag des Dozenten U. zufrieden. Am

Völkerwanderung in Rumänien: Völlig überfüllte Züge, die in alle Richtungen fahren.

Vier verschiedene Kopfbedeckungen in einem rumänischen Ort: Der Feldgendarm trägt einen Stahlhelm und einen Ringkragen mit geprägtem Adler (Kettenhund). Der Panzersoldat daneben trägt die Panzermütze, der Junge (der eine Blechtrommel haben könnte!) davor seine zivile Mütze. Auf der Straße ein rumänischer Soldat, ebenfalls mit einer Mütze.

Hinweisschilder des Generals Schörner: Man weiß wieder, bei welchem Befehlshaber man angekommen ist.

Ruheposition: Am 14.05.1944 stehen die Panzer zur Tarnung in einem Obstgarten bei Targul Frumos.

Wo ist der Feind? Gleich beginnt die Schlacht in die vom Feinde einge-
sehenen Täler.

Panzer marsch!
Wieder nach vorne. Angriff bei Targul Frumos am 15.05.1944.

Der Kampf wird immer härter: Abwehr eines Großangriffs im Bereich der 12. Pz.-Rgt. 24., bei dem die Sowjets beabsichtigen bis zur Moldau vorzustoßen.

Makabre Zwillingsforschung: Kommandant (Mitte) mit seinen »Buben«. Die Zwillingsbrüder sind als Funker und Richtschütze beide gefallen.

Unterstützung aus der Luft: Stukas kommen früh am Morgen zur Unterstützung eines heißen Angriffstages (30.05.1944).

Unternehmen Sonja: In der Angriffshölle des Krieges.

Bereitstellung: Am Morgen eines Großangriffs (Unternehmen Sonja) am 30.05.1944. Panzergrenadiere in einem Graben. Die Besatzung des Panzers von der benachbarten 23. Panzer-Division Kommandant, Richt- und Ladeschütze) schauen aus den Luken.

In Hinterhangposition warten auf den Arzt. Wachtmeister Lotze startet trotz Verwundung erneut zum Angriff.

Panzer Marsch!
Kurze Zeit später, der Angriff beginnt. Alle sind in Deckung gegangen.

Der Feind hat schlecht geschossen: Mehrfach getroffene Laufrolle.

Wieder nach vorne: Erneuter Angriff bei Jassy.

Nicht getroffen, aber erbeutet: Russischer Panzer T 34 ist unversehrt in unsere Hände gefallen.

Panzerbeobachtungswagen mit zwei Antennen (Sternantenne links):
Die Turmbesatzung besteht nur aus Offizieren (silbernes Paspel an den
Mützen).

Im Vorort von Jassy: Die restlichen Panzer der 12. Schwadron rollen
nach den Angriffstagen nach Jassy.

Ein heißersehnter Halt für ausgetrocknete Kehlen: Mein Panzer ist vor einem Soldatenheim in Jassy vorgefahren. Im Hintergrund die Milchtrinkhalle zugleich Kaffeehaus (Cofeteria) Unirea, »Zur Eintracht«, die geöffnet ist.

Unbeeindruckt vom Schlachtenlärm: Ein paar Kilometer hinter der Front bestellt ein rumänischer Bauer seinen Acker.

Motortausch: Ein stets ersehnter Augenblick der Ruhe hinter der Front. Austausch des Motors am 12.04.1944. Am Kran der Zugmaschine der neue Maybachmotor – Ölkühler- und Lichtmaschinenseite.

Motor am Kran: Der neue Motor wird eingebaut.

Rumänischer Polizist regelt den Verkehr: Vor dem Malergeschäft Camila – daneben das Magazin Galanteria des David Cupferberg (Modegeschäft).

Soziale Unterschiede bei der rumänischen Bevölkerung: Während der Barfüßige mit Stock neben einem Rumänen steht, der sowohl eine ehemalige Wehrmachtsjacke als auch Wehrmachtssocken (erkenntlich an den weißen Streifen) trägt, hat rechts daneben der Rumäne die typischen Sandalen (Opinci) an.

Halt auf einem ungarischen Bahnhof, fast wie im Frieden: Im Hintergrund der Transportzug der 24. Panzer-Division von Rumänien nach Polen. Hinter einem Abteilwagen steht der Plattformwagen, auf dem Soldaten sitzen und ein »Maultier« genanntes Halbkettenfahrzeug.

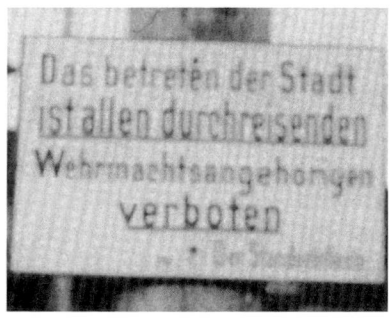

Verboten: Ein weiteres Schild unter dem Kommando von General Schörner.

Noch vor der Ordenskarriere: Uffz. Ott vor dem Invalidendom in Paris 1943. Ein Jahr später erhielt er nach dem Abschluss von acht russischen Panzern die Ehrenblattspange des Heeres und zu Kriegsende noch das Ritterkreuz.

Ordensverleihung: Der Regimentskommandant heftet dem Schwadronchef die Ehrenblattspange an.

Frisch dekoriert: Der Obergefreite trägt mit Stolz das silberne Panzerkampfabzeichen.

Lohn der Angst: Ordensverleihung an den Obergefreiten
unmittelbar nach dem Einsatz
am 3. Juli 1944.

Unteroffizier in korrektem
Dienstanzug: Der Unteroffizier
trägt das schwarz-weiß-rote
Band des EK II im Knopfloch seiner Jacke und an der Brust das
Panzerkampfabzeichen in Silber
und das Verwundetenabzeichen
in Schwarz.

Der Blick in das Auge des Führers: Oberst von Edelsheim erhält aus der Hand Hitlers das Eichenlaub zum Ritterkreuz.

Wer hat noch nicht? Der Küchen-Uffz. bietet bei einem Schwadrons-fest italienischen Wermuth an. Vor ihm (im Profil) der frisch dekorier-te Rittmeister Hupe.

Klassenunterschiede beim Schwadronsfest nach der Ordensverleihung:
Die frisch gezimmerten Holzbänke sind für die Offiziere mit einer Decke
»gepolstert«. Die übrigen Soldaten sitzen Holzklasse.

Im Namen des Führers: Verleihungs-urkunde zum EK II mit der Unter-schrift des Divisionskommandeurs Freiherr von Edelsheim.

Der Verwundetenzettel des Hauptverbandsplatzes: Ganz unten ist vermerkt, daß gegen Wundstarrkrampf Tetanus injiziert wurde.

Ende seines Diskussionsbeitrags bemerkte er: »Wissen S Herr U., Goethe hat einmal gesagt, ein Mensch, der fabuliert, ist wie ein Tier auf dürrer Weide, ich befinde mich lieber auf einer saftigen.«

Häupl amtierte 1957/58 als Rektor der Medizinischen Akademie Düsseldorf (Bei der Rektoratsübergabe zogen die Dozenten unter den Klängen eines Marsches von G. F. Händel, damals noch im Talar, in den Festsaal ein). Unvergessen bleibt wie 1960 Häupl ein Opfer einer Zeitkrankheit, der Kraftprobe mit dem Terminkalender, geworden ist. Gerade aus Amerika von einer langen Vortragsreise zurück, setzte er sich durch den Wechsel des geographischen Umfeldes mit Klimaveränderungen einem besonderen Streß aus, um in Basel aus Anlaß der 500-Jahr-Feier der dortigen Universität einen Festvortrag zu halten. Unglücklicherweise erreichte sein Schlafwagenzug erst nach einer mehrstündigen Verspätung Basel. Um noch rechtzeitig zu dieser Festveranstaltung zu gelangen, hetzte er mit seinem Koffer über den langen Bahnsteig des badischen Bahnhofes. Kaum hatte er den Saal betreten, mußte er ohne Verschnaufpause seinen Vortrag beginnen. Am Ende seiner Ausführungen, mit großem Applaus bedacht, ging er zu seinem Platz im Auditorium zurück. »Wie war ich?«, wollte er von seiner neben ihm sitzenden Frau wissen. »Du warst sehr gut«, dabei faßte sie ihn am Arm und stellte erschrocken fest: »Papa, Du bist ja ganz naß!« »Du weißt doch, wie ich mich immer engagiere«, antwortete er, während er für ein Glas Wasser am Podium aufstand. »Helft's mir!« konnte er noch rufen; dann war der schwergewichtige Mann zu Boden gefallen. Ein Infarkt hatte seinem Leben ein Ende gesetzt.

Durch die Persönlichkeit von Häupl geprägt und letzten Endes auch von Rehm, bei dem ich das »Handwerk des Zahnarztes« gelernt hatte, begann mein Weg zum Hochschullehrer.

Gerade apl. Professor geworden, wurde ich 1962 in Homburg/Saar – ohne Erfolg – für einen Lehrstuhl diskutiert. Der

Ministerpräsident des Saarlandes, Dr. Röder, der gleichzeitig als Minister für Kultus, Unterricht und Volksbildung amtierte, schrieb an einen mir bekannten Journalisten auf seinen Bittbrief, daß mein Arbeitsgebiet nicht den vollen Anforderungen entspräche, wenn das Gesamtgebiet von einem Lehrstuhlinhaber vertreten werden muß. Konnte dies der dann Berufene? Dabei hatte mich der Dekan – wie auch später in Basel bei gleicher Gelegenheit – nach einer Probevorlesung vor der Medizinischen Fakultät mit einem Händedruck verabschiedet, indem er mir gleichzeitig fest in die Augen schaute und mit einem »Auf Wiedersehen – ich meine es ernst.«

1968 starb Prof. Rehm. In der Kirche in Günterstal, einem Vorort von Freiburg, schräg gegenüber der alten Zahnklinik, fand unter großer Anteilnahme der Freiburger Bevölkerung und von Universitätsangehörigen die Trauerfeier statt. Für die Deutsche Gesellschaft für zahnärztliche Prothetik und Werkstoffkunde sollte ein Professor aus Mainz die Gedenkrede halten. Auf dem Bahnsteig war er noch von einem Kollegen gesehen worden. Er erschien aber nicht. Die anwesenden Professoren berieten vor dem Gotteshaus, was jetzt zu tun sei. Sie bestimmten mich für die Trauerrede. Völlig unvorbereitet vor die Trauergemeinde zu treten, war nicht einfach. Die Trauerfeier begann, und während der Kirchenchor sang, blieb mir nur ein kurzer Augenblick des Nachdenkens, um würdig meines ersten Lehrers gedenken zu können.

Mit dem Tod von Rehm mußte sein Lehrstuhl neu besetzt werden. Die in die engere Wahl gezogenen – damals konnte man sich nicht bewerben, sondern man wurde von den Fachvertretern der deutschsprachigen Hochschulen vorgeschlagen – mußten »Probesingen«, d.h. auf Einladung des Dekans der Med. Fakultät einen Vortrag halten. Nach dem Vortrag kam der Chirurg Prof. Kraus, am Arm mit Dr. Hauser, auf mich zu und begrüßte mich sehr herzlich. Ein gutes Vorzeichen? Beim folgenden Abendessen saß ich neben dem weltberühmten Physiologen Professor Fleckenstein. Als er sah, daß alle Anwesenden ihr Essen bekommen hatten, ich aber noch vor einem leeren Teller saß, lächelte er mir zu:»Lieber beim Essen der Letzte, dafür auf der Berufungsliste der Erste.« Die Freiburger Fakultät entschied sich für mich und bemühte sich in der Folgezeit – in der Zeit, da der Berufene verhandelt – sehr um mich. Ich sollte Klinikchef werden und bleiben (also nicht rotierend mit einem weiteren Lehrstuhlinhaber), aber ich sollte zusätzlich auch noch das Fach Konservierende Zahnheilkunde vertreten. Die Fakultät und das Stuttgarter Ministerium hatten eine andere Meinung als Minister Röder im Saarland. Alle meine Gesprächspartner waren freundlich und entgegenkommend, und der Dekan glaubte fest daran, daß ich als »Freiburger« den Ruf annehmen würde. So ist es mir nicht leichtgefallen, ihn abzulehnen, um den kurz danach ergangenen Ruf nach Düsseldorf anzunehmen.

Ich blieb also als ordentlicher Professor in Düsseldorf, obwohl ich jahrelang davon geträumt hatte, einmal in meinem Leben einen Ruf nach Freiburg zu erhalten. Aber in den vielen Jahren von 1952 bis 1968 hatte sich Düsseldorf von einer Trümmerstadt zu einer faszinierenden Großstadt gewandelt.

Die Studenten lernten sehr fleißig. Wir hatten sie alle auch deshalb gut im Griff, weil die Assistenten, Oberärzte und ich selbst praktisch sämtliche vorkommenden Behandlungen zunächst am Patienten demonstrierten und dem Studenten stets Hilfestellungen gaben. Bei der Schlußabgabe war ich immer wieder überrascht, wie gut die Studenten gearbeitet hatten. Und das Wichtigste: Die Patienten waren zufrieden. Sie bekamen sehr bald Vertrauen zu ihrem Behandler, weil sie spürten, daß man sich redlich um sie bemühte, und weil sie die Kontrollen als Ausdruck einer fachgerechten Behandlung stets schätzten.

Von meinen Oberärzten muß ich Dr. Osing, den langjährigen Vorsitzenden der Kassenärztlichen Vereinigung Nordrhein, besonders erwähnen. Er hat als mein Oberarzt ein besonders zweckmäßiges Abdruckverfahren für den zahnlosen Unterkiefer entwickelt. Von seinem zahnärztlichen Können hörte auch Falin, der russische Botschafter in Bonn. Durch seine Vermittlung wurde Osing mit einem weiteren Kollegen Zahnarzt von Breschnew. Pikanterweise vertraute Breschnew, der nach Kriegsende den Abriß des »faulen Zahnes« in Königsberg befohlen hatte (gemeint ist die Domruine, ein Meisterwerk deutscher Backsteingotik – J.P. Winters) wegen seiner »faulen Zähne« dem Können eines deutschen Zahnarztes. Diese Tätigkeit brachte Osing viel Arbeit und auch Streß ein, dafür aber auch das einmalige Erlebnis: Einblicke in das Leben eines der Mächtigsten der Welt zu erhalten. Bei einem Flug mit Breschnew im Hubschrauber lobte Osing das schöne Land, das sie überflogen. »Ach, wenn es Ihnen gefällt, drehen wir noch eine Runde. Ich sollte zwar jetzt den rumänischen Staatspräsidenten Ceausescu empfangen, aber der kann warten!« Oder die Frage an einem Sonntag: »Wie kommen Sie nach Düsseldorf?!« – »Morgen, mit Lufthansa.« »Heute, Dr. Osing!« »Aber heute fliegt doch gar keine Maschine!« »Ich mack!« Auf Breschnews Befehl wurden die Düsen einer großen Iljuschin angeworfen, und Dr. Osing flog mit seinem Kollegen mutterseelenallein in dem riesengroßen Flugzeug zum Regierungsflughafen nach Bonn. Unvorstellbare Machtbefugnisse! Wenn Osing in Moskau ankam, mußte er natürlich nicht wie die gewöhnlichen Reisenden eineinhalb Stunden vor dem Kontrollhäuschen warten. Es gab auch keine Zollbeamtin, die bei der Kontrolle – wie es mir passiert ist – jedes Diapositiv aus dem Kasten nahm und es gegen das Licht haltend anschaute. Da stand vielmehr die schwarze russische Staatslimousine bereit, und alle Ampeln wurden auf Grün geschaltet!

Im letzten Jahr meiner Düsseldorfer Kliniktätigkeit hatte ich noch die Freude, da (wie vor Jahren meiner Frau) meine Tochter als junge Zahnmedizinerin sowohl an meinen Vorlesungen teilnahm, als auch meine Kurse absolvierte. Dies war im Rah-

men meiner Hauptaufgabe – die folgende Generation auszu-
bilden und die Verantwortung hierfür zu übernehmen – eine
Art Krönung meiner Tätigkeit und ein besonderes Glück, das
meinen gefallenen Kameraden von der 24. Pz.-Div. – und nicht
nur diesen –, an die ich mit Demut zurückdenke, versagt bleiben mußte.

Eine besondere Ehrung wurde mir 1978 zuteil. Für meine
deutsch-italienische Zusammenarbeit wurde mir vom italienischen Staatspräsidenten Pertini der Verdienstorden (Halsor-
den) der italienischen Republik mit dem Titel Commendatore
verliehen. Damit wurde der ehemalige Unteroffizier der Wehrmacht ehrenhalber zu einem Stabsoffizier ernannt!

Nach dem Krieg hatte ich meine Erlebnisse als Soldat völlig
verdrängt. Ganz andere Dinge standen im Vordergrund: Einen
Beruf ergreifen und sich darin zu bewähren. Ich hatte ja gar
keine Zeit, an den Soldaten der Wehrmacht zurückzudenken.
Selten schaute ich mir meine Fotos aus der Kriegszeit an, die
in Alben chronologisch geordnet eingeklebt waren. Die Beschäf-
tigung mit der Kriegszeit erwachte erst nach vielen Jahren wieder. Dafür aber schlagartig während einer Fernsehdiskussion
über Trivialliteratur des Zweiten Weltkriegs. Da kam ein unerträglich arroganter Journalist bzw. Literaturkritiker verspätet
in eine Diskussionsrunde, an der auch der Erfolgsautor G. Konsalik teilnahm. Gleichsam wie Deus ex Machina riß er die Diskussion sofort an sich. Als Konsalik beiläufig erwähnte, er müsse sich morgens einfach an die Schreibmaschine setzen, um seine
Gedanken für einen Roman zu Papier zu bringen, unterbrach
der Literaturkritiker ihn barsch: »Das sollten Sie sein lassen,
Sie können ja gar nicht schreiben.« Und dann vertrat er die
Meinung, auch der einfache Soldat hätte »schuld«. Welche
Schuld? Wo liegt die Schuld einer Jugend, die in diese schreckliche Zeit hineingeboren wurde und Soldat werden mußte? Wo
liegt sie bei einem jungen Menschen, der auch als Soldat vor
allem Sehnsucht nach Frieden, nach Ruhe, nach Freiheit, nach

ordentlicher Berufsausbildung und nach einem geordneten Leben ohne militärischen Gehorsam und vor allem ohne Angst hatte? Ich habe als Soldat weder im guten noch im schlechten Glauben gehandelt, sondern habe gehorcht und Befehle ausgeführt, weil die Pflicht zu erfüllen fest in mir verankert war. Ich mußte als unschuldiges Kind, wie so viele andere die Uniform anziehen, mußte für mein Vaterland kämpfen, um nach dem Krieg plötzlich zu erkennen, daß Dinge passiert sind, für die man geradestehen soll.

Auch von anderen Moderatoren politischer Magazine im Fernsehen wurde jetzt immer öfter in einer Weise diskutiert, als ob sie den allgültigen Verhaltenskodex für Jungsoldaten im Hitlerreich besäßen. Sie können sich gar nicht vorstellen, was die Vorgesetzten mit einem Soldaten, der aus dem sog. »schuldhaften Tun«, das er als solches gar nicht erkennen konnte, auszubrechen versuchte, alles machen konnten und gemacht hatten. Sie wollen auch gar nicht erkennen, daß im Geschoß- und Granathagel des Kriegsgeschehens neben der Angst ein Zwang gegenwärtig war, ein Zwang, dem man sich einfach beugen mußte.

Immer häufiger traten in der Folge die linksorientierten Historiker vom Militärgeschichtlichen Forschungsamt der Wehrmacht auf den Plan. Wolfram Wette, der mit einer Reihe seiner Kollegen bei einer von der Zeitschrift »Die Zeit« veranstalteten Diskussion von der Blutspur, die die sechste Armee bei Stalingrad hinter sich hergezogen habe, sprach, hat besonders den Altbundeskanzler Schmidt attackiert, weil er einfach nicht wahrhaben wollte, daß auch Schmidt nichts von den Verbrechen der Wehrmacht und der systematischen Vernichtung der Juden gewußt habe. Wette hat kurze Zeit später in der Frankfurter Allgemeinen einen Artikel veröffentlicht: »Die Legende von der sauberen deutschen Wehrmacht«. Darin urteilt er über Generäle und ihre Führungsgehilfen(!): sie hätten eine unvergleichlich höhere Verantwortung für den Vernichtungskrieg getragen als die einfachen Soldaten. Darauf stellte ich in einem Brief an ihn die Frage, wie der einfache Soldat Verantwortung übernehmen sollte. »Ich möchte Sie gerne fragen, ob Sie sich vorstellen können, was ein blutjunger Soldat, der nichts von unbeschwerter Jugend, ja von der Leichtigkeit jugendlichen Lebens erfahren durfte, der vielmehr im Krieg Befehlen gehorchen mußte, und dessen Leben aus permanenter Angst, ja Todesangst, bestand, wirklich tun konnte. Was glauben Sie, was passiert wäre, wenn ich während eines Einsatzes meinem Panzerkommandanten gesagt hätte: »Halte an, ich steige jetzt aus« und wohin? Oder am Morgen vor einem Angriff zu meinem Hauptwachtmeister: »Heute fahre ich den Angriff nicht mit, weil ich mir keine Schuld aufladen möchte!« Wir Soldaten wußten genau um die Folgen: der sichere Tod oder zumindest eine harte Bestrafung! Wir kannten die Urteile des Generals Schörner aus unserem Befehlsbereich. Oder – wie ich später erfuhr – wie sich General v. Manteuffel, ebenfalls wie Schörner Träger des Ritterkreuzes mit dem Eichenlaub, mit Schwertern und Brillanten, in ein Kriegsgerichtsverfahren einschaltete. Da war folgendes geschehen: Während der Nacht kam ein sowjetischer Stoßtrupp und nahm einen Unteroffizier und einen weiteren Soldaten gefangen. Ein Doppelposten schoß nicht und unternahm auch nichts zur Alarmierung der Truppe und Befreiung der beiden Gefangenen. Manteuffel befahl die beiden Posten festzunehmen und vor ein Kriegsgericht der Division zu stellen. Es interessierte nicht, ob der gefangengenommene Unteroffizier und sein Begleitsoldat sich der Gefangennahme widersetzt hätten, oder ob bei den beiden Posten, müde geworden vom Kampfeinsatz, vielleicht die Augen zugefallen wären. Letzteres wäre menschlich verständlich, wenn auch strafbar gewesen. Wegen Dienstverletzung wurde einer der Posten zu zwei Jahren Gefängnis verurteilt.

Jetzt schaltete sich v. Manteuffel erneut ein. Er forderte die Todesstrafe für den zu zwei Jahren Verurteilten. Da döste ein Soldat müde nach einem kräftezehrenden Angriffstag so vor sich hin und als Strafe für dieses »Verbrechen« sollten zwei Jahre zu wenig sein? Am 13. Januar 1945 wurde er erschossen. Knapp vier Monate späte wäre diese militärische Befehlsgewalt erloschen gewesen.

Nach dem Krieg wurde v. Manteuffel von einem Schwurgericht für schuldig befunden. Er habe in ein schwebendes Verfahren eingegriffen und von sich aus die Todesstrafe angeordnet (Fraschke).

Aber das Gericht bescheinigte ihm auch, daß er aus lauteren Beweggründen gehandelt habe! Manteuffel mußte (nur!) zwei Monate seiner Strafe absitzen. Nach dem Prozeß fand er keine Worte des Bedauerns, sondern glaubte, sich rechtfertigen zu müssen, mit Aufrechterhaltung der Manneszucht, zu harten Maßnahmen gezwungen, aus Pflicht gegenüber kampfwilligen Soldaten, die ein Anrecht und einen Anspruch an ihre militärischen Führer hätten, sie dadurch zu schützen, daß sie gegen Versagende notfalls hart einschreiten. Kein Wort des Bedauerns!

Ich würde gerne die Meinung der Mutter dieses 1945 erschossenen Soldaten zu dieser Handlungsweise und dieser menschenverachtenden Einstellung dieses Ex-Generals hören. Man kann bei G. Fraschke nachlesen, v. Manteuffel wäre durch seinen Mut, Kaltblütigkeit und Entschlußkraft ein tapferer Soldat gewesen. Dies mag unter rein militärischem Aspekt richtig gewesen sein, aber ein Heerführer, der in seinen ihm untergebenen Soldaten nicht auch den Menschen sieht, kann kein Vorbild und kein Maßstab für Menschlichkeit sein. Dies ist das Entscheidende.

Auch bei dem ehemaligen Marinerichter H. Filbinger, der zu Kriegsende noch den Tod eines Soldaten forderte, findet man nur Rechtfertigung und kein Wort des Bedauerns. Gerade diese »linientreuen« Offiziere im Hitlerstaat haben doch den Soldaten permanent Angst vermittelt, damit ja keiner auf einen falschen Gedanken kam.

Später hat dann der Gründer und Mäzen des Institutes für Sozialforschung e. V. in Hamburg, Jan Philipp Reemtsma mit H. Heer u.a. mit der Wanderausstellung »Vernichtungskrieg – Verbrechen der Wehrmacht 1941–1945« den Part des Großinquisitors übernommen. Diese Ausstellung will mit Dokumenten, von denen allerdings manche nicht genau erkennen lassen ob diese oder jene Erschießung von Wehrmachtssoldaten begangen wurde, zeigen, daß die Wehrmacht einen Vernichtungskrieg geführt und Verbrechen begangen hat. Heute könne niemand daran zweifeln, daß auch die Wehrmacht in verbrecherische Befehle eingebunden war und selbst an Verbrechen teilgenommen hat. In einem Begleitbrief zu dieser Ausstellung wird zunächst darauf hingewiesen, daß die Ausstellung kein verspätetes und pauschales Urteil über eine ganze Generation ehemaliger Soldaten fällen möchte. Aber genau das Gegenteil ist der Fall. Es wird zunächst die Bilderwelt der Nachkriegsjahre kritisiert, wo man nirgendwo die Symbole des Nationalsozialismus zusammen mit jenen der Wehrmacht gesehen habe. Hakenkreuz und Eisernes Kreuz, im EK I einträchtig vereint, würden in den Konstruktionen zulässiger Erinnerungen sorgfältig auseinander sortiert. Es heißt dann weiter, daß der Wehrmachtsangehörige sich an diesen Verbrechen beteiligt hat, als Täter und als Mitwisser, als Gaffer oder Amateurfotograf. Ja, es wird sogar angeprangert, daß Soldaten in ihren Feldpostbriefen vom Gelb der Sonnenblumenfelder und Gänseschmalz und Hühnern, die man beim Bauern requirierte, berichtet haben, aber nicht von den blutigen Massakern und Massenerschießungen. Da wird beispielsweise von der 6. Armee berichtet: »Was tat die sechste Armee, die man als die von Hitler verratene im Gedächtnis bewahrte, auf ihrem Weg nach Stalingrad? Voran war sie willfährige Vollstreckerin der nationalsozialistischen

Eroberungspolitik, genau wie unter anderem ein Mann des 20. Juli, der für die Partisanenbekämpfung zuständige Henning v. Tresckow. Der Blick auf einige Stationen des Vormarsches im zweiten Halbjahr 1941 zeigt, daß die kämpfende Truppe genauso in die Verbrechen des Vernichtungskrieges involviert war, wie die Einheiten der rückwärtigen Heeresgebiete.«

Ich war damals noch nicht bei der zur 6. Armee gehörenden 24. Panzer-Division. Kameraden, die dabei waren, haben genau das Gegenteil berichtet. Sie saßen in ihren Panzern, sahen nur Nachbarpanzer und dann feindliche Soldaten und Panzerkanonen vor sich und über sich den weiten Himmel Rußlands über einer grenzenlosen Steppe. Sie mußten unter gnadenlosen Entbehrungen kämpfen, und wie die folgende Diskussion verdeutlicht, mit grenzenlosem Hunger. Da frug der Divisionskommandeur der 24. Pz.-Div., General v. Lenski, einen bärtigen abgemagerten Soldaten: »Was wünschen Sie sich zu Weihnachten?« Der Soldat, der als Bauer seines eigenen Gutshofes aus Ostpreußen kam, antwortete: »Eine Scheibe Brot, Herr General.« Dieses Zitat verdeutlicht, daß die Soldaten sich mit ganz anderen Dingen beschäftigen mußten.

Die Wehrmachtsausstellung diskreditiert die Soldaten und damit ist ihnen der seelische Fluchtweg abgeschnitten. In einem Leserbrief in der FAZ (14.07.1999) weist K.-D. Bock noch auf einen anderen Aspekt hin: »Makaber aber ist es, daß mit dem Geld, das ein »Wehrwirtschaftsführer« und Unterstützer des Systems im Dritten Reich verdient hat (Reemtsma-Zigaretten), jetzt sein Erbe mäzenatisch dazu beiträgt, den Opfern ebendiesen Systems die Ehre abzuschneiden. Wohl in keinem anderen Land der Erde wäre es denkbar, daß die eigenen Soldaten mit einer derartigen Ausstellung systematisch im Ausland diffamiert werden.«

Mittlerweile haben zwei ausländische Historiker (Musial und Ungváry) eine Fülle von Irrtümern, Fehlern und Nachlässigkeiten den Ausstellungsmachern nachgewiesen, die für sich genommen sehr niederschmetternd sind. (Siehe auch die dritte Streitschrift von Rüdiger Proske »Wider den liederlichen Umgang mit der Wahrheit«.) In Verbindung mit dem so ernsten Gegenstand fehlen einem die Worte. Vergleichbares kannte man bisher nur aus staatlich gelenkten Desinformationskampagnen (FAZ 22.10.1999). Ungváry hat zudem in einem Beitrag »Reemtsmas Legenden« in der FAZ (5.11.1999) ausführlich Stellung genommen und formuliert: »Deshalb ist es ohne Voreingenommenheit unmöglich, die Wehrmacht als totale Verkörperung von Hitlers Ideologie aufzufassen«.

Altbundespräsident Richard v. Weizsäcker, selbst als Offizier in Rußland und in den letzten Kriegstagen gemeinsam mit den Resten der 24. Pz.-Div. eingesetzt, hat dann auch über diese Ausstellung geurteilt: »Die Auffassung der verantwortlichen Aussteller über die Verbrechen der Wehrmacht teile ich nicht. Ohne Zweifel hat es auch innerhalb der Wehrmachtsverantwortung Verbrechen gegeben. Es ist gut, davor die Augen nicht zu verschließen, so hart es ist. Andererseits wird im Zusammenhang mit der Ausstellung ein Pauschalurteil gefällt, das historisch, moralisch und menschlich nicht aufrechtzuerhalten ist.«

Und Innenminister Schily (SPD) lehnte es ab, die Deutschen als »Tätervolk« zu bezeichnen. Der Zweite Weltkrieg sei zwar von Deutschland ausgegangen, die Bezeichnung Tätervolk sei jedoch »völlig daneben« (Deutschlandfunk).

Von totaler Einseitigkeit geprägt ist das zur selben Zeit erschienene Buch des israelischen Historikers Omer Bartov, der von der »Barbarisierung« der deutschen Soldaten an der Ostfront spricht. Da nahm beispielsweise die 18. Pz.-Div. das ganze Jahr 1942 in ihrer »Wüstenzone« die summarische Erschießung von Verdächtigen vor. Obwohl die Truppe den ausdrücklichen Befehl erhielt, jeden Verdächtigen der Polizei zu übergeben, ging das Morden unvermindert weiter. Und dann vertritt er auch die Meinung, daß unter den höheren Chargen der militärischen und politischen Hierarchie des Dritten Reiches kaum Zweifel daran bestand, daß die Mannschaften und die rangniederen Offiziere Hitler treu ergeben waren. Dazu muß ich als Angehöriger der 24. Pz.-Div. sagen, ich war wohl in einem anderen Krieg. Und ich war weder Nazi-Obergefreiter noch ein Nazi-Unteroffizier.

Bei der Beurteilung des deutschen Soldaten ist man im Ausland meist anderer Meinung. In dem Werk von Ph. Masson »Die deutsche Armee« wird nicht nur meisterhaft der Kriegsverlauf, Siege und Niederlagen, Strategie und Taktik, Stärken und Schwächen der militärischen Führung, Kampfbedingungen und Seelenzustände beschrieben. Nicht ohne Bewunderung werden die Leistungen des deutschen Soldaten, seine außergewöhnliche Kampf- und Opferbereitschaft, aber auch die tragische Verwicklung der Generalität in den hitlerischen »Weltanschauungskrieg« dargestellt.

Der französische Präsident Mitterand sprach vom Mut deutscher Soldaten im Zweiten Weltkrieg (worauf sich in Deutschland – wie könnte es anders sein – sofort heftiger Widerspruch regte). Zum Tode des ehemaligen Korvettenkapitäns O. Kretschmar gedachte die englische Tageszeitung »Daily Telegraph« mit einer achtspaltigen Artikelserie. S.A. Brandsahr, ein ehemaliger englischer Major, äußerte sich besorgt über die Wehrmachtsausstellung. Er respektierte die Afrika-Korps-Soldaten, während ihrer Tapferkeit, ihrer Professionalität und ihrer ehrenhaften Art sich als Soldaten zu verhalten. Dann kommt von deutscher Seite sofort der Einwand, daß dies alles ganz anders bei den Soldaten in Rußland war. Natürlich möchte man sagen, dort agierte ein ganz anderer Gegner, ein brutaler Gegner. Und da ist man wieder beim Einfluß der Umwelt auf das Verhalten von Menschen und der Psychologie des Soldaten.

Die zusammenhängende Schwäche der verschiedenen Darstellungen liegt einerseits in der Unkenntnis des realen Soldatendaseins und andererseits in der einzigen Benennung eines Teilaspektes des Krieges: die Verbrechen, die es gegeben hat. Ja, sie suchen ausschließlich das Negative. (Kennzeichen ihrer Historiker-Schule).

Es fehlt bei der Darstellung und der Bewertung der ungeheure Einfluß einer durch den Krieg veränderten Umwelt, wie das Leben in Uniform, in einer Gruppe, unter soldatischen Pflichtgefühl, Gehorsam, Angst und der Polyphonie des Leidens. Woran dachte der Soldat insbesondere während beeindruckender und bedrückender Erlebnisse, welchen Spielraum hatte er zu den Befehlen, wie dachte er im Angriff im Angesicht eines scharfschießenden Feindes auf dem Schlachtfeld oder bei einem nächtlichen Überfall just in dem Augenblick, als er glaubte, endlich in Ruhe sein Abendbrot essen zu können. Hatte er Überlegungen zu Gehorsamsverweigerungen? Es fehlen Fragen nach seinen Gefühlen, seinem Gewissen, es fehlt also gewissermaßen die Psychologie des Soldaten.

Ein Krieg ist immer grausam und bringt Leid und Tod für unzählige Menschen. Auch in den sogenannten gerechten Kriegen, die geführt wurden, um einen heimtückischen, machtgierigen Feind aus dem Lande zu jagen, um die Heimat zu befreien. Von Arminius gegen die Römer bis zu den Freiheitskriegen gegen Napoleon wurden unschuldige Kinder als Soldaten mißbraucht und in Schuld und Verhängnis hineingezogen. Sie hatten genauso wie ich eine Sehnsucht nach einem Leben in Freiheit.

Auf dem ganz anderen Gebiet der Modellwelt, findet man eine völlig andere Grundeinstellung zu den Soldaten. Geradezu erstaunlich ist das auch nach vielen Jahren vorhandene Interesse an Kriegsmaschinen, an Militärfahrzeugen wie Panzern jeglicher Gattungen, Figuren in verschiedenen Maßstäben inklusive »Helden« wie Mölders, Udet und Nazigrößen wie Göring u.a.

Wirklich alles findet man heute in reicher Auswahl im Angebot vor allem ausländischer Firmen. Daneben gibt es eine Vielzahl von Zeitschriften sowie Bild- und Textbände über den II. Weltkrieg. Sogar in der japanischen Bücherserie »Sturm und Drang« fand ich eine farbige Zeichnung meines Panzer 1241 aus dem Jahr 1943. In dem rein japanischen Text konnte ich an der Fahrzeugnummer 85096 erkennen, daß in der Tat der Autor das Farbbild meines Buches als Vorlage benutzt hat. Die japanische Firma Tamiya hat sogar meinen Panzer 1241 in ihr Modellbauprogramm aufgenommen. Jetzt kann jeder, der will, meinen Rußland-Panzer im Maßstab 1:35 nachbauen. Weiterhin hat diese Firma durch den kleinen Bordhund »Tapsi« von 1241 angeregt, einen Bausatz für ein Sturmgeschütz – wie es die 9. und 11. Schwadron des Pz.-Rgt. 24 benutzte – neben der Panzer-Crew einen solchen Bordhund beigegeben.

Wenn etwas vorbei ist, ist man nicht mehr der, da es passierte, sagt Martin Walser zu Beginn seines Romans »Ein springender Brunnen«. Dies trifft auch auf die Soldaten des letzten Krieges zu, haben sie doch die Umwelterlebnisse eines mörderischen Krieges unter einer verbrecherischen Diktatur besonders geprägt. Die Soldaten, die gemeinsam in einer Division die Kriegszeit erlebten, bildeten eine Gemeinschaft mit einem Zusammengehörigkeitsgefühl, das bis zum heutigen Tag anhält. So war es nur folgerichtig, daß sich Angehörige der 24. Pz.-Div. und des Pz.-Rgts. 24 zu einer Divisionskameradschaft zusammenschlossen.

Derartige Treffen ehemaliger Soldaten werden heute zum Teil heftig kritisiert. Bei den Treffen meiner 24. Division kommt ein Rest einer kleinen Herde, die jedes Jahr kleiner wird, zusammen. Jeder in dieser Gemeinschaft ist nach 1945 seinen Wegen gegangen und hat gezeigt, daß er in der Nachkriegszeit die ihm angebotene Freiheit zu nutzen wußte.

Für die Teilnehmer an diesen Divisions-Kameradschaftstreffen ist der wichtigste Programmpunkt die Kranzniederlegung vor einem Ehrenmal der Division zum Andenken an die gefal-

lenen Kameraden. Diese Kameraden, mit denen wir gemeinsam im Krieg kämpften mußten, die mit uns und um uns waren,
und denen es nicht vergönnt war, durchzukommen, mußten ihr
junges Leben im Glauben an ihr Vaterland lassen, das heute
die Verunglimpfung seiner Soldaten duldet. Ein ehemaliger
Angehöriger der Division Th. Frhr. v. Cramm verlas auf einer
dieser Tagungen ein von einem unbekannten Gebirgsjäger ver-
faßtes Gedicht.

Sie liegen im Westen und Osten
Sie liegen in aller Welt
Und ihre Helme verrosten
Und Kreuz und Hügel zerfällt.

Sie liegen verscharrt und versunken
im Massengrab und im Meer.
Aber es leben Halunken
die ziehen noch über sie her.

Heut' tobt man mit frechem Gebaren
durch Flitter und Glanz.
Sie fielen mit achtzehn Jahren
in einem anderen Tanz.

Sie waren nicht ausgezogen
um Beute und schnöden Gewinn;
Was heute verlacht und verlogen,
es hatte für sie einen Sinn!

Sie hatten ihr junges Leben
nicht weniger lieb – als die,
die heut' höhnen; es hinzugeben
sei reine Idiotie!

Sie konnten nicht demonstrieren
»Mehr Freiheit bei höherem Lohn.«
Sie mußten ins Feld marschieren,
Der Vater, Der Bruder, Der Sohn!

Sie gingen die Heimat zu schützen
und haben allem entsagt,
»Was kann uns der Einsatz nützen?«
hat keiner von ihnen gefragt!

Sie haben ihr Leben und Sterben
dem Vaterland geweiht.
Und wußten nicht welchen Erben
– und welcher Erbärmlichkeit.

Bei diesen Zusammenkünften trifft man Kameraden, mit denen man in der 24. Pz.-Div. durch dick und dünn gegangen war und die auch das Glück hatten durchzukommen, sowie ehemalige Offiziere, die über Begebenheiten berichten können. So erzählte der ehemalige Rittmeister Böke (eingesetzt an der Westfront) von einem Telefonat mit dem Oberbefehlshaber Feldmarschall Model, nachdem die »Panther«-Panzer seiner Einheit – weil zu breit – einen Hohlweg nicht passieren konnten. Model mit der Überheblichkeit und Machtbesessenheit brüllte durch das Telefon diesen Offizier an: »Wenn Sie diesen Hohlweg nicht schaffen, verurteile ich Sie zum Tode!« Böke zunächst irritiert, weil Model etwas befahl, was gar nicht ging, dachte bei sich: »Wenn der noch einmal solche Befehle auf Leben oder Tod gibt, werde ich desertieren.«

Ein anderes Mal berichtete der ehemalige Divisionskommandeur Reichsfreiherr von Edelsheim über seine letzten Tage im Krieg. Der Befehlshaber der 12. Armee, General Wenk, schickte General von Edelsheim zu der 9. Amerikanischen Armee, um über die Kapitulation zu verhandeln. Von Edelsheim ist hierzu zweimal mit einem Schwimm-Volkswagen über die Elbe gefahren. Der amerikanische Befehlshaber war bereit, alle Soldaten, die es schafften, ungehindert die Elbe überqueren zu lassen, auch die Verwundeten konnten sie mitnehmen. Die Aufnahme von Flüchtlingen lehnte er aber strikt ab. Von Edelsheim erzählte, daß dieser Auftrag der schlimmste in seinem Soldatenleben gewesen sei.

Von Christen, ehemaliger erster Generalstabsoffizier der Division, konnte aus seinem reichen Soldatenleben besonders interessant erzählen. Von Christen war mit zwei weiteren Offizieren der Operationsabteilung des Heeres Hauptbeteiligter einer Begebenheit, die auch den Mißbrauch der Macht durch Hitler verdeutlichte, die zum zentralen zerstörerischen Element geworden war. Anfang 1945 hatte der totale Zusammenbruch der Ostfront eingesetzt. Oberstleutnant von Christen, der in der Operationsabteilung Zossen Dienst tat, bekam die Meldung, Warschau sei gefallen. Er gab die Meldung an Oberstleutnant von dem Knesebeck, den I A der Operationsabteilung weiter und dieser erstattete Oberst von Bonin, dem Chef der Abteilung, Meldung. Die drei Offiziere mußten nach dieser Meldung annehmen, daß Warschau zu diesem Zeitpunkt nicht zu halten war. Sie meldeten den Vorfall ihrem Generalstabschef Guderian, der mit dem Vorschlag, die restliche deutsche Besatzung dürfe aus Warschau abziehen, einverstanden war. Als Hitler erfuhr, daß Warschau ohne seine Genehmigung geräumt worden war, tobte er und beschuldigte die Offiziere des Verrates. Die dann von Hitler befohlene Verhaftung des Kopfes der Operationsabteilung vollzog sich folgendermaßen: höhere Stäbe arbeiteten bis in die frühen Morgenstunden. Bei dieser Gelegenheit erklärte v. Bonin, er habe gestern Geburtstag gehabt, jedoch im Drang der Geschäfte den Geburtstag total vergessen. Jetzt bestellte er eine Flasche Sekt für einen kurzen Toast. In diesem Augenblick trat General Meisel in das Kartenzimmer, gefolgt von drei Stabsoffizieren in Stahlhelmen und mit Maschinenpistolen, um eine Verhaftung vorzunehmen. Er fragte Oberst v. Bonin nach seinem Namen. Dieser entgegnete: »Den kennen Sie doch und jetzt trinken wir erst unseren Sekt.« Aber die mit den Stahlhelmen meinten es ernst. Die drei Offiziere wurden verhaftet und damit war die Operationsabteilung während des Endkampfes der Ostfront unmittelbar vor Betreten deutschen Bodens durch die russische Armee ihrer Spitze beraubt. Das Chaos der Niederlage wurde beschleunigt. Von Bonin wurde dem SD (Sicherheitsdienst) übergeben und durch verschiedene KZs geschleppt, während von dem Knesebeck an der Front fiel.

Dr. Hubertus Schulz, bis zu seiner Verwundung in Stalingrad Offizier bei den Aufklärern der 24. Pz.-Div., war später Inspektions-Chef in der PzAufkl-Ausb.Abt. F.O.B. in Insterburg, Major v. Hösslin, der Kommandeur dieser Abteilung, gewann ihn für den militärischen Widerstand und es kam im Februar 1944 im Allg. Heeresamt in Berlin zu einem Gespräch mit dem Chef des Stabes, dem Oberst Graf Stauffenberg. Die Aufgabe der Abteilung bestand darin, am Tage X die Gauleitung und die Regierungsstellen sowie das Telegraphenamt und andere öffentliche Gebäude in Königsberg zu besetzen. Dazu kam es bekanntlich nicht. Schulz wurde bereits im Juni wieder zur Front versetzt, Hösslin aber wurde wenige Tage nach dem 20. Juli verhaftet und zum Tode durch den Strang verurteilt. Das Todesurteil wurde am 13. Oktober 1944 vollstreckt. Dank der absoluten Verschwiegenheit Hösslins bei seiner Vernehmung vor dem Volksgerichtshof kam Schulz ungeschoren davon.

Während eines Treffens hielt Generalmajor der Bundeswehr a.D. Schulze-Rhonhof einen Vortrag. Neben dem Inhalt seiner Rede war es für die Zuhörer ein besonderes Erlebnis, einen General zu erleben, der Zivilcourage bewiesen und damit in Kauf genommen hat, seine berufliche Laufbahn vorzeitig zu beenden.

Etwa zwei Jahre zuvor war ein Sozialpädagoge und Wehr-
dienstverweigerer an die Öffentlichkeit getreten und hatte
erreicht, daß ein Aufkleber mit dem Tucholsky-Zitat »Soldaten sind Mörder« – ein Zitat, das als ein pazifistisches Urteil
gedacht war, das aber heute auf den Soldaten projiziert wird –
eine zulässige Meinungsäußerung sei und nicht in jedem Fall
die Bundeswehr verunglimpfe (bei Wehrmachtssoldaten wurde aber stillschweigend in jedem Fall angenommen, daß sie
Mörder sind). Während zunächst ein Amtsgericht diesen
Genossen verurteilt hatte, entschied das Bundesverfassungsgericht, daß pauschal alle Soldaten als Mörder bezeichnet werden dürfen. Die ganz unempfindlichen Richter haben mit ihrem
Urteil gebilligt, daß die Meinungsfreiheit zu einer Beschimp-
fungsfreiheit entartet. Es blieb nicht das einzige Mal, daß das
höchste Organ der dritten Staatsgewalt mit seiner Meinung,
fachlich kompetent zu sein, zum Alleininterpreten des Gemein-
wohls wurde.

In der lebhaften Kritik zu diesem Urteil meldeten sich auch
Mitglieder des Bundestages zu Wort. Der Richterspruch rich-
te gesellschaftlichen Schaden an (Kinkel), er sei ein Skandal
(Genscher), ein Schlag ins Gesicht (Opel), eine Schande für
die deutsche Justiz (August Thinowitz), ein schwerer Schaden
(Scholz), nicht akzeptabel (Rühe) und der Bundeskanzler war
über dieses Urteil »auf das Schwerste betroffen!« Der damalige Minister Blüm, dessen naßforsche Sprüche als Gesund-
heitsminister mir noch besonders lebhaft im Ohr klingen, hat
allerdings eine andere Grundeinstellung. Er vertritt die Meinung, nur weil die Wehrmachtssoldaten so lange kämpften,
hätten die Konzentrationslager entsprechend lange bestehen
können und stellt damit eine direkte Beziehung zwischen Wehrmacht und Konzentrationslagern her. Es ist zwar richtig, daß
das Protokoll der Wannsee-Konferenz aussagte: »Der Beginn
der einzelnen größeren Evakuierungsaktionen wird weitgehend von der militärischen Entwicklung abhängig sein.« Aber

daraus kann man keinen Befehl an die Wehrmacht ableiten, möglichst lange die Front zu halten, damit der Schornstein von Auschwitz rauchen könne. Aber nicht alle Wege führen nach Auschwitz (J.C. Fest)! Blüm hat, um zu verdeutlichen, was er meint, noch einen »Spruch« nachgeschoben: »Ob einer im KZ Hitler gedient hat oder an der Front, macht in meinen Augen nur einen graduellen Unterschied.« Hierzu äußerte sich Rolf Hochhuth: »Nein, das macht den unvergleichlich qualitativen! Denn der Mörder im KZ war zuerst deshalb dort, um sein eigenes Leben vor der Front zu schützen und sich im Sinne Hitlers da zu bewähren, wo er nur Wehrlose zu ermorden brauchte.«

Im Rahmen der lebhaften Kritik auf das Mörder-Urteil meldete sich der mutige General zu Wort. Bewundernswert und von hoher Intelligenz geprägt, hat Schulze-Rhonhof dieses Urteil als so »absurd« und so »zutiefst ehrabschneidend« bezeichnet, wie es wäre, wenn jemand das Bundesverfassungsgericht mit Freislers Volksgerichtshof vergliche. Der zuständige Verteidigungsminister Rühe hat den Mut des Generals nicht gebilligt. Anstatt seiner Aufgabe der Fürsorgepflicht für die Soldaten gerecht zu werden, schickte er ihn in den Ruhestand. Man kann nur hoffen, daß der Titel seines Buches »Wozu noch tapfer sein« Herrn Rühe zum Nachdenken anregt. Aber der ist ja jetzt auch im Ruhestand!

Bei einer dieser Tagungen hat während der Kranzniederlegung an dem Ehrenmal Ernst Georg von Heyking (ehem. Offizier bei der 24. Pz.-Div.) eine Ansprache gehalten: »Zum stillen Gedenken von uns allen haben wir uns hier versammelt. Laßt uns ihrer in Trauer und Dankbarkeit, aber auch in alter Verbundenheit und Treue gedenken.

Herr, unser Gott! In dieser Stunde stehen wir vor Dir mit unserem Leben. Du siehst ins Verborgene, in den Grund unseres Herzens. Du kennst jeden einzelnen von uns besser, als wir uns selbst kennen. Dein Urteil ist zugleich gerecht, wie es barm-

212

herzig ist. Du weißt besser als wir selbst, was die letzten Beweggründe unseres Denkens, Redens und Handelns waren und sind. Du weißt auch, daß die Erinnerung an unsere Vergangenheit uns stets begleitet. Eine Vergangenheit, in der wir manches Mal bis an die Grenzen unserer Existenz geführt wurden. Einer Vergangenheit, der nichts Menschliches fremd war. Menschliche Größe stand unmittelbar neben menschlicher Erbärmlichkeit, Taten neben Untaten, Mut neben Feigheit, Hoffnung neben Verzweiflung, Freude neben Schmerz, Liebe neben Haß, Wahrheit neben Lüge, Recht neben Unrecht, Leben neben dem Tod. – Kein Erlebnis ist unserer Generation fremd. Die Bilder der Jahre, die uns in Krieg und Gefangenschaft geprägt haben, begleiten uns. – Niemand kann mehr für den Frieden sein, als der, der den Krieg am eigenen Leib erfahren hat und die besten Freunde neben sich sterben sah. – Niemand weiß ein Leben in Freiheit, Frieden und Gerechtigkeit mehr zu schätzen als der, der Unfreiheit, Krieg und Ungerechtigkeit in ihren grausamsten Formen erlebt hat.

Weil wir all diese Schrecken wissen, bitten wir Dich, den Herrn der Welt, im Gedenken an unsere gefallenen Kameraden, schenke uns und allen Menschen der Erde Freiheit, Frieden und Gerechtigkeit.«

Vor 60 Jahren am 4. August 1944 war ich im Panzer abgeschossen worden, wobei das größte Glück in meinem Leben war, daß die Panzerkanone gerade stand; ein Umstand, der einen Fluchtweg durch den brennenden Turm ermöglichte. Dagegen hatte der Kommandant durch die Treffer im Turm beide Beine verloren und somit keine Chance mehr aus dem brennenden Panzer herauszukommen.

Diesem Jahrestag wollte ich gedenken sowie den drei weiteren Kommandanten, die gemeinsam mit mir im Panzer saßen, dann aber gefallen sind. Folgende Todesanzeige hatte ich an die Frankfurter Allgemeine Zeitung geschickt.

Diese Zeitung teilte mir jedoch mit, dass sie diese Anzeige

nicht veröffentlichen könnte, da der Auftrag nicht von den Hinterbliebenen gegeben wurde. Ich war zutiefst enttäuscht.

In memoriam:

Oblt. Schmidt	12./10 Pz.Rgt.24 gef. 30. Mai 1944 bei Jassy
Wachtm. Lotze	12. Pz.Rgt.24 gef. 4. Juni 1944 bei Jassy
Rittm. Hupe	12. Pz.Rgt.24 gef. 4. August 1944 bei Jassy
O.-Wachtm. Assmann	12. Pz.Rgt.24 gef. 4. August 1944 bei Milec (Polen)

Gemeinsam mit mir im Panzer hatten sie nicht das Glück durchzukommen

Prof. Dr. Hermann Böttger

In den letzten Jahren habe ich Ortschaften und Gebiete besucht, an denen ich als Soldat stationiert und (mit Ausnahme von Rußland und Rumänien) auch im Einsatz war. Überall fand ich mich sofort zurecht, denn es sah im Grunde alles unverändert, fast so wie damals, aus. Zwar fehlte in Brionne das Rathaus, dafür fand ich dort sofort die Samenhandlung wie auch den Appell-Platz in Epaignes und das Andenkengeschäft in Lisieux, das Spielcasino in Deauville und die Straße von Parma nach Bologna. Der Strand von Viareggio war leicht zu finden – jetzt allerdings geprägt vom Massentourismus mit einer Vielzahl von Liegestühlen und Sonnenschirmen. Ich begegnete in den letzten Jahren sogar der elektrischen Lokomotive E 44084, die 1943 unseren Transportzug von Augsburg nach Innsbruck gezogen hatte. Ich fand nur unschwer die Stelle, wo ich am 10. Februar 1945 die Weichsel überqueren konnte, doch die Brücke fehlte. Nur noch Betonklötze erinnerten an die einst eindrucksvolle Holzbrücke für meinen Fluchtweg. Mit Erstaunen betrachtete ich die Fähre, die kostenlos die Fahrzeuge über die Weichsel bringt, und wunderte mich, daß die Polen in den 46 Jahren nach dem Krieg keine neue Brücke gebaut haben. Die Kaserne von Sagan steht noch unverändert – Soldaten schauen aus den Fenstern, die mit Blumen geschmückt sind, und vor dem Kasernentor warten die Mädchen wie einst 1941/43. Am Eingang vor dem Rondell steht jetzt ein T 34, und der Adler mit dem Hakenkreuz ist längst verschwunden. Der Stadtkern von Sagan ist zwar verändert, doch der Bahnhof sah genauso aus, wie auf meinem Foto von 1943. Den Geländeabschnitt zwischen Milec und Debica, wo ich am 4. August 1944 abgeschossen wurde, konnte ich meiner Frau bei einem Besuch sofort zeigen. Die Pappelreihe stand noch, wie auch die Scheune, in der man mich zuerst ärztlich versorgt hatte. Lediglich die begrenzende Straße hat man mit einer Asphaltdecke versehen.

Und die Menschen – werden sie sich jemals ändern?

Mit dieser Frage sei auf die beiden Abbildungen der spielenden Kinder an der Ketteneinzäunung des Triumphbogens in Paris verwiesen. Als ob es sich um Kinder eines selben Jahr-

gangs handelt, obwohl die eine Fotografie 1943 und die andere 1993 entstanden ist. An der Vorliebe der Kinder für das
Schaukeln auf einer Kette hat sich in 50 Jahren nichts geändert. Und aus Kindern werden Erwachsene. So wissen wir, was
nicht geschehen wird – keine Kriege mehr – wir wissen aber
nicht wann, wo und wie oft es noch geschehen wird.

ANHANG

Zwei deutsche Aufsätze, die der Schüler des Berthold-Gymnasiums in Freiburg im Breisgau im Schuljahr 1939/40 in der Klasse 7c geschrieben hat. Diese Aufsätze verdeutlichen die Einflußnahme des Nazi-Staates; Sie könnten fast aus der Feder des Propagandaministers Goebbels stammen:

Berthold-Gymasium, **Klassenaufsatz**, 26.05.1939

Unser luftgeschütztes Haus

Einleitung:

    1. Luftschutz als Neueinführung
    2. Luftschutzkurse für die Gesamtbevölkerung
    3. Welche Gefahren drohen im Ernstfall aus der Luft?

Hauptteil:

    A. Entrümpeln
    B. Verdunkeln
    C. Einrichtung des Schutzraumes
    D. Luftschutz in großen Fabriken, Betrieben usw.

Schluß:

    Luftschutz ist Selbstschutz!

Wenn wir heute von Luftschutz sprechen, so mutet uns dieses Wort schon fast alltäglich an. Noch vor wenigen Jahren war der Luftschutz für uns ein ganz leerer Begriff, und wir wußten nicht, wie wichtig gerade dieses Gebiet für die gesamte Bevölkerung ist. Selbst im Weltkrieg kannte man keinen Luftschutz im heutigen Sinne, nur dem Militär war er bekannt. Einzelne Einwohner verdunkelten auch hin und wieder, aber im großen und ganzen wurden keinerlei Maßnahmen getroffen zum Schutze der Bevölkerung. Bei einem Fliegerangriff flüchtete man schnell in den Keller und rannte dabei womöglich in einen ganz falschen Keller.

Erst die heutige Zeit setzte eine planmäßige Schulung des ganzen Volkes ein. Bis ins kleinste sind alle Gefahrenmomente in Betracht gezogen und alle wichtigen Fragen durchdacht und gelöst worden. Heute weiß jedermann, daß er sich bei einem Luftangriff in den für ihn bestimmten Keller zu begeben hat. Jeder hat seinen ihm zugeteilten Posten, den er gewissenhaft und mit Umsicht zu versehen hat.

Welche Gefahren drohen uns nun aus der Luft? Da sind zuerst die Brisanzbomben. Das sind Splitter-, Spreng- und Minenbomben. Letztere kommen aber für die Wohnviertel weniger in Frage, da sie sehr teuer sind und deshalb der Feind nur gegen wichtige Anlagen wie Bahnhöfe, Brücken und lebenswichtige Werke angewandt werden. Wer natürlich in der Nähe solcher Anlagen wohnt, der muß damit rechnen, daß sein Haus von einer solchen Bombe getroffen oder durch den starken Luftdruck zerstört wird. Für uns kommen vor allem auch die Brand- und Kampfstoffbomben in Betracht.

Die Brandbomben sind sehr gefährlich, insbesondere weil sie sehr leicht und ein Flugzeug deshalb sehr viele mitnehmen kann. Diese Bomben bleiben im Dachstock eines Hauses hängen und verursachen dort einen Brand. Es ist Aufgabe der Hausfeuerwehr, diesen Brand mit den ihr zur Verfügung stehenden Mitteln zu bekämpfen. Wird mit Gas geschossen, so kann man sich dagegen mit einer Gas-Maske schützen. Deshalb muss sich jeder so eine Maske anschaffen, die sehr praktisch gearbeitet ist. Eine Gummihaube liegt ganz eng am Kopf an und ein großer Filter gestattet leichtes Atmen.

Der Luftschutz als Neuheit

A. Der Begriff »Luftschutz bedeutet für ein Haus nicht bloß den Luftschutzkeller, sondern die Alarmbereitschaft fängt mit dem Dach an. Wenn es früher Speicher gab, die bis zu den Ziegeln mit Gerümpel vollgestopft waren, so ist dies heute unbekannt geworden. Das erste Gebot heißt entrümpeln! Heute sind die Speicher entrümpelt und im Sinne des Luftschutzes ausgestattet. Imprägnierte Balken und Böden schützen gegen Feuer und eine Sandauflage verhindert ein weiteres Vordringen des Feuers in die unteren Stockwerke. Auch gegen Bomben bietet diese Sandauflage wirksamen Schutz. In jedem Stockwerk soll möglichst eine Feuerpatsche, Sandkiste und Einstellspritze stehen, vor allem aber viele Gefäße mit Wasser. Sollte sich doch ein Brand entwickeln, so muß ihn jeder Hausbewohner mit den ihm zur Verfügung stehenden Mitteln löschen können. Ein um sich greifendes Feuer wird somit unmöglich gemacht.

B. Allererste Pflicht eines Hausbewohners ist das Verdunkeln der Fenster seiner Wohnung (die Verdunkelungsvorrichtungen müssen den Fensterverhältnissen angepaßt werden, bei den Fenstern ohne Läden macht das Verdunkeln ziemliche Mühe). Das Verdunkeln muß mit wenigen Handgriffen fertig und das Verdunkelungsmaterial muß immer griffbereit sein. Zum Verdunkeln schraubt man am besten blaue Birnen in die Lampen ein. Auch gibt es Verdunkelungspappe, die man über die Lampen stülpt, sie sind aber nicht so praktisch, da sie sehr leicht anbrennen. Ich würde stets eine Taschenlampe mitführen, die durch ein Taschentuch abgeblendet sehr gute Dienste leistet.

C. Unsere Hauptaufmerksamkeit gilt der Aufrüstung des Luftschutzraumes, der sämtlichen Bewohnern und Nachbarn Schutz bieten muß. Vor allem muß er einsturzsicher und Kampfstoff sicher sein. Auch sollen Sitzgelegenheiten für alle Personen, Liegegelegenheiten, warme Decken und Mäntel darin sein (meistens wird in der Eile solches vergessen). Sehr wichtig ist die Luftschutz-Hausapotheke. Sie soll neben einigen Beruhigungsmitteln vor allem sterile Binden, Watte und Zellstoff, Vaseline oder Borsalbe und mehrere Dreieckstücher enthalten. Diese Apotheke muß schon im Frieden ausgerüstet sein. Im Kriegsfalle ist das Bereithalten gut verschlossener Büchsen mit gebrauchsfertigen Lebensmitteln und vor allem frisches Trinkwasser erforderlich. Einige Bücher zum Verkürzen langer Wartestunden und Spielsachen für Kinder sind recht erwünscht (hier sind nur die notwendigen Maßnahmen in großen Umrissen angeführt; im Ernstfall ist es Aufgabe der Frau, den Luftschutzkeller aufs Beste zu vervollständigen). Es muß immer in Betracht gezogen werden, daß viele Menschen stunden-, ja tagelang auf diese Räume angewiesen sind, und da darf auch eine gewisse Behaglichkeit herrschen. Im Schutzraum ist zu vieles und lautes Sprechen und zu starke Bewegung zu vermeiden, da hierdurch viel Sauerstoff verbraucht wird. Luft ist kostbar! Daß man kein offenes Feuer anzündet oder raucht, sollte selbstverständlich sein. Deshalb sollen im Schutzraum Pickel, Schaufel und andere Werkzeuge stehen, mit deren Hilfe man den Eingang wieder freilegen kann. Ich würde die Schränke oder Kisten, in denen sich die Gasanzüge, Gasmasken, Stahlhelme usw. befinden, mit deutlicher Schrift versehen, damit fremde Personen sofort Bescheid wissen und unnötiges Suchen vermieden wird.

D. Der Schutzraum muß auch vollkommen gasdicht sein. In einem einzelnen Hause lassen sich Vorbereitungen zu einer Luftschutzübung verhältnismäßig gut durchführen. Wenn ich dagegen bedenke, welch große Organisationstechnik in einem großen Betrieb, Fabrik, Schule oder Krankenhaus sein muß! Mit Pfeilen und dem Hinweis zum Luftschutzkeller ist der Weg dahin übersichtlich markiert. Es ist besonders schwierig, bei Fabriken, die mit leicht brennbaren, explosiven Stoffen arbeiten, ausreichenden Schutz gegen jede Brandgefahr herzustellen.

Schluß:

Die Erziehung eines ganzen Volkes zum Luftschutz ist eine große Aufgabe, die vor allem Kleinarbeit erfordert. Noch heute gibt es Menschen, die eine Notwendigkeit von Luftschutzmaßnahmen bezweifeln. Aber schon im letzten Krieg hat sich gezeigt, daß bei sachgemäßer Verdunkelung ein Ort fast unauffindbar ist.

Luftschutz erfordert, daß im Krieg das Haus zu jeder Zeit alarmbereit ist. Luftschutz ist nicht nur Schutz im Krieg, auch im Frieden wirkt er Schaden verhütend. Mut und Geschicklichkeit sind unsere beste Selbsthilfe.

Anmerkung:

Der Lehrer bemängelt, daß über das Luftschutz mäßige Verhalten nur wenig gesagt ist.

Hausaufsatz, 13.3.1940

Welche geistigen und materiellen Kräfte verlangt der Krieg von uns?

Heute, nach 25 Jahren des Weltkrieges, sind wieder die gleichen Kräfte auferstanden, um Deutschland zu zersplittern und einzukreisen. Unsere Widersacher sind die gleichen wie 1914.

Die alten Kräfte von Versailles leben immer noch und sind bis zum Äußersten entschlossen, die Fäden ihrer alten Politik wieder aufzunehmen. Aus den verschiedensten Beweggründen heraus haben sich unsere Feinde zusammengefunden: Die einen aus Handelsneid, die anderen aus Ländergier, aber wohl alle wittern ein riesenhaftes Geldgeschäft. So war Deutschland gezwungen eine Wiederholung unseres Unglücks zu verhindern, und die Generationen von 1914 und 1939 stehen nebeneinander, die Waffen in der Hand, entschlossen bis zum endgültigen Sieg ihr Lebensrecht zu verteidigen. So stehen wir mitten im Kampfe. Pflichtbewußt erfüllt der deutsche Soldat seine Aufgabe an der Front. Im Westen ist er geschützt durch einen Festungswall, der in der Weltgeschichte nicht seinesgleichen hat. Es ist nicht schwer, den Deutschen mit seiner Pflicht, mit den Gedanken der Wehrhaftigkeit und des Soldatentums vertraut zu machen, denn diese Begriffe liegen ihm im Blut.

Im heutigen Staat ist jeder Soldat. So wie der Feldgraue an der Front seine Pflicht erfüllt, so steht auch eine innere Front, die bis zum äußersten ihre Fähigkeiten und Kenntnisse in den Dienst des Vaterlandes zu stellen hat und auch stellt. Die Gesamtheit der Arbeitsleistung ist ein Verweben und Verflechten im großen Getriebe des Krieges. England weiß genau, daß man dem nationalsozialistischen Deutschland, dem besten Militärstaat der Welt, mit militärischen Mitteln nicht beikommen kann. Deshalb versucht es, uns durch eine wirtschaftliche Blokkade und durch Aushungern zu besiegen. Hier fällt als Abwehr die erste und wichtigste Aufgabe der Landwirtschaft zu. Sie muß das deutsche Volk durch deutsche Arbeit von deutschem Grund und Boden ernähren. Das Hauptaugenmerk ist auf den Ertrag des Bodens zu richten, um diesen bis zur Bedarfsdeckung zu steigern. Damit fällt der Landwirtschaft die Sicherstellung unseres Nahrungsmittelbedarfs zu. Hier müssen alle verfügbaren Kräfte eingesetzt werden. Da der Bauer meistens zum Heeresdienst eingezogen ist, muß die Frau oft allein den Hof führen. Dies ist eine außergewöhnliche Belastung für eine Frau, aber auch hier ist Vorsorge getroffen. Der weibliche Arbeitsdienst und vor allem die Hitlerjugend sind durch sachgemäßen Einsatz zur großen Hilfe geworden.

Als zweiten wichtigen Faktor haben wir die Industrie. Hier muß besonders die Rüstungsindustrie bevorzugt werden. Es ist selbstverständlich, daß auch der beste Staat mit unzureichenden Waffen nicht widerstandsfähig ist. Die Munitionsfabriken arbeiten Tag und Nacht. Deutsche Ingenieure schufen die schnellsten und zuverlässigsten Flugzeuge. Zahlreiche U-Boote werden laufend hergestellt, ebenso Geschütze aller Art. Das deutsche Volk hat nicht nur den besten, sondern auch den bestausgerüsteten Soldaten. Wir wissen aber, daß dieses Rüstungswerk mit großen Schwierigkeiten verbunden ist, aber der Begriff »unmöglich« gehört der Vergangenheit an!

Eine ungeheure Aktivierung setzte jetzt im Krieg ein, und es begann die Suche nach den letzten Reserven der Arbeitskraft. Wir wissen, daß eine große Anzahl von Rohstoffen, die besonders für die Rüstungsindustrie wichtig sind, wie Baumwolle, Gummi, Kupfer und andere überhaupt nicht oder nur in unzulänglicher Menge von deutschem Boden gewonnen werden können. Wir wissen aber auch, daß deutschem Erfindergeist von jeher die Lösung auch der schwierigsten Aufgaben gelungen ist. Der Erfindungskunst der Techniker und Chemiker entdeckte Möglichkeiten und Waffen, mit denen die Wirtschaft sich auf wesentlichen Gebieten vom Ausland frei machen kann. Auch das übrige deutsche Volk muß mithelfen, wertvolle Rohstoffe zu sparen, indem jeder, vor allem Alteisen, leere Tuben, Jutesäcke und ähnliches, was für den einzelnen keinen Wert hat, hergibt und so dem Volksganzen wertvolle Hilfe leistet.

Im Kriegswinterhilfswerk soll jeder seine Verbundenheit zum Volksganzen beweisen, indem er nach Möglichkeit sein Opfer beisteuert. Die nationale Pflicht für jeden Deutschen muß das Sparen sein. Heute gehört jedes überflüssige Geld auf die Sparkasse, um so dem Vaterland nutzbar gemacht zu werden. Gleichfalls wichtig ist im Krieg das Erziehungswesen: Niemals darf das höchste Gut der Nation, der Überbringer uralten Erbgutes aus der Gegenwart in die Zukunft, niemals darf die Erziehung der Jugend vernachlässigt werden. Es muß hier jeder genau wie im Frieden seine Pflicht erfüllen. Auch Zeitungswesen, Literatur und vor allem Rundfunk bilden Teile des Erziehungswesens. Sie sind die geistige Nahrung des Erwachsenen, sie beherrschen in täglicher, fast stündlicher Einwirkung die Meinung und die Gedanken aller Volksgenossen. Sie formen und gestalten das Bild, das jeder einzelne sich von seiner näheren und ferneren Umgebung, von dem gesamten Geschehen dieser Erde zu bilden vermag. Diese Waffen von außergewöhnlicher Bedeutung dürfen niemals von Ausländern beeinflußt werden. Es ist seit langem bekannt, daß die Westmächte sich einen außerordentlichen Erfolg ihrer Rundfunk-Propaganda versprochen haben. Auch auf die Hörer, die vorher durch »Sachlichkeit« sicher gemacht worden waren, ging jetzt im Krieg ein Trommelfeuer von Falschmeldungen nieder, das sicher zum Teil sein Ziel und seinen Zweck erreicht hätte, nämlich Verwirrung, Mißtrauen und Zersetzung auszusäen. Deshalb hat das Verbot über das Abhören ausländischer Rundfunksendungen seine wohlüberlegten und weit vorausschauenden Gründe. Jeder weiß, daß sich gegen ihn täglich und stündlich Waffen der Zersetzung und Beeinflussung richten. Damit rückt auch der Zivilist in den Abwehrkampf ein, denn der Angriff aus dem Äther ist nur eine andere Form des Krieges. Das Ausland rechnete allerdings nicht mit dem Gehorsam des deutschen Volkes, und so werden diese »Luftangriffe« auf Deutschland zum Scheitern gebracht, nicht nur durch das Gesetz, sondern durch die Einsicht jedes einzelnen Hörers!

Deutschland und das deutsche Volk stehen inmitten ihres entscheidenden Existenzkampfes und sie sind nunmehr in das entscheidende Jahr ihrer Geschichte eingetreten. Wenn jeder

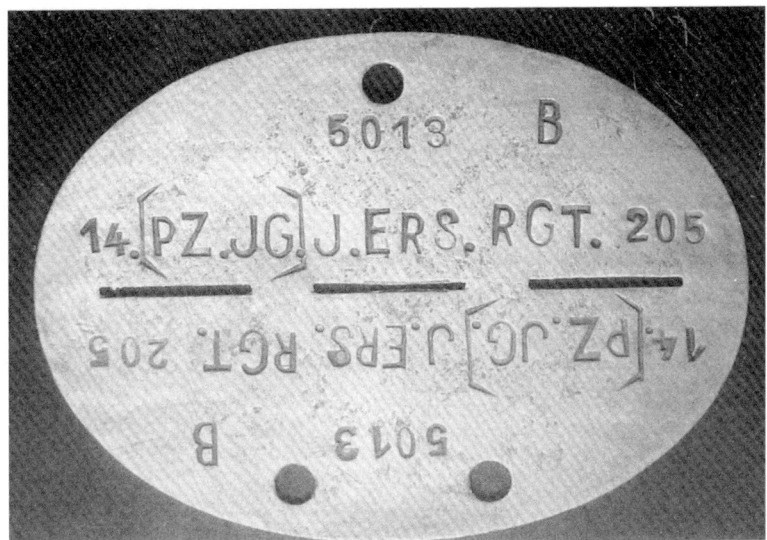

Erkennungsmarke mit falscher Blutgruppe: Statt AB wurde B bestimmt.

In einem mysteriösen Lager: Tschechischer Pkw, Tatra 87 »Tatraplan«, mit SS-Nummernschild.

Vor dem Einstieg zu den letzten Gefechten: Zurückmelden am 2. August 1944 auf der mobilen Schreibstube vor einem Maultier-Lkw. Uffz. M. schreibt seinen Bericht.

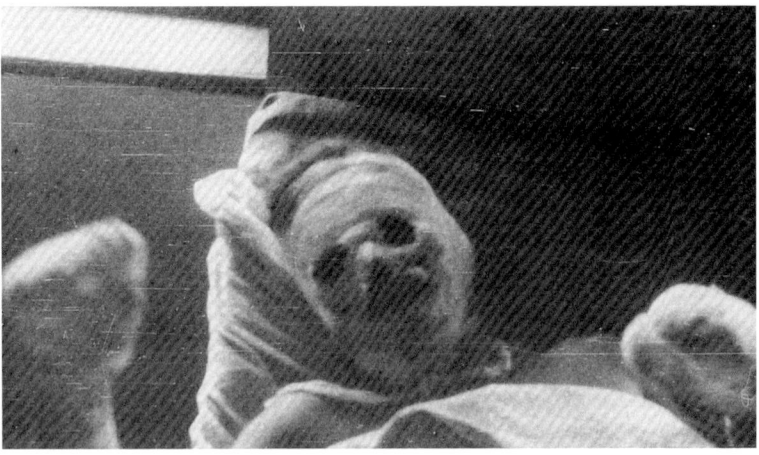

Noch einmal davongekommen: Frisch verbunden im Feldlazarett Tarnow am 4.08.1944 (Brandwunden: Gesicht und beide Hände).

Turmstellung 1 Uhr: Die Kanone steht unmittelbar über der Funkerluke, die man jetzt nicht mehr aufklappen, d. h. öffnen kann.

Lazarettzug (in diesem Fall mit Rote-Kreuz-Schwestern, die verlegt werden): Die Eisenbahnwagen sind mit dem roten Kreuz auf weißem Grund an der Seite und auf dem Dach gekennzeichnet.

Rote-Kreuz-Schwestern des Reservelazaretts Mauer-Öhling: Sie drehen Tupfer im Park des Lazaretts.

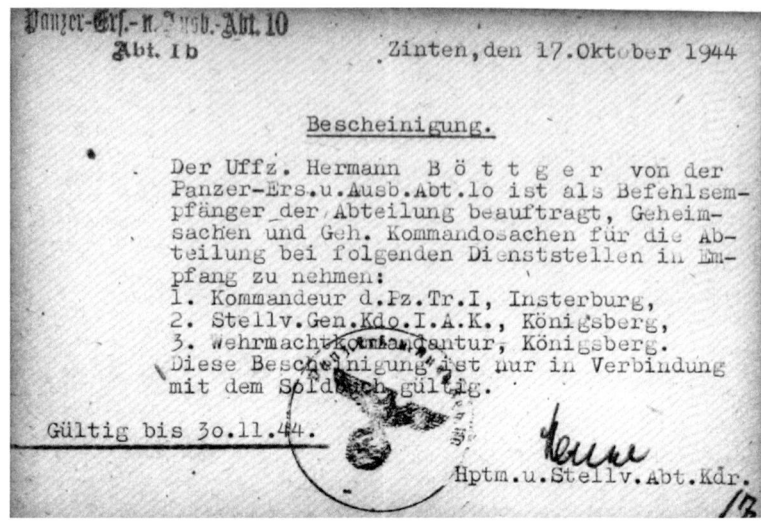

Ausweis für einen militärischen Briefträger: Die wichtige Bescheinigung für eine Kuriertätigkeit.

Als Kurier in Königsberg: Straßenbahnhaltestelle vor dem Nordbahnhof.

Umzug: Nach dem Fall von Insterburg ist die dortige Dienststelle nach Allenstein verlegt (vor dem Rathaus).

Erste Fahrversuche: Pkw Adler Junior mit P-Schild an der Scheibe und rotem Winkel am Nummernschild.

Nach dem Angriff auf Freiburg am 27.11.1944: Aus den Trümmern der Freiburger Häuser mit einer Vielzahl von Kaminstümpfen ragt das Münster hervor.

Tiefe Wunden eines grausamen Krieges: Die Innenstadt besteht nur noch aus Ruinen. Erhaben überragt der Münsterturm die Trümmer.

Entwarnung nach Fliegeralarm: Heraus aus dem Sternwaldbunker in Freiburg/Breisgau. Neben einem Klappstuhl, doppelt übereinander getragene Kleidung und eine Nottasche.

Jubiläumsstempel aus einem deutschen Danzig: Letzter Brief aus Ostpreußen, abgeschickt am 4.2.1945 in Heiligenbeil und in Danzig abgestempelt.

Ergebnis einer Arztuntersuchung: Die wichtigste Bescheinigung für eine Flucht aus Ostpreußen.

Flucht über das Eis:
Treck über das Frische Haff. Wohin?
Von der Heimat vertrieben, ziehen Flüchtlinge in eine ungewisse Ferne.
Werden sie eine neue Heimat finden?

Flucht aus dem Kessel Ostpreußen:
Trecks auf dem Eis des Frischen Haffs am Morgen des 7. Februar 1945 zur Frischen Nehrung und weiter nach Danzig.

Eissturm und Regen: Während sich die Frau auf dem Wagen mit ihrem Schirm vor dem peitschenden Regen schützt, marschierten die zwei Soldaten hinter dem Pferdefuhrwerk über das Eis des Frischen Haffs. Soweit das Auge reicht, Flüchtlinge hinter Flüchtlingen und Soldaten auf dem nassen Eis.

Der letzte Zugtransport: Die Dampflok 441291 zieht den Transportzug der 24. Pz.-Div.

Fahrt durch die Tschechoslowakei: Der letzte Eisenbahntransport mit
dem »Springenden Reiter« auf einem Lkw.

Wohin Anfang Mai 1945? Transportzug mit dem 15 cm schwere Infanteriegeschütz 33/1 auf dem Fahrgestell des tschechischen Panzer 38. Ausführung H des Sd.Kfz. 138/1 fährt in Gegenrichtung.

Vor der Gefangennahme: Fahrt auf einem Panzerspähwagen mit 5 cm Kanone (Sd.Kfz. 234/2) in die amerikanische Gefangenschaft bei Linz (Donau).

Gefangenenlager bei Linz-Urfar: Soldaten im Wechsel von Herumlungern und Befehl. Unser Lager mit dem durch Steine beschwerten Dach aus Dachpappe, im Hintergrund bauen SS-Angehörige ein Holzhaus. An dem stehenden Soldaten (mit entblößter Brust) kann man erkennen, daß in der letzten Zeit die Verpflegung mehr als dürftig war.

Das Papier in die Freiheit und für den Neubeginn: Rückseite mit Berechtigungsstempel der französischen Kommandantur, den Wohnort aufzusuchen, rechts der Meldestempel des Kommissariats der französischen Militärregierung in Freiburg. Die Ausbildung für das Leben ohne Uniform kann beginnen.

Durchgekommen: Endlich ist der Krieg zu Ende. Die letzte Aufnahme im Gefangenenlager von Linz (Donau).

Betr.: Jmmatrikulation der zum
Wehrdienst eingezogenen
Abiturienten. *Zurueckzugeben* *an*

Jhren Antrag vom 26.2.43 auf Jmmatrikulation in der ......
zahnmedizinischen Fakultät an der hiesigen Universität haben
wir erhalten.

Die näheren Ausführungsbestimmungen des Erlasses des Reichs-
ministers für Wissenschaft,Erziehung und Volksbildung W J 3 7 40 (b)
vom 15.1.1943 sind noch nicht ergangen.

Sobald die besonderen Bestimmungen über die Form der Antrags-
stellung hier vorliegen,erhalten Sie weitere Nachricht.

Die von Jhnen hierher eingesandten Papiere gehen nach Notie-
rung wieder anliegend an Sie zurück.

i.A. *Unterschrift*

Antrag zum Studium der Zahnheilkunde an der Universität Freiburg
im Breisgau.

Gebäude der Universität Freiburg im Krieg. Als Mahnung trägt sie die
Inschrift »Die Wahrheit wird Euch frei machen«.

Studium der Anatomie: Mikroskopierkurs in notdürftig hergerichteten Räumen.

Rektoratsübergabe in Düsseldorf: In der ersten Reihe von links: Prof. Häupl, Rektor der med. Akademie Düsseldorf, Prof. Hinsberg, Prorektor, Prof. Jahrreis, Rektor der Universität Köln (in Nürnberg war er einer der Verteidiger von Generaloberst Jodl), und ein weiterer Rektor einer rheinischen Hochschule. Im Hintergrund der Pharmakologe Prof. Hahn und der bekannte Pathologe Prof. Meessen.

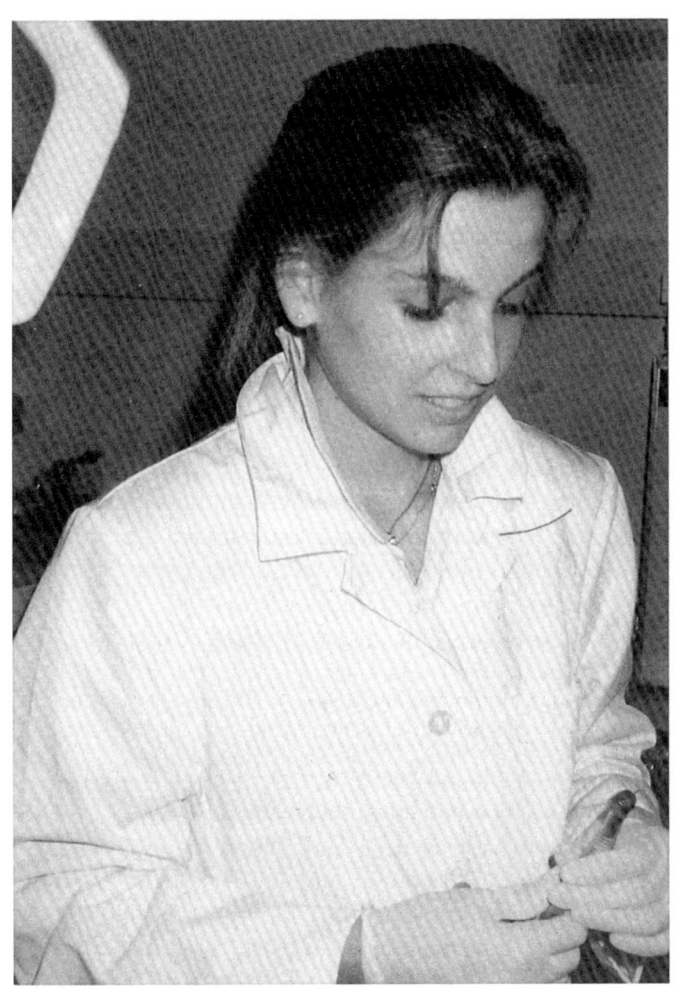

Die nächste Generation:
Dr. med. dent. Alexandra Bandel-Böttger

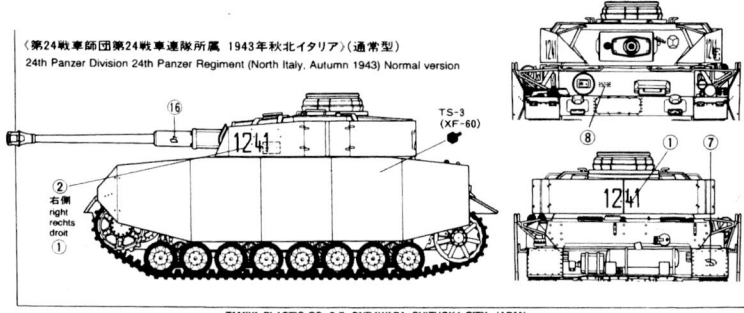

〈第24戦車師団第24車連隊所属 1943年秋北イタリア〉〈通常型〉
24th Panzer Division 24th Panzer Regiment (North Italy, Autumn 1943) Normal version

TS-3
(XF-60)

② 右側 right rechts droit ①

TAMIYA PLASTIC CO. 3-7, ONDAWARA, SHIZUOKA-CITY, JAPAN.

Mein Panzer in Plastik: Modell des Panzer 1241 der japanischen Firma Tamiya.

In diesem Zusammenhang berichtet ein Modellbauer: Ich habe mich für ein Fahrzeug der 24. Pz.-Div. entschieden. Grund dafür ist das Auffinden eines Bildes in einem Buch von A. Böttger. In seinem Buch findet man ein recht großes Bild eines Kübel der 24. Pz.-Div. Es ist der Wagen des I-A-Schreibers. Trotz Abschleppseil vor dem Nummernschild ist noch die Nummer WH-1477510 zu erkennen. Das ist die im Bausatz von TAMIYA enthaltene Nummer.

einzelne das Glied einer großen Kette nach bestem Vermögen seine Pflicht erfüllt, so wird einig nach innen und mächtig nach außen die sozialistische Nation die ewig freie Heimat aller Deutschen sein. Daß niemand uns den Sieg raube und eine Jugend sich auf den Schlachtfeldern bewähre, die entschlossen ist zu erhalten, was von Männern erworben wurde im Geist und in der Wirklichkeit, das ist unser Wunsch.

Der Lehrer befand diese Arbeit inhaltlich recht gut, nur die äußere Form sei mangelhaft und benotete diese Arbeit am 17. März 1940 mit der Note 3.

FELDPOSTBRIEFE AN DIE MUTTER

Aus der kleinen Auswahl von Feldpostbriefen sind wegen der Schreibweise mit deutschen Buchstaben nur ein Brief und ein weiterer Brief aus dem Lazarett, den eine Schwester nach Diktat mit lateinischen Buchstaben geschrieben hat, im Faksimile veröffentlicht. Die Briefe sollen zweierlei verdeutlichen: Zuerst die quälende Sehnsucht nach der Heimat und die ständige Angst, sie nie mehr wiederzusehen, sowie die stetige Hoffnung auf einen baldigen Frieden. Briefe schreiben und empfangen waren im Wechsel für den Soldaten im Krieg wie auch – im vorliegenden Fall – für die Mutter zu Hause, zum wichtigsten Lebensinhalt geworden. Die Briefe zeigen aber auch, daß der deutsche Soldat keinesfalls tagtäglich gegen feindliche Soldaten kämpfte und schon gar nicht permanent »Heil Hitler« rief, sondern, daß er auch in einem Krieg, der mit den Jahren immer brutaler und schrecklicher wurde, versuchte, möglichst normal sein eigenes Leben zu leben.

03.08.1943
Liebe Mutter,
endlich sind wir vom Übungsplatz zurück. Die Fahrt ging mit Fahrrädern vonstatten, da uns noch die anderen Fahrzeuge fehlen. Es war ein ganz schöner »Schlauch« bei der Hitze, etwa 70 km immer bergauf, bergab. Posadowsky konnte gestern auf Urlaub fahren, er bekam aber nur vierzehn Tage, obwohl seine Frau vier Wochen Wirtschaftsurlaub beantragt hatte, der überall genehmigt und befürwortet war. Nur hier gab man ihm den Urlaub im Rahmen des Erholungsurlaubes. Wenn Du was hast zum Schicken, dann schick es ihm und er wird es dann mitnehmen: Graf Posadowsky, Klein Peterwitz, Kreis Guhrau (Schlesien). Seine Frau hat einen sehr guten Bekannten, ganz oben in irgendeinem Generalstab, und wenn der ihr telegrafiert »Friedrich« erkrankt, dann muß sie sofort, ohne Rücksicht auf Verluste, ihr Gut verlassen und Richtung Westen fahren, zu ihren Eltern nach Mainz. Dann wäre es soweit! Er schrieb schon, daß der Gesundheitszustand sehr bedenklich sei. Du wirst ja auch mehr wissen,

aber man kann ja nicht alles schreiben. Ob wir noch lange hier sind ist auch unbestimmt.
Nun, herzliche Grüße und Küsse
Dein Hermann

Rußland, 06.12.1943
Liebe Mutter,
heute zum Nikolaustag will ich Dir schreiben. Was war das doch früher schön, der sechste Dezember, ein mit Spannung erwarteter Tag und heute? Ein Tag so grau, einer wie der andere. Wenn ich nicht in Rußland wäre, bekäme ich bestimmt Weihnachtsstimmung, denn seit gestern hat es geschneit und alles ist weiß. Wir sind immer noch in K. und nützen die Zeit aus. Einige Kameraden mußten heute nach vorne fahren, aber wir haben noch einmal Glück gehabt. Vor ein paar Tagen war ich in einem schönen Konzert, unter anderem Pastorale von Beethoven, veranstaltet vom Soldatensender Gustav. Schrecklich viele Soldaten sind hier, man merkt, daß es auch hier nicht vorwärts geht. Diese tausend Landser »schlagen sich dann hier vor dem Kino tot«. Wenn man nicht mindestens eine Stunde vor Beginn ansteht, ist es vollkommen ausgeschlossen, Plätze zu bekommen.
Nun, viele herzliche Grüße und Küsse.
Dein Hermann

o.U., 06.02.1944
Liebe Mutter,
auf dem Marsch in unser neues Kampfgebiet ist mein Panzer wieder mal ausgefallen, anscheinend ein Pleuel fest, es genügt, also zur Werkstatt. Nachdem unsere Division zwei Tage hier war, rückt sie wieder ab, anscheinend nach Nikopol, dort ist ja der Russe eingebrochen und hat etliche Nachschub- und Werkstatteinheiten meiner Division geschnappt, ein paar Stunden, nachdem wir verladen waren. So kutschen wir einher, wie die Feuerwehr. Post habe ich ja schon ewig keine gesehen, aber das geht auch anderen so. Wir liegen schon drei Tage fest, zwei Tage lagen wir mitten auf der Rollbahn, jetzt hat uns aber ein anderer Panzer in ein Dorf geschleppt und dort haben wir Quartier bezogen. Es ist schon das dritte Mal, daß wir mit dem Anhalteauto zwanzig Kilometer weiter in eine größere Ortschaft gefahren sind, da ist nämlich ein Soldatenheim. Rote Kreuz Schwestern gibt es auch, ich traf sogar eine bekannte Schwester aus Kirowograd. Heute zum Sonntag gibt es Pfannkuchen. So leben wir nicht schlecht.
Viele herzliche Grüße.
Dein Hermann

29.04.1944
Liebe Mutter,
ich bin in einen grandiosen Bummeltransport gekommen. Am 27. nach-
mittags habe ich diesen Zug (nur mit vierter Klasse) bestiegen, in der Nacht
sind wir dann weggefahren und wir sind heute morgen in einem Vorort-
bahnhof von Budapest angelangt. Und jetzt wird es gleich dunkel und wir
stehen immer noch hier, das heißt, gerade hat die Lok getutet und fährt an,
vielleicht rangiert sie auch bloß – Dein Kuchen war ja ganz phantastisch,
die Wurst und auch die Fondants waren prima gewesen – man muß eben
erst beim Kommiß sein und Kommißverpflegung empfangen, um alles wür-
digen zu können. Daheim im Urlaub hast Du mich ja so verwöhnt, daß ich
bald nicht mehr wußte, was ich essen sollte.
Für heute herzliche Grüße.
Dein Hermann

30.04.1944
Liebe Mutter,
wir sind nun also weitergefahren und befinden uns bald auf rumänischen
Boden. Von mir aus könnte es ruhig etwas schneller gehen, ... und schmut-
zig bin ich schon wieder, die gut geputzte Uniform ... wie ich zu Hause
ankam. Ach, ich habe die Schnauze gestrichen voll. Die ganze Zeit träume
ich davon, wieder einmal in »Urlaub« zu fahren, oder besser für ganz
daheim, als Zivilist gepflegt leben zu können. Wie mich das anwidert, drek-
kige Hände, schwarze Fingernägel, das Gesicht und die Haare voll Schmutz,
und wenn dann erst noch die Tierchen dazukommen! Hoffentlich geht das
mal bald zu Ende. Mir reicht es! Ich bin noch so von Urlaub und Freiheit
angefüllt, daß ich mich eben erst wieder reinfinden muß. Jedem Lazarettzug schaue ich direkt sehnsüchtig nach und denke mir dabei, wie schön
mußte es doch sein mit so einem kleinen Heimatschuß da drin zu sein. Das
ist ja bestimmt nicht recht, so zu denken, aber mit der Zeit wird man eben
so. Na, ich werde erstmal zum Haufen fahren und sehen, was los ist. Mein
Schwesterregiment, das allerdings vom ersten Tag an in Rußland sitzt,
wurde nun mit der dazugehörigen Division nach Frankreich rausgezogen.
Vielleicht kommt im Juni eine Invasion, da haut das nämlich mit den Was-
serständen hin. Mal sehen, ob die Kameraden schon neue Fahrzeuge bekommen haben. Mein Schicksal war wieder mal gnädig mit mir, daß es mich
vier Tage lang Wien hat anschauen lassen. Wenn nämlich alles geklappt
hätte, mit Urlaubszügen könnte ich schon beim Haufen sein. Na, ich werde Dir dann schreiben, wenn ich dort gelandet bin. Übrigens habe ich eine
falsche Schere mitbekommen, ich wollte eine mit einer gebogenen Schnitt-
fläche haben. Wenn ich also an meinen Urlaub zurückdenke, muß ich feststellen, daß ich bei dieser einmaligen Gelegenheit des Urlaubverlängerns
ein Idiot war, aber man ist eben zu sehr brav. Immerhin, drei Tage habe ich
plus gemacht. Wie waren die Tage doch schön. Am schönsten eigentlich,

228

die ersten Tage Skilaufen, Geburtstag und Ostern, da konnte ich mir immer sagen, ich habe noch vierzehn Tage Urlaub, welch lange Zeit noch. Und dann sind die Tage immer schneller rumgegangen. Ob ich nun wieder vierzehn Monate warten muß bis zum nächsten Mal? Du glaubst das ja nicht, ich weiß, was erzählen denn die Träume? Wegen der ...

Schlimm ist, daß ich in einem Viehwagen unter dummen Landservolk (die schlechteste Gesellschaft läßt dich fühlen, daß du ein Mensch mit Menschen bist) durch und nach einem Land fahre, in dem der Wurm steckt. Man darf den Glauben an die Rückkehr der guten alten Zeit nicht verlieren, wenn es auch nie mehr so sein wird, wie es einmal war.

Für heute herzliche Grüße.

Dein Hermann

10.05.1944

Liebe Mutter,

ich bin gestern gar nicht weitergefahren, werde wohl heute weiter nach Roman fahren. Ich war gestern im Kino und heute in irgendeinem Theater. Es war wieder einmal ein herrlicher Tag, es blüht so phantastisch. Am liebsten möchte ich den ganzen Tag zwischen den Fliederblüten und Maiglöckchen liegen und gar nicht mehr weiter. Gestern habe ich sehr gutes Eis gegessen, man hat bloß keine Lei.

Für heute muß ich schließen.

Viele herzliche Grüße und Küsse

Dein Hermann

12.05.1944

Liebe Mutter,

eben ich beim Haufen gelandet, d.h. erstmal beim Troß. Hier fand ich noch eine Menge alte Post von Dir und einen Luftpostbrief vom ersten Mai. Der Brief ging also bedeutend schneller als ich reisen konnte. Also, zunächst mal herzlichen Dank! Ich freu mich ja so, Post zu bekommen, hoffentlich hast Du noch genug Luftpostmarken, denn damit geht's doch schneller. Es ist wirklich schade, daß das mit dem Telegramm nicht mehr geklappt hat; wenn ich gewußt hätte, was für eine Bummelei mir blüht, wäre ich trotzdem ausgestiegen. Ich hatte auf der ganzen Fahrt keinen Alarm gehabt, also mach Dir keine Sorgen, ich werde mich auch weiter durchhauen. Nun, da ich beim Haufen gelandet bin und die ersten Kameraden getroffen habe, ist es auch mit der miesen Stimmung so ziemlich vorbei und ich bin wieder der Alte, der ich vor dem Urlaub war. Nur um die Erinnerung eines herrlichen Urlaubs reicher. Also, ich hoffe, daß es nun mit der schlechten Stimmung in meinen Briefen vorbei sein wird, höchstens noch das kernige Landserschimpfen.

Für heute, herzliche Grüße und Küsse.

Dein Hermann

12.05.1944

Liebe Mutter,

ich bin noch in R. und warte darauf, daß irgendein Lkw kommt und mich weiter befördert. Es ist immer noch herrliches Wetter, richtiges Frühlingswetter, es blüht alles so herrlich, die Obstbäume, Flieder, Maiglöckchen. Du kannst Dir ja denken, daß ich da am liebsten daheim wäre und die Natur im Frühling dort genießen würde. Vor allem zum 21. Mai, zum Muttertag, würde ich Dir gerne einen richtigen großen Blumenstrauß von Wiese und Gärten überreichen, aber so kann ich dies nur mit ein paar gepreßten, kleinen Blümchen tun. Ich wünsche Dir alles Gute zu diesem Tag! Genieße ihn (soweit dies möglich ist) und mache mit Mausi einen kleinen Spaziergang. Ich kann mir richtig vorstellen, wie in unserem Mösle alles so schön grün ist und auf den Wiesen die Blümlein blühen. Dazu die Mädchen in netten Frühlingskleidern, ach wie könnte doch das Leben schön sein! Ich möchte Dir da noch einmal für meine Urlaubstage danken, die Du vor allem durch Deine Mühen für das leibliche Wohl erst richtig schön gemacht hast. Denn es ist doch erst der Mensch zufrieden, wenn es der Magen zuerst ist – ich lese des öfteren in meinem kleinen Taschen-Faust I, es ist eine wunderbare, klangvolle Sprache. Es war auch sehr schön, daß gerade während meines Urlaubs Faust gegeben wurde. Neulich, in einem Fronttheater, spielte ein Mädchen einen Auszug aus Traviata, da war dann die Erinnerung an die wirklich gute Aufführung des geliebten Freiburger Theaters da. Wie herrlich das Ehepaar Hagen sang! Und wie lange muß ich nun wieder warten, bis ich so etwas erleben kann? Na, hoffentlich fällt dieses Jahr die Entscheidung. Herrlich wird das sein, wenn ich wieder zu Hause bin und ich dort studieren kann! Man kann sich gar nicht mehr richtig vorstellen, daß solch eine schöne Zeit wiederkommt, aber einmal wird ja auch dieser Krieg sein Ende gefunden haben. Nun sende ich Dir ganz liebe und herzliche Grüße und Küsse.

Dein Hermann

14.05.1944

Liebe Mutter,

beim Haufen gelandet, mußte ich natürlich gleich in einen Panzer einsteigen. Die Schwadron liegt seit einiger Zeit in Ruhe sehr idyllisch in einem Obstgarten. Die Bilder werden ja nun fertig sein. Ich habe gehört, daß Päckchensperre ist. Wenn Du sie noch nicht losgeschickt hast, so behalte sie noch daheim, ich lasse sie dann durch einen Urlauber mitbringen. Jetzt ist natürlich Urlaub offen und es wird fleißig in Urlaub gefahren. Ja, diese Sorge habe ich ja nun nicht mehr. Es kann nur recht sein, desto eher komme ich wieder dran. Anbei Luftpostmarken.

Daß mein Gepäck wieder mal verlorenging, schrieb ich auf den Umschlag von Brief neun. Duplizität! Der Wagen, auf dem das Gepäck verladen war, konnte nicht mehr über den Dnjestr gebracht werden, da die Brücken kaputt

waren. So blieb er stehen, entweder haben nun die Russen das Gepäck kassiert, oder er ist den Dnjestr hinab ins Schwarze Meer geschwommen. Dabei sind auch meine ganzen Bürsten verlorengegangen. Gestern kochte ich mein schwarzes Hemd; beim Auswringen habe ich es dann ganz kaputt gerissen, aber daß ist nicht so schlimm. Ich bin doch froh, meine ganze Wäsche mitgenommen zu haben, so ging nur eine Unterhose verloren. Es gibt nämlich gar nichts mehr, besonders solch' lebensnotwendige Sachen, wie Kochgeschirr und Feldflasche.
Für heute will ich schließen.
Herzliche Grüße und Küsse.
Dein Hermann

Rumänien, 12.06.1944
Liebe Mutter,
eben bekam ich Deinen lieben Brief vom 4. Juni, herzlichen Dank. Da steht ja mal eigentlich nur erfreuliches drin; aber es wäre doch auch ganz gut, wenn Du Deine Briefe numerieren würdest, da hat man dann eine gute Kontrolle. Ich liege noch in der Werkstatt, neue Motoren kommen erst von Deutschland, allerdings mit der JU, da geht es ja auch schnell. Versäumen tu ich nichts, die Abteilung ist nicht eingesetzt. Ganz prima Wetter ist's, ich bin auch schön braun geworden, sogar leichter Sonnenbrand auf dem Rücken. Dieses Mal echte Bräune, nicht was ich vorher hatte: Die abwaschbare Rußlandbräune. Wir liegen in einem Laubwald – nach dem Bombardement von Jassy zog die Werkstatt gleich los. Am nächsten Tag nach dem Bombardement kamen die Engländer gleich noch mal. Jassy ist nun ziemlich zugerichtet. Da fällt mir ein, daß ich von dort gar nicht weiter erzählt habe: Also an dem Tag fuhren wir wieder nach vorne, sahen uns die Christbäume von Ferne an und fielen am nächsten Tag gleich aus. Der gute Motor hatte »die Fühler zur Wanne rausgestreckt«, wie man so schön sagt, wenn er nicht mehr tut. Wir machen bei schlechter Werkstattverpflegung (da hat nämlich jeder Haufen einen anderen Verpflegungssatz) rein gar nichts, d.h. heute haben wir in einer halben Stunde Entfernung einen Teich entdeckt. Da kann man ganz prima schwimmen, so was ist natürlich viel wert. Alle im Adam und die vorbeigehenden rumänischen Bauersfrauen hielten sich ihr Kopftuch vors Gesicht, um ja nichts zu sehen! Jetzt würde ich auch gerne Tennis spielen mit meinem Crack-Schläger, (nun ist die Invasion ja da), vielleicht können wir nächstes Jahr (!!) mal wieder anständig auf dem M-Platz bollern. Alf schrieb mir auch, er hat genauso tolle Sehnsucht danach, wie ich. Didici schrieb auch von schwer eisenhaltiger Luft, überall Rabatz! Didici ist Unteroffizier geworden und hat sein Gepäck verloren, läuft nur noch mit Brotbeutel rum. Überall dasselbe.
Herzliche Grüße und Küsse.
Dein Hermann

Mauer-Öhling den 09.08.1944
Liebe Mutter!

das hat anscheinend nicht geklappt mit dem Telegraphieren, am Sonntag
wurde ich hier eingeliefert und telegraphierte gleich und Du solltest mich
anrufen, von hier aus kann ich nämlich nicht telephonieren; ich hatte da
schon Krach mit den Schreibstubenbullen, ich will Dir nur erzählen, wie
das zugegangen ist. Nachdem ich wieder eingestiegen war und zwei Tage
Angriff gefahren hatte, griffen wir in den Morgenstunden des 4.8. ein Dorf
an (bei Milec auf der Rollbahn Debica an). Wir waren bloß noch eine Handvoll Panzer, meine Schwadron war mit 2 Stück beteiligt. Zuerst ging alles
glatt und wir wirkten ganz anständig unter der russischen Infanterie. Plötzlich bekamen wir einen Pack-Treffer in den Turm. Mein Fahrer setzte gleich
wildkursfest zurück. Nach 10 Metern hatten wir noch zwei Treffer in den
Turm, ich versuchte mich auzubooten, aber da sich meine Luke verklemmt
hatte, kam ich da nicht raus und hinter mir brannte der Panzer lichterloh.
Ich faßte nun den Entschluß, zu einer Turmluke auszusteigen, in Sekundenschnelle war ich an der Luke, um rauszukommen. Nun hing ich aber
noch an der Kopfhörerstrippe, ich sprang im Hechtsprung heraus und riß
so die Strippe ab. Zuerst etwas kopflos robbte ich etwa 20 Meter weg, dann
schaute ich mich um und rief nach den Kameraden. Der Panzer brannte
gar nicht so stark und ich ging noch mal zurück, die Kameraden waren
aber schon alle weg, nur mein Kommandant hatte beide Beine verloren
und war tot. Ich suchte nun meine Brille, welche ich beim Herausspringen
verloren hatte. Ich fand aber bloß mehr meine Mütze. Übrigens brannten
nebenan zwei weitere Panzer lichterloh. Nun fing ich an, zurückzurobben.
Ich hatte zwar Brandwunden an den Händen, am Unterarm und im Gesicht,
aber die Schmerzen waren nicht so stark. Nach etwa 1 km hatte ich so
genug, daß ich aufstand, aufrecht weglief, bald traf ich auf die deutsche
Infanteriespitze, die mich verband. Ich lief dann weiter und wurde etwas
später von unserem Panzer-Arzt aufgenommen, der mich sofort zum Hauptverbandsplatz führte. Dort traf ich die Kameraden wieder, von der anderen Besatzung hatten alle Brandwunden im Gesicht und an den Händen,
während von meiner Besatzung lediglich der Fahrer einige Splitter im Unterarm hatte. Bei uns ging der Treffer in den Turm, während bei deren Panzer der Benzintank getroffen wurde. Wir wurden nun mit Brandkompressen verbunden, die Blasen aufgeschnitten und wir bekamen Tetanusspritzen.
Dann wurden wir mit einem Sankra 65 km weiter nach Tornow gebracht,
dort gewaschen, dann ins Bett gelegt. In der Nacht wurden wir in einen
schneidigen Lazarettzug gebracht und 2 Tage später waren wir in Mauer-
Öhling. Arzt und Schwestern geben sich zwar große Mühe, aber das Lazarett an und für sich ist nicht ganz das richtige. Ich fragte schon den Arzt,
ob ich nach Freiburg verlegt werden könnte. Er meinte ja, aber erst wenn
ich marschfähig wäre. Trotzdem soll man mal deswegen Professor Schilling fragen. Mein Befinden geht soweit, nur habe ich zeitweise tolle Schmer-

zen in den Armen, im Gesicht bin ich nicht zu sehr verbrannt. Es war auch gut, daß ich meine Brille aufgehabt habe, so habe ich bloß Negerlippen, gegen die Schmerzen esse ich Anti in Masse und bekomme jeden Abend 5 ccm Novalgin, aber der Schmerz dieser Spritze steht in gar keinem Verhältnis zu ihrer Wirkung. Nun habe ich einige Bitten: gehe mal zu Nosch und frage wegen einer Brille, da bei mir nun sämtliches Gepäck verbrannt ist, brauche ich zuerst ein neues Waschzeug (Rasiergerät, Zahnbürste, Seife, Kamm und Schampoo). Wenn die Bilder fertig sind, schicke sie bitte, da ich meinen Foto um den Hals und die Uhr um hatte, so habe ich wenigstens das gerettet. Gelegentlich soll Mausi auch nach Leika-Filmen sehen, dann schicke bitte meine geschliffene Sonnenbrille, es wird natürlich ein paar Wochen dauern, bis ich wieder soweit bin, aber das weißt Du ja selbst. Der Arzt hier hat uns großzügig die Aufstellung des Küchenzettels selbst überlassen, einen anständigen Bohnenkaffee bekommen wir auch. Die Schwestern sind natürlich sehr geplagt, da wir mit unseren Händen nichts machen können und dauernd irgendwelche Wünsche haben.
Für heute viele herzliche Grüße und Küsse, auch an Mausi
Dein Hermann

30.08.1944
Liebe Mutter, schneller als ich dachte werde ich nun entlassen. Gestern war Chefvisite (die KV-Maschine rollt!) und da wurde so ziemlich alles entlassen was irgendwie krauchen konnte. So bin ich nun Ende dieser Woche dran. Wenn ich nämlich entlassen werden würde, würde ich keinen Urlaub bekommen und vierzehn Tage Urlaub sind mir dann doch lieber, auch wenn es noch so hübsch hier ist. Meine Hand ist natürlich noch nicht gut, schwach bin ich auch noch, aber Deutschland braucht halt Soldaten; »Den Verwundeten die beste Pflege!«. Eine Schande wie man heutzutage behandelt wird. Viele herzliche Grüße und Küsse und auf ein baldiges Wiedersehen.
Dein Hermann

Zinten 25.09.1944
Liebe Mutter,
nun bin ich in diesem sturen Zinten gelandet. Zum Arzt gehe ich erst morgen, mal sehen was er sagt. In Cottbus beim Roten Kreuz habe ich mir einen anständigen Schnupfen geholt. Mausi soll doch mal schauen, ob es noch Nasentropfen gibt. Hier ist natürlich alles furchtbar stur, wie das ganze Land mit seinen Bewohnern. Als Unteroffizier geht es ja noch einigermaßen, beim Mittagessen im Uffz-Kasino wird man bedient. Wie gerne wäre ich in Sagan geblieben, aber wir sind eben bei »Preußens«. Daß die Fahrt wunderbar geklappt hat, schrieb ich ja bereits. In Königsberg war ich einen Tag. Es ist hier alles kaputt, da stehen in manchen Häuserzügen nur noch die Front, sonst alles zerstört. Kein Haus ganz, überall riesige Steinhaufen, da ist es doch ganz gut, wenn Du weiterhin Stammgast in Deinem Bunker

bleibst. Ich will den Brief einem Urlauber mitgeben, vielleicht geht es etwas schneller. Schreib mal wie es in Freiburg aussieht, ich habe gehört links-rheinisch soll alles evakuiert werden.
Für heute herzliche Grüße und Küsse
Dein Hermann

Zinten 15.12.1944
Liebe Mutter,
meine Untersuchung hat zwar noch nicht stattgefunden, es muß aber in den nächsten Tagen passieren. Ein Unteroffizier von meiner Stube, der ein Auge verloren hat und die Augenhöhlen eitern zudem immer noch, war neulich in Königsberg bei der hohen Kommission und das Ergebnis: KV! Also ich war platt. Für solche Leute ist doch nun die Gefahr, das andere Auge auch noch zu verlieren, enorm groß. Nun nähert sich das Weihnachts-fest mit Riesenschritten, aber es fehlt ja heutzutage jede Stimmung dazu. Bei mir ist es ja das fünfte Weihnachten bei Preußens. Man munkelt sehr von Weihnachtsurlaub, aber so ein paar Tage nützen mir ja doch nichts, bei meiner Weltreise bis Freiburg. Ich weiß ja nicht, wo ihr jetzt steckt, ich wünsche mir nur Post von Dir zu haben, man ist doch so anspruchslos geworden. Dir und Mausi wünsche ich ein Fest, das Wort ist eigentlich falsch, also ein Weihnachten in Ruhe verbringen zu können. Daß die Flie-ger mal nicht kommen ist ja wohl die Hauptsache heute. Früher hatte man Kummer, wenn kein Schnee lag!
Seit gestern ist es abscheulich kalt. Da pfeift bei einem kristallklaren Wet-ter der kalte ostpreußische Wind. So habe ich es heute für nötig empfun-den noch einen Pullover anzuziehen. Aber sonst ist zwischen Königsberg und Allenstein eine paradiesische Ruhe. Ich wünsche Euch noch mal ein einigermaßen frohes Weihnachtsfest und Grüße und Küsse Dich und Mau-si allerherzlichst.
Dein Hermann

Zinten, 28.12.1944
Liebe Mutter,
die Zeit vergeht ja so schnell, bald haben wir Silvester. Ich hoffe, daß Ihr da oben Ruhe habt und so ruhig ins neue Jahr kommt. Ihr werdet ja schla-fend in das Jahr 1945 gehen, das ist aber vielleicht auch das beste. Für das kommende Jahr wünsche ich Dir und Mausi alles Liebe und Gute. Hoffen wir, daß wir nun endlich den heiß ersehnten Frieden erhalten mögen. Man kann es sich schon gar nicht mehr vorstellen, daß man wieder einmal gemüt-lich zusammensitzt, ohne das ängstliche Horchen auf Flieger und ähnli-ches. Also ein glückliches Jahr 1945.
Viele liebe Grüße und Küsse.
Dein Hermann

Zinten, 14.01.1945
Liebe Mutter,
es ist ja nun eine recht lange Zeit vergangen seit Deinem letzten Brief. Heute bekam ich Deine hundert RM vom Dezember, die Post geht ja wirklich sehr lange. Ich danke Dir sehr für das Geld. Neue Urlaubsbestimmungen sind rausgekommen, danach bekommt man nur Urlaub, wenn sechs Monate zwischen dem letzten Urlaub liegen und mein Genesungsurlaub war doch erst im September, von dem Sonderurlaub gar nicht zu reden. Man soll sich eben nicht so voreilig auf etwas freuen. – Na, vielleicht klappt es ja doch noch. Es wäre ja zu schön in Sonne und Schnee. Was war das bloß schön letzten März, im Urlaub Ski fahren auf dem Feldberg. Die Ruhe damals noch. Eben ist auch Alarmzustand in der Kaserne, man weiß da auch nicht, ob Spaß oder Ernst. Etwas muß doch immer sein, bloß, daß man keine Ruhe hat – anbei ein Hefemittel, vielleicht kannst Du es gebrauchen. Leider ist die Haltezeit beschränkt. Sonst gibt es nichts neues »nihil nisi male«. Ich hoffe, daß ich bald Post von Dir bekomme.
Viele herzliche Grüße und Küsse.
Dein Hermann

Zinten, 15.01.1945
Liebe Mutter,
heute wollte ich einen Brief an Dich als Einschreiben schicken, aber diese Briefe muß man geöffnet vorzeigen. Man darf da nur noch Urkunden etc. schicken. Unsere Einsatzkompanie rückt heute ab, man erwartet doch allerhand vom Russen. Na, hoffentlich wird er aufgehalten. Ich habe jedenfalls keine Lust, mit der Panzerfaust hinter der Kasernenmauer, Zinten zu verteidigen. Heute bin ich mal ein bisserl früher nach Hause gefahren, um mir in unserem Truppenkino den Farbfilm ›Opfergang‹ anzusehen. Unsere Abteilung hat nämlich sehr gute Filmbeziehungen nach Berlin, da kommen nur die allerneuesten Filme her. Sonst habe ich in Königsberg noch etliche Filme gesehen, teils mehr teils weniger, aber keiner hat mich gereut reinzugehen. ›Der Engel mit dem Seidenspiel‹, dann sehr gut ›Ein Blick zurück‹ mit Rudolf Forster und »Die schwarze Robe‹ und den tollen Farbfilm ›Die Frau meiner Träume‹ mit Marika Röck. So, nun ist genug gefilmt, für heute will ich schließen.
Viele herzliche Grüße und Küsse
Dein Hermann

Zinten, 27.01.1945
Meine liebe Mutter,
die Lage ist ja nun von Tag zu Tag ernster geworden, der Ring wird immer enger. Heute meldete der Wehrmachtsbericht Straßenkämpfe in Elbing, damit ist also der Ring geschlossen, ich sitze in Zinten mittendrin. Die 24. Panzer-Division ist hier auch eingesetzt, es ist also ein einziger Trost, wenn

ich früher KV geworden wäre, wäre ich doch auch in diesem Kessel. Ich hatte bisher noch Glück, die ganze Abteilung ist ausgerückt, nur die Krüppel und Prothesenträger sind noch da. Neulich war ein Sieben, da wurden die weniger Beschädigten rausgezogen, wenn so was noch mal passiert, dann bin ich ja auch mit dabei. Und dann fällt uns die Aufgabe zu, die Kaserne zu verteidigen, da weiß man nicht, von wo der Iwan kommen wird. Ein hoher Stab liegt noch hier, daß ist ja noch ein kleiner Trost, denn wo diese Herren mit ihren Blitzfrauen sitzen, ist doch immer hinten – ob ich noch mal rauskommen werde, aus diesem Kessel? Ich weiß ja gar nicht, ob dieser Brief ankommt. Wer weiß, was uns noch alles Schweres bevorstehen wird und ob man sich heute einmal wiedersieht. Ich habe vorhin meine Photos angeschaut, ich hatte doch eine schöne Jugend und bin Dir so dankbar dafür. Was waren das alles für herrliche Tage auf dem Feldberg oder ›Schau-ins-Land‹, Skilaufen, oder auf dem Tennisplatz. War das bloß schön. Auch beim Militär waren schöne Tage dabei, bei den Heeres-Skimeisterschaften auf dem Feldberg oder in Sagan auf dem Tennisplatz, im schönen Napoli oder in der gesegneten Normandie, Rouen, Lisieux, Paris, Pisa, Livorno, Viareggio war nicht schlecht. Und nun sitzt man hier, wartet und hat das Fluchtgepäck gepackt. Und wenn man schon die Nase fünf Minuten raushält, glaubt man sich irgendetwas abzutreten. Die Verpflegung ist nun ausgezeichnet, Fleisch, Butter, Schnaps, Schokolade – aber das ist ja immer ein faules Zeichen. Für Dich werden diese Stunden und Tage sehr schwer sein, ich selbst bin ja auch noch jung und da kommt man über alles etwas leichter hinweg. Manche Unteroffiziere und Feldwebel haben ihre Frauen und Kinder hier. Teilweise waren diese schon unterwegs nach Westen, aber vor Elbing mußten die Omnibusse wieder umkehren, bzw. blieben liegen. Und hier zittern die Scheiben, denn das Ari-Feuer ist schon sehr nahe und rollt den ganzen Tag. Am Sonntag früh war ich übrigens noch in Allenstein, es war sehr ruhig noch und am Abend war bereits der Russe drin. Angeblich mit sieben Panzern genommen! Hoffentlich bekommst Du den Brief. Nun will ich schließen.
Mit lieben Grüßen und innigen Küssen an Dich und Mausi.
Dein Sohn Hermann

Heiligenbeil, 06.02.1945
Liebe Mutter,
Die AV-Leute (Krüppel) werden nun nach Deutschland abmarschieren. Und ich muß heute noch mal zum Arzt, da werde ich wohl KV werden und dann hier in den Einsatz kommen. Das schlechte bei der Sache ist, daß wir dann als Infanteristen in den Einsatz müssen. Na, ich werde mich schon durchhauen.
Für heute viele liebe Grüße und Küsse,
Dein Hermann

Neuruppin, 20.02.1945
Liebe Mutter,
ich habe auf der Fahrt hierher jede Möglichkeit genutzt, Briefe zu schreiben, trotzdem glaube ich, daß es recht lange gedauert hat, bis die Post angekommen ist. Vorausgesetzt, daß sie überhaupt ankommt. Auch von Heiligenbeil sollte Post mit dem Flugzeug nach Berlin mitgenommen werden, aber bei den Berliner Kameraden ist die Post nicht angekommen. Ich will Dir nun ein wenig über meine Reise erzählen. Am 1. Februar wurden wir nach Heiligenbeil gefahren und warteten dort, was mit uns geschehen würde. Nach sechs Tagen mußten wir alle zum Arzt zur Untersuchung, ob wir nicht einsatzfähig sind. Bei mir erzählte ich Verbrennungen, Herzfehler und Sehkraft eingebüßt. Nach Abhorchen gab wohl der Herzfehler den Ausschlag, ich wurde nichteinsatzfähig geschrieben. Ich muß dazwischenfügen, vorher in Zinten war schon eine Untersuchung, da hatte ich aber gerade Wache und kam auch so – eigentlich unerklärlich dieses Vergessen – um die Untersuchung rum. Und am siebten begann dann unsere beschwerliche Flucht bis Leisunnen Haff. Bis dort wurde das Gepäck verladen. Wir mußten aber laufen und dann begann der Marsch über das Eis, ständig bis zu den Knöcheln im Wasser. Nach sieben Kilometer Marsch über das Eis, war ich bis über die Knie restlos naß, dazu regnete es in Strömen und ich marschierte immer mit dem schweren Gepäck auf dem Rücken. Da waren ein paar Beutewäschestücke drin. Schade, daß man keine Pakete schicken kann. Zwischendurch lag der Tornister im Wasser. Dann bin ich, von Heiligenbeil gerechnet, in vier Tagen nach Danzig gelaufen. – Die ganze Nehrung entlang marschiert, nur am Schluß ein Stückchen gefahren. Das waren annähernd hundert Kilometer. Eine beachtliche Leistung mit meinem unverschämt schweren Gepäck. Zwischen Tausenden von Flüchtlingskolonnen und Trecks hindurch. Was da die ostpreußische Bevölkerung durchgemacht hat ist unbeschreiblich und beispiellos. Die Frauen bekamen Frühgeburten auf dem Eis, alte Leute lagen tot am Straßenrand, manchmal sind sieben, acht Trecks im Eis eingebrochen und untergegangen. Als wir dann in Danzig waren, hatten wir den schwierigsten Teil geschafft, jetzt mußte ich noch aus dem zweiten Kessel rauskommen. Nach viertägigem Warten bekamen wir Güterwagen, wurden an einen Lazarettzug angehängt und so nach Neuruppin verfrachtet. Aber es ist nicht sicher, ob wir hier bleiben. Hoffentlich machen wir Zintener wieder einen Haufen für uns auf, hier ist es nämlich wenig schön. KV, Arzt, etc. … Etwas besseres kommt sowieso nicht nach, die Zintener Kurierzeit ist jetzt auch vorbei. Hoffentlich müssen wir hier nicht zum Arzt. Es sind ja so viele Klippen, die immerzu überwunden werden müssen. Morgen schon kann man an der Front sein, dann weiß man doch nicht was kommt.
Nun sei herzlich gegrüßt und geküsst, auch an Mausi.
Von Deinem Hermann

Quellen- und Literaturverzeichnis

Bacque, J.	Der geplante Tod. Deutsche Kriegsgefangene in amerikanischen und französischen Lagern 1945–1946. Frankfurt a. M. – Berlin 1993
Bamm, P.	Eines Menschen Zeit, Zürich 1972
Batov, O.	Hitlers Wehrmacht, Hamburg 1995
Bauer, E.	Der Panzerkrieg, Band 2, Bonn 1965
Benn, G.	Briefe an Ellinor Büller, 1930–1937, Stuttgart 1992
Benz, W.	Zwischen Hitler und Adenauer, Frankfurt a. M. 1991
Berliner Lokalanzeiger	19.02.1943
Boberach, H.	Jugend unter Hitler, Düsseldorf 1982
Böttger, A.	Mit der Kamera dabei, KIT 2/90
Böttger A. und Heitzer Th.	Die Uniformen mit der goldgelben Waffenfarbe – Internationales Militaria-Magazin September 2001
Dahms, H. G.	Der 2. Weltkrieg, München–Berlin 1989
Der springende Reiter, Hannover 1994	
Der springende Reiter, Hannover 1996	
Faller, H.	Frankfurter Allgemeine Zeitung, 30.09.1991
Fest, J. C.	Hitler, Frankfurt a. M., Berlin, Wien 1973
Filbinger, H.	Die geschmähte Generation, München 1987
Fraschka, G.	Mit Schwertern und Brillanten, München 1994
Goethe, J. W.	Campagne in Frankreich, Frankfurt a. M. und Leipzig 1994
Götz, H. H.	Frankfurter Allgemeine Zeitung, 09.09.1991
Hauschild, R.	Der springende Reiter, Groß-Umstadt 1984
Hauschild, R.	Flammendes Haff, München 1986
Hinze, R.	Rückzugskämpfe in der Ukraine 1943/44, Meerbusch 1991

Hinze, R.   Mit dem Mut der Verzweiflung, Meerbusch 1993

Hochhuth, R.   Eine Liebe in Deutschland, Hamburg 1978

Jodl, L.   Jenseits des Endes, München–Wien 1987

Keitel, W.   Erinnerungen, Briefe, Dokumente des Chefs des Oberkommandos der Wehrmacht, Schnellbach 1998

Kershaw, I.   Hitler, Stuttgart 1998

Klüger, R.   Weiter leben, Göttingen 1993

Koschorrek, G. Vergiß die Zeit der Dornen nicht, Mainz 1998

Kraus, O. / Kulka, E.   Die Todesfabrik, Berlin 1991

Lehmann, R.   Die Leibstandarte, Band 3, Osnabrück 1982

Magenheimer, H.
                   Abwehrschlacht an der Weichsel 1945, Freiburg i. Br. 1986

Maser, W.   Friedrich Ebert, Frankfurt a. M. – Berlin 1990

Naumann, G.   Lauscher bei Florian, Leoni am Starnberger See 1993

Niederschlesische Allgemeine Volkszeitung (Sagner Wochenblatt) 15.02.1942

Oberkommando der Wehrmacht, Soldatenbriefe zur Berufsförderung, 1942

Oberkommando der Wehrmacht, Tornisterschrift, 1942

Page, H. P.   General Friedrich Olbricht, Bonn – Berlin 1992

Poeppel, H. /
Prinz v. Preußen,
W.K./ v. Hase,
K. G. (Hrsg.)   Die Soldaten der Wehrmacht, München 1998

Proske, R.   Wider den Mißbrauch der Geschichte deutscher Soldaten zu politischen Zwecken, Mainz 1996

Przybylski, P. Täter neben Hitler, Wiesbaden 1990

Rinke. H.   Unser Regiment im Bild, Groß-Umstadt 1990

Ritter, G.   Carl Goerdeler und die deutsche Widerstandsbewegung, Stuttgart 1984

Schadewaldt, H.
> Von der Medizinischen Akademie zur Universität Düsseldorf, Festschrift, Berlin 1973

Scheurig, B.   Alfred Jodl, Berlin, Frankfurt a. M. 1991

v. Senger und Etterlin, F. M.
> Die 24. Panzerdivision, Friedberg/H. 1986

Stahlberg, A.   Die verdammte Pflicht, Frankfurt a. M., Berlin 1990

Sturm und Drang
> Nr. 4, Tokio 1992

Vollnhals, C.   Entnazifizierung, München 1991

Warlimont, W.   Im Hauptquartier der Deutschen Wehrmacht 1939–1945, Band 1 und 2, Augsburg 1990

Weidemann, G.-A.
> Unser Regiment, Groß-Umstadt 1984

Wette, W.   Die Legende von der sauberen Wehrmacht. Frankfurter Allgemeine Zeitung, 6.04.1995

Williamson, G.   Die SS, Klagenfurt 1998

Winters, J.P.   Frankfurter Allgemeine Zeitung, 5.10.1991